TRES
MESES
EN LA
ESCUELA
DE
Isaías

TRES MESES EN LA ESCUELA DE

Isaías

Estudios sobre el Libro de Isaías

Samuel Pagán

ABINGDON PRESS
NASHVILLE

TRES MESES EN LA ESCUELA DE ISAÍAS
ESTUDIOS SOBRE EL LIBRO DE ISAÍAS

Derechos de autor © 2000 por Abingdon Press

Todos los derechos reservados. Se prohíbe la reproducción o transmisión de cualquier parte de esta obra, sea de manera electrónica, mecánica, fotostática, por grabación o en sistema para el almacenaje y recuperación de información. Solamente se permitirá de acuerdo a las especificaciones de la ley de derechos de autor de 1976 o con permiso escrito del publicador. Solicitudes de permisos se deben pedir por escrito a: Abingdon Press, 201 Eighth Ave., South, P. O. Box 801, Nashville, TN 37202-0801.

Este libro fue impreso en papel reciclado y sin ácido.

Library of Congress Cataloging - in - Publication Data

Pagán, Samuel
  Tres meses en la escuela de Isaías : estudios sobre el Libro de Isaías / Samuel Pagán
    p. cm.
  Includes bibliographical references.
  ISBN 0-687-08565-9 (alk. paper)
    1. Bible. O.T. Isaiah–Study and teaching. 2. Bible. O.T. Isaiah–Devotional use. 3. Devotional calendars. I. Title

BS1515.5 P34 2000
224' .1'0071–dc21

00- 030622
CIP

Las referencias bíblicas en este estudio, excepto en los casos que así se indique, son de *Santa Biblia, Reina-Valera, Revisión de 1995, Edición de Estudio*; derechos de autor © 1995 Sociedades Bíblicas Unidas. Usado con permiso. Todos los derechos reservados.

Roy C. Wallace III, Diseñador

PUBLICADO EN LOS ESTADOS UNIDOS DE NORTEAMÉRICA

Índice

Este libro está dedicado a toda esa buena nube de testigos en Hispanoamérica que estudia la Biblia continuamente y se matricula en este libro de estudio llamado TRES MESES EN LA ESCUELA DE ISAÍAS *para descubrir y celebrar la voluntad divina en sus vidas.*

Y también a Nohemí, quien ha estudiado conmigo todos estos temas que nos ocupan y nos preocupan.

Preámbulo

Prestigio, popularidad y reconocimiento del libro de Isaías

El libro de Isaías ha gozado de gran prestigio, popularidad y reconocimiento tanto entre lectores cristianos como judíos. Esa importancia, que delata muchas virtudes literarias, históricas y teológicas, se pone de manifiesto en su destacada ubicación dentro del canon bíblico, y en el continuo uso que se ha dado a la literatura isaiana en el Nuevo Testamento. Los manuscritos y los comentarios a Isaías descubiertos en las cuevas de Qumrán revelan también la popularidad y el aprecio que el libro tenía en esa comunidad religiosa. En la actualidad, esa popularidad se pone de relieve en la gran cantidad de libros y estudios sobre Isaías disponibles en las librerías y bibliotecas.

En el canon bíblico, Isaías es el primer libro en la importante sección de los profetas, que incluye grandes obras como Jeremías, Ezequiel y el Libro de los Doce. Es, además, el libro del Antiguo Testamento más citado o aludido en el Nuevo: ¡590 referencias en 23 libros! Y cuando los primeros cristianos, en su labor misionera, educativa y evangelística, identificaron la vida y el ministerio de Jesús con algún personaje del Antiguo Testamento, lo hicieron con la figura del Siervo del Señor o Siervo Sufriente que se presenta en el libro de Isaías (por ejemplo, 52.13–53.12).

Esa preferencia de los lectores por el uso y la interpretación del libro de Isaías puede fundamentarse en varias características básicas de la obra. Una de esas cualidades es el carácter redentor de su mensaje: el libro de Isaías pone de manifiesto y subraya una teología de salvación que se basa en la maravillosa intervención divina en medio de la historia humana. Esa finalidad y peculiaridad teológica se revelan en las diferentes secciones del libro, e inclusive se destaca en el nombre mismo del profeta, pues Isaías significa: «La salvación es del Señor».

Temprano en su historia, la iglesia cristiana vio en la obra de Isaías no sólo el aspecto salvador del mensaje, sino un componente escatológico fundamental y necesario para su tarea misionera. El libro, de acuerdo a estos intérpretes, hablaba del futuro e identificaba la salvación divina a través del Mesías, que para los cristianos primitivos era ciertamente Jesús de Nazaret. Por esta razón, varios padres de la iglesia aludían a Isaías como el primer apóstol y evangelista.

La belleza poética y la universalidad temática de la obra también han contribuido marcadamente a que los creyentes disfruten su lectura. La poesía del libro ha sido identificada como una de las más finas y hermosas de la Biblia. Esa articulación literaria se revela de forma óptima en el manejo y aplicación de los temas tradicionales del pueblo (por ejemplo, el éxodo), y en la elaboración de nuevas imágenes que responden de forma adecuada a las necesidades de creyentes en dificultad (por ejemplo, la consolación), superando los límites del tiempo. Entre las peculiaridades que relacionan el mensaje de Isaías con la historia humana, y específicamente la realidad de Hispanoamérica, debe identificarse y destacarse el compromiso decidido y firme con los pobres, oprimidos y marginados de la sociedad.

Estas características del libro de Isaías han motivado que algunas personas se refieran a Isaías como «el príncipe de los profetas». Este título honorífico se relaciona no solamente con la capacidad de moverse en los altos círculos políticos oficiales del reino, sino por la belleza, calidad y profundidad de su mensaje. En efecto, esa gran contribución e influencia temática, teológica y literaria se manifiesta en murales y pinturas clásicas que se exhiben en grandes catedrales europeas y americanas, y particularmente en himnos, cantatas, poemas y otros esfuerzos literarios de gran envergadura. Es determinante añadir, además, que utilizando el libro de Isaías, muchos cristianos defendieron su fe y desarrollaron postulados teológicos fundamentales para la iglesia (por ejemplo, el nacimiento virginal del Mesías (cp. Isaías 7.14, versión griega), y sus sufrimientos vicarios (cp. Isaías 52.13–53.12).

Dificultades y desafíos en la interpretación

Cabe señalar, sin embargo, que la popularidad del libro y la creatividad y belleza literaria de la obra no son signos de facilidad en la comprensión e interpretación de su mensaje. Por ser un libro sumamente extenso (66 capítulos), y por manifestar varias complejidades históricas, literarias y teológicas—pues la obra recoge tradiciones proféticas de varios siglos—, el análisis y la interpretación de los documentos han sido tareas muy difíciles.

Las dificultades y los desafíos para entender adecuadamente el libro de Isaías se manifiestan inclusive en la Biblia, específicamente en el libro de los Hechos. De acuerdo al relato, un funcionario etíope convertido al judaísmo, en el camino entre Jerusalén y Gaza, leía un pasaje del libro de Isaías sin comprender claramente el significado del mensaje. A la pregunta de Felipe: «¿Entiendes lo que lees?», el etíope respondió: «¿Y cómo podré, si alguno no me enseña?» (Hechos 8.29-30).

En efecto, muchos estudiosos, en el intento de responder a la preocupación del etíope, generalmente están de acuerdo que una forma adecuada de estudiar y comprender el libro de Isaías analiza y divide la estructura del libro en por los menos tres secciones mayores, que a su vez se relacionan con diferentes períodos de la historia del pueblo de Israel.

La primera sección (1–39) se relaciona mayormente con el profeta Isaías de Jerusalén, que desempeñó su obra durante la segunda parte del siglo

VIII a.C. La segunda (40–55) presupone un ambiente histórico diferente: el exilio en Babilonia, durante los años ca. 587–538 a.C., y destaca los temas de consolación y esperanza. En la tercera sección del libro (56–66), el mensaje está dirigido nuevamente a la comunidad judía asentada en Jerusalén, aunque el período que presupone la palabra profética es postexílico. Los oráculos incluyen mensajes de juicio y esperanza.

Esa división del libro en secciones casi independientes, aunque contribuye de forma significativa a una ponderación ordenada del mensaje, también puede tener un efecto adverso en su interpretación. Para superar las dificultades literarias y teológicas del libro de Isaías, los estudiosos han desmantelado la literatura isaiana y la han analizado por partes. Ese esfuerzo, que ciertamente puede ser serio y muy bien intencionado, intenta identificar y relacionar las palabras del profeta y sus seguidores con su entorno histórico preciso. El objetivo ha sido aislar los oráculos que se incluyen en el libro para interpretarlos a la luz de su contexto histórico.

Sin embargo, esa metodología añade nuevas dificultades y problemas al estudioso de la obra. La crisis fundamental que se plantea es que el libro de Isaías se presenta en el canon como una sola obra, no como la unión de tres libros independientes ubicados en una misma sección del canon bíblico, y que además comparten el nombre de un importante profeta clásico de Israel. El problema hermenéutico que manifiesta esta metodología es formidable: cómo interpretar una obra de gran importancia teológica y espiritual (que también manifiesta complejidades estructurales, teológicas e históricas) sin dar la impresión ni afirmar que se trata de tres libros independientes que no muestran continuidad literaria ni revelan relación teológica y temática.

El gran reto del estudioso e intérprete de Isaías es descubrir el sentido de la obra como un todo; es analizar el libro en su integridad literaria y canónica. Una vez se identifique el mensaje básico del libro, se pueden interpretar sus partes a la luz del objetivo central de la obra.

El propósito de esta obra

La finalidad básica de este libro de estudio, TRES MESES EN LA ESCUELA DE ISAÍAS, es descubrir el mensaje profético central, enmarcado en la poesía y las narraciones de Isaías. El propósito fundamental de nuestro análisis es hacer una presentación histórica, teológica y temática de todo el libro de Isaías. Se estudiará el texto del libro de Isaías por trece semanas, tomando en consideración dos secciones mayores por día: en la primera, llamada «Para estudiar», se identificarán asuntos y peculiaridades teológicas, literarias y temáticas del texto isaiano que son de importancia capital para la comprensión adecuada del libro; en la segunda, «Para meditar y hacer», se pondrán de relieve algunos aspectos literarios, misioneros y espirituales que requieren atención posterior de parte del lector o que demandan alguna acción o reacción específica de los creyentes. Una vez se identifiquen los temas y los asuntos fundamentales en el libro, se evaluarán las implicaciones del mensaje profético para los creyentes y las iglesias hispanoamericanas.

Isaías es un libro de contrastes. El mensaje es de salvación y también de juicio; la teología de Sión y Jerusalén garantiza la presencia divina tanto para el juicio como para la consolación; la actitud cautelosa del rey Ahab se contrapone a la de humildad del rey Ezequías; la guerra siro-efraimita prepara el camino para la crisis con Senaquerib, que a su vez antecede la destrucción del Templo y el exilio en Babilonia, que finalmente introduce el triunfo de Persia contra el imperio babilónico.

Esas características del libro de Isaías presentan un gran reto hermenéutico para los creyentes: ¿Cuál debe ser el propósito del estudio de este importante libro profético? La finalidad no puede estar cautiva en el descubrimiento de las particularidades históricas, teológicas y literarias a las que la obra alude. El objetivo debe estar relacionado con el descubrimiento, análisis y aprecio de las implicaciones teológicas, educativas, espirituales y misioneras de los oráculos y las acciones del profeta. La relevancia del libro de Isaías se descubre al ponderar la forma valiente y sabia en que el profeta y sus intérpretes evaluaron eventos cruciales en la historia y presentaron mensajes de desafío y afirmación nacional al pueblo. Esa relación íntima entre la evaluación de la realidad social, política y espiritual del pueblo y la comunicación profética es fundamental en nuestro estudio.

Introducción

La grandeza del poder de Dios

El libro del profeta Isaías contiene el mensaje de juicio, salvación y esperanza para los judíos que experimentaron las penurias de la opresión de los imperios asirio, babilónico y persa por varias generaciones y siglos. Aunque con diferentes características, estos imperios tenían en común una política pública que atentaba contra la autonomía e independencia de Israel y Judá, y contra la libertad de los pueblos del Oriente Medio. Ante las grandes dificultades políticas, sociales y espirituales que planteaban la intervención y la dominación de estos imperios invasores, el libro afirma y celebra la importancia de la confianza en el Señor. La palabra del profeta y el mensaje del libro, en efecto, destacan la capacidad divina de intervenir en el instante oportuno para salvar a su pueblo.

El mensaje del libro de Isaías enfatiza y se fundamenta en la grandeza del poder de Dios. Desde la visión inaugural (6.1-13), hasta los mensajes de liberación del remanente fiel (66.5-9), se describe al Dios bíblico rodeado de majestad y gloria—pues sus faldas «llenan el Templo» (6.1)—, y se alude continuamente a él como «el Dios Santo de Israel» (1.4; 5.19). Esa gloria divina está a merced de los necesitados y marginados de la sociedad (29.19; 57.15). La virtud divina fundamental en la teología isaiana no es un espectáculo ilusorio para entretener o impresionar a los adoradores, sino la manifestación del poder transformador y redentor del Dios Santo de Israel.

La obra isaiana, más que una presentación sistemática de la historia de Israel y Judá durante varios siglos, es ciertamente una reflexión teológica que pone de manifiesto la capacidad y la voluntad de Dios para salvar a su pueblo en la hora requerida. La profecía de Isaías revela una perspectiva divina de la historia, e incluye la identificación de los valores que hacen que los individuos y las naciones superen las grandes dificultades de la vida, y prosigan la marcha hasta conquistar el porvenir.

Isaías, Deuteroisaías y Tritoisaías

Una de las dificultades iniciales que encuentra la persona que desea estudiar con profundidad el libro de Isaías es la lectura, evaluación y comprensión de la vasta literatura erudita en torno al profeta y su labor ministerial. Aunque el libro de Isaías se presenta como una unidad en los canones judíos y cristianos, generalmente los estudios modernos referente a la teología y la literatura isaianas dividen su estructura básica en varias secciones fundamentales. Ese acercamiento al estudio de Isaías revela más de dos siglos de estudios bíblicos críticos. Actualmente una gran parte de los estudios sobre Isaías presuponen esta importante metodología de análisis.

A través de generaciones de creyentes, la gran mayoría de los intérpretes de Isaías entendían que todo el libro era el resultado del esfuerzo literario, la sensibilidad espiritual, la voluntad histórica, la comprensión política, el análisis social, la creatividad teológica y el ingenio poético de un profeta que desempeñó su labor vocacional en Jerusalén a mediados del siglo VIII a.C. Se pensaba que todo el libro provenía de un solo autor, conocido como Isaías de Jerusalén.

Esa percepción del libro se mantuvo incólume hasta que, al final del siglo XVIII, y posteriormente en el siglo XIX, varios eruditos europeos cuestionaron la paternidad literaria de la obra, y postularon diversas teorías para explicar las diferencias teológicas, temáticas, estilísticas e históricas que el libro ciertamente manifiesta. Desde esa época, es común dividir, disponer e identificar el libro de Isaías de la siguiente forma: los capítulos 1–39, como Isaías de Jerusalén, también conocido como Protoisaías; los capítulos 40–55, como Deuteroisaías, Segundo Isaías o Isaías de Babilonia; y los capítulos 56–66, como Tritoisaías, Tercer Isaías o Isaías del Retorno. Cada uno de estos grandes bloques literarios presuponen, de acuerdo a estas teorías, diferencias de autor, variadas fechas de composición y entornos históricos distintos.

Esta metodología de estudio ha destacado la importancia y las características fundamentales de los diversos componentes del libro de Isaías. En efecto, estos estudios han analizado los contextos históricos que enmarcan los mensajes proféticos que se incluyen en la obra, además de evaluar de forma ponderada sus diferentes secciones y peculiaridades literarias y teológicas. Se han identificado y aislado, inclusive, mediante los estudios sistemáticos de las diferentes secciones del libro, las variaciones estilísticas y temáticas de los diversos componentes de la obra isaiana.

Este importante y útil método, sin embargo, no ha contribuido necesariamente de forma efectiva a apreciar la integración teológica y temática del libro, pues no ha enfatizado la continuidad en la obra ni ha subrayado el asunto canónico fundamental: Isaías se presenta en el canon como un solo libro, con integridad literaria y con una finalidad teológica definida.

Mientras los estudios críticos sobre el libro de Isaías han hecho hincapié en la separación y el análisis de los diversos componentes literarios y temáticos de la obra, para identificar el origen histórico y teológico de sus partes, el lector común debe enfrentar, evaluar y procesar por su cuenta la siguiente información básica: el libro se presenta como una unidad que se relaciona explícitamente, de acuerdo al texto bíblico, con la vocación y las ejecutorias del profeta Isaías que vivió en Jerusalén a mediados del siglo VIII a.C. (1.1). Además, el estudio ponderado de todo el libro ciertamente revela continuidad temática, teológica, estructural y literaria.

El libro de Isaías es una obra literaria extensa y compleja. Sus capítulos incluyen mensajes en poesía y prosa que presuponen diferentes contextos históricos y variados estilos literarios, pero que manifiestan una unidad teológica fundamental. Las diversas partes del libro no son secciones independientes que se unieron con el paso del tiempo, de forma fortuita, para guardar los oráculos del profeta de Jerusalén, y añadir la contribución de sus «discípulos» (8.1) a través de los siglos.

Los tres bloques básicos del libro de Isaías revelan una muy importante finalidad teológica: El Dios Santo de Israel tiene la capacidad histórica y la voluntad teológica de intervenir de forma salvadora en medio de las vivencias del pueblo de Israel, para liberarlos de la opresión asiria, babilónica y persa. Esa afirmación teológica, además, es un mensaje de esperanza para el pueblo de Dios a través de la historia.

En el libro de Isaías, el lector encontrará una colección muy importante de mensajes que tienen como punto de partida histórico las palabras proféticas, las intervenciones históricas y las interpretaciones teológicas de Isaías en Jerusalén, durante la segunda mitad del siglo VIII a.C.; esos mensajes fueron interpretados y reinterpretados nuevamente durante el exilio en Babilonia y, posteriormente, en Jerusalén, luego del exilio. El objetivo fundamental del proceso interpretativo era actualizar la palabra profética de Isaías; es decir, el importante mensaje del profeta jerosolimitano no quedó cautivo en su generación ni se mantuvo encadenado a su entorno histórico, sino que superó los linderos del tiempo para afectar a generaciones futuras.

La autoridad del mensaje isaiano no se fundamenta en la voz del profeta, sino en la revelación de Dios. La fuente de autoridad no es Isaías de Jerusalén sino Dios, quien es el que inspira y revela su voluntad al pueblo, a través del profeta. De esta forma, la continua relectura y revisión de los mensajes originales del profeta Isaías es también parte del proceso de revelación divina, en el cual el Dios que inspiró al profeta del siglo VIII a.C., continúa manifestando su voluntad al pueblo. Ese proceso de releer y actualizar el mensaje no debe interpretarse como «añadiduras» indebidas al libro, sino como parte de la dinámica de la revelación divina.

Este importante libro de la Biblia revela varias complejidades de composición; y en ellas se manifiesta un largo proceso de estudio, interpretación y contextualización del mensaje isaiano. La estructura final del libro de Isaías no es el resultado del azar ni es el producto de la unión acrítica de tres colecciones de mensajes proféticos atribuidos a algún personaje particular y específico. La palabra profética, para que cumpla a cabalidad su cometido, tiene que relacionarse de forma íntima con las realidades que rodean a los destinatarios del mensaje. En el proceso interpretativo y de redacción final, se estudian los temas básicos de Isaías, se añaden oráculos, se eliminan palabras no relevantes al nuevo contexto, se modifican expresiones, se cambian los énfasis y se reorganiza el material. El resultado final es una obra profética novedosa que responde adecuadamente al nuevo contexto de los destinatarios y receptores del mensaje.

Este método de estudio y de releer del mensaje profético permite analizar y comprender todo el libro de Isaías con continuidad temática, sentido de dirección teológico y particularidad literaria. Se hace justicia, de esta forma, al fundamento histórico del libro, a los contextos políticos, sociales y religiosos en los cuales se escribieron los oráculos, y a la realidad literaria y canónica que se presenta al lector contemporáneo.

Características de las diversas secciones del libro

Durante los últimos 200 años, el estudio del libro de Isaías generalmente ha presupuesto y ha tomado en consideración las tres secciones básicas de la obra. Estas secciones se relacionan con los diversos entornos históricos que se han identificado en el libro. El reconocimiento de las características teológicas y literarias de estas tres secciones, junto a la identificación de los presupuestos históricos que manifiestan, es fundamental para la comprensión adecuada de toda la obra, pues pueden ser indicadores básicos de la multiplicidad de autores. El libro mismo provee una serie importante de referencias y datos que ayudan a identificar con alguna precisión la progresión histórica de toda la obra (por ejemplo, el capítulo 7 (ca. 734 a.C); el capítulo 20 (ca. 714–712 a.C.); los capítulos 36–39 (ca. 701 a.C.); los capítulos 45–46 (ca. 540 a.C.); y el capítulo 63 (ca. 450 a.C.).

Desde la perspectiva histórica, la primera sección del libro (1–39) identifica varios personajes que se encuadran fácilmente en el siglo VIII a.C. La clara referencia a los reyes de Judá, Israel y Siria (1.1), junto a las alusiones a la guerra siro-efraimita (7–8), la caída de Samaria y la invasión de Senaquerib (36–39), confirman que la palabra profética estaba dirigida esencialmente a los habitantes de Judá y Jerusalén durante la hegemonía de Asiria en el Oriente Medio.

La segunda sección (40–55) menciona en dos ocasiones a Ciro (44.28; 54.1), el famoso rey persa de mediados del siglo VI a.C.; además, exhorta al pueblo a salir de Babilonia y comenzar el viaje de retorno a Jerusalén (48.20; 52.11; 55.12). Estos capítulos están relacionados ciertamente con la época del exilio en Babilonia (ca. 597–538). El mensaje de la sección final del libro (56–66) presupone que el pueblo ya está de regreso en Jerusalén, luego del exilio, en la época persa.

El análisis literario del libro revela también cambios fundamentales en el hebreo de sus diferentes secciones. La poesía de Isaías de Jerusalén es breve, tersa, solemne y concisa. En la segunda sección del libro la articulación poética manifiesta un estilo más apasionado, cálido y retórico; se utilizan las repeticiones y los sinónimos, y se destacan los detalles. La sección final revela continuidad estilística con la segunda, aunque no manifiesta su amplitud temática y retórica.

Al estudiar la teología del libro, también se descubren ciertas diferencias. Tanto la teología del Dios Creador como la del Señor de la historia se desarrollan en la segunda sección del libro; el concepto del remanente varía en las diversas secciones; y las diferencias entre la figura del Salvador en 9.1-6 y la del Siervo del Señor en 52.13–53.12 son ciertamente marcadas. Los capítulos finales del libro revelan un serio interés por lo cúltico, y manifiestan una perspectiva diferente de la escatología.

A estos argumentos históricos, literarios y teológicos puede añadirse el cambio de perspectiva que se descubre entre 1–39 y 40–66: mientras en la primera sección se identifican claramente varios reyes judíos, éste no es el caso en las secciones finales de la obra. Otra peculiaridad es que en 1–39 el remanente se encuentra en Jerusalén; y en 40–66, entre los exiliados en Babilonia. Finalmente, el estilo poético repetitivo que se descubre en 40–66, caracteriza únicamente esta sección de la obra (40.1; 51.9, 17; 52.11; 57.14; 62.10).

Tendencia teológica de la estructura

Junto a las diferencias y particularidades de las diversas secciones del libro de Isaías también se manifiestan vectores de continuidad, tendencias teológicas y literarias afines, intertextualidad en los temas tratados. Analizar la obra isaiana únicamente para destacar las diferencias, no hace justicia a la integridad y la finalidad teológica del libro. El libro de Isaías ha llegado a la comunidad de los creyentes judíos y cristianos como una sola pieza literaria, que debió haber tenido una finalidad específica para sus oyentes y lectores.

Una característica que se descubre al estudiar el libro como un todo es la contribución de cada una de sus secciones a la finalidad teológica de la obra. Aunque, en efecto, la obra completa es mayor que la suma de sus partes, cada segmento literario y teológico es un componente indispensable en el descubrimiento del mensaje isaiano.

La estructura del libro de Isaías no es el resultado de la unión acrítica de poemas y narraciones que representan diversos períodos, estilos literarios y énfasis teológicos. Se manifiesta, en la lectura de toda la obra, un sentido de dirección que lleva al lector desde la presentación del profeta (6.1-8) y su mensaje (1.1-31) hasta la afirmación de la gloria de Dios (61.1-3). En efecto, esa progresión teológica y temática es una característica fundamental que debe tomarse en consideración para la comprensión adecuada de la literatura isaiana. Esa estructura revela ciertamente una finalidad teológica, un propósito kerigmático, un objetivo pedagógico.

La contribución de los capítulos 1–12 es presentar el mensaje y al profeta cuya palabra se encuentra en el libro. El primer capítulo y los subsiguientes (2–5) introducen el libro completo; revelan aspectos temáticos y teológicos que se elaborarán posteriormente a través de toda la obra. Luego, se incluye el relato de la vocación del profeta (6) y la sección conocida como «El libro de Emanuel» (7–12), que, entre otros temas de importancia, presenta varios aspectos de la vida familiar del profeta (por ejemplo, su esposa e hijos). En esta sección se incluyen, además, oráculos de importancia mesiánica para los cristianos (7.14; 9.1-7). Las similitudes de 6–8 con 36–39 no deben ignorarse: por ejemplo, dos reyes judíos enfrentan situaciones de crisis: uno demuestra su fidelidad al Señor; el otro, desconoce la voz del profeta.

Esta sección inicial contiene mayormente oráculos dirigidos al pueblo de Dios; con la excepción de 10.5-15, que es un mensaje de juicio contra Asiria. La crítica a Israel es que se ha vuelto como las naciones paganas (1–4); en 11–12 se hace una magnífica transición teológica a la próxima parte del libro (12.3,5).

En 13–23 se incorpora de forma directa el mensaje de juicio a las naciones vecinas de Judá e Israel. En esta sección se pone de manifiesto, como característica literaria básica, el uso del término hebreo *massa*—traducido al castellano como «oráculo» o «palabras proféticas»—(13.1; 14.28; 15.1; 17.1; 19.1; 21.1, 11, 13; 22.1; 23.1). Se identifican específicamente las siguientes naciones: Babilonia (13.1-14, 23; 21.1-10); Asiria (14.24-27); Filistea (14.28-30); Moab (15–16); Damasco (17.1-11); Etiopía (18); Egipto (19–20); Edom (21.11-12); Dedán y otras tribus árabes (21.13-17); y finalmente Tiro y Sidón (23.1-18).

El tono general de los oráculos es uno muy claro de juicio, aunque se incluyen algunas promesas de salvación (por ejemplo, 18.7; 19.19-25). Esta sección incluye también un mensaje contra Jerusalén (22.1-14), y la única profecía que Isaías dirige a algún individuo: contra Sebná, mayordomo del palacio de Judá (22.15-25).

Estos mensajes, aunque están dirigidos a las naciones extranjeras, se presentaron ante el pueblo de Judá. Más que una palabra de juicio contra estos pueblos paganos, estas profecías son fuente de esperanza para Israel; además enfatizan que el Dios bíblico no acepta la altanería y la arrogancia, sin importar desde dónde provengan. Estos textos ponen de manifiesto la universalidad del mensaje isaiano: su percepción de Dios como Señor de todas las naciones y de la historia se revela de forma óptima en estos oráculos.

Luego del mensaje a las naciones, se afirma en 24–27 que el juicio divino tiene dimensiones cósmicas. Toda la tierra está bajo el dominio y el juicio del Señor. Ya en los oráculos contra las naciones se percibía la universalidad del poder de Dios; en 24–27, se pone de manifiesto de forma radiante el juicio definitivo y la transformación del cosmos. Los textos enfatizan la crítica al orgullo humano y a las pretensiones militares. Entre los temas que se incluyen se pueden identificar los siguientes: el poder del Señor sobre las naciones y sobre la naturaleza; el juicio contra las naciones y contra el Israel infiel; y la salvación del remanente. Esta sección finaliza con dos himnos de alabanzas (26.1-6; 27.1-5), al igual que 12.1-6.

El tema de la confianza en los líderes humanos se manifiesta posteriormente en 28–33. Esta sección, que incluye una serie de «ayes», posiblemente se relaciona con la predicación del profeta durante los años 705–701, antes de la crisis con Senaquerib. Se caracteriza por la presentación de una serie de denuncias y anuncios del juicio divino contra el pueblo (por ejemplo, 28.1-4, 7-15, 17b-22), junto a varias promesas de salvación y restauración (por ejemplo, 28.5-6, 16, 17a, 23-29).

La sección siguiente (34–35) da paso a una conclusión teológica fundamental: confiar en las naciones y sus líderes trae la desolación y destrucción al pueblo. Los capítulos 28–33 y 34–35 se complementan y revelan continuidad temática, particularmente en la presentación de los temas de juicio y salvación de forma alternada.

Los capítulos 36–39 no pueden considerarse bajo ningún criterio como un apéndice histórico secundario en el libro. Esta sección es fundamental en la integración estructural y teológica de la obra: relaciona las primeras dos secciones básicas del libro (1–35 y 40–55). Por un lado, destaca y afirma la actitud de Ezequías ante la inminente crisis con Senaquerib: en efecto, se enfatiza su humillación y confianza en el Señor. Por el otro, se introduce el tema del exilio, que es fundamental para la próxima sección del libro (40–55).

Las dos secciones mayores que se redactan en prosa (6–8 y 36–39) presentan diferentes reacciones de los monarcas judíos a las palabras del profeta: uno actúa con soberbia y arrogancia; el otro, con humildad. Esa temática le da a la obra un entorno teológico importante: la confianza en el Señor, de acuerdo al mensaje profético, era el comienzo del triunfo y de la restauración nacional.

El exilio, que era sólo una posibilidad en los capítulos anteriores (por ejemplo, 36–39), en la nueva sección (40–55) es una realidad existencial. La destrucción que el ejército babilónico causó a Judá y Jerusalén trajo unas nuevas dinámicas políticas, sociales y religiosas en el pueblo. El triunfo de Babilonia implicaba también, en la percepción teológica del pueblo, la victoria de sus divinidades sobre el Dios de Israel y Judá. Esa interpretación generaba una gran crisis teológica entre los judíos que quedaron en Judá, y también entre los que fueron deportados a Babilonia.

La reacción del libro a esta crisis teológica es doble: en primer lugar, no hay comparación entre los ídolos humanos y las divinidades babilónicas, y el Dios Santo de Israel; además, se afirma que no importa la suerte de Judá y Jerusalén, los judíos son el pueblo escogido, preciado a los ojos de Dios (40–48). La caída de Babilonia no es un acto fortuito del azar, sino la manifestación de la voluntad liberadora de Dios.

Los mensajes que se encuentran en los capítulos 49–53 destacan la importancia del servicio. En esta sección se pone de relieve la vida y misión del Siervo del Señor, figura que ha sido relacionada con el pueblo de Israel, con el profeta y con otros personajes desconocidos. El énfasis en los pasajes posiblemente recae en la idealidad del Siervo (49.1-6; 50.4-10; 52.13–53.12), aunque se indica claramente que Israel es también el «Siervo del Señor» (54.17). Esta sección finaliza con un gran himno de liberación del cautiverio y del pecado (55).

Los capítulos finales del libro (56–66) ponen de relieve un gran contraste teológico: la capacidad divina se contrapone a la incapacidad humana. En 56–59 se enfatizan los aspectos legales de la justicia; se afirma que el carácter divino debe manifestarse en todas las áreas de la vida, particularmente en la devoción y vida cúltica, y en la administración de la justicia. Esa transformación será únicamente posible mediante una manifestación extraordinaria del Espíritu de Dios (57.14-21; 59.16-21).

El libro concluye con la celebración del deseo divino de glorificar y liberar a su pueblo. El énfasis recae en la gloria divina que ha de manifestarse: Dios reivindicará a su pueblo delante de las naciones, particularmente ante sus opresores (65.8-16). La fortaleza y la justicia humanas no son suficientes para lograr este gran acto transformador (63.1–65.7): el pueblo es siervo del Señor, no porque ha crecido hasta llegar al nivel de excelencia requerido, sino por una demostración clara del amor de Dios (65.17-25).

Continuidad teológica y temática

La continuidad teológica de Isaías se pone de relieve no sólo en la estructura del libro, sino en la elaboración de temas específicos. El tema de la consolación no está confinado a la segunda parte del libro (40–55), sino que se incluye en todas sus secciones mayores (por ejemplo, 12.1; 51.12; 66.13). Revela una preocupación teológica fundamental de toda la obra: ante las diversas crisis relacionadas con las políticas de los imperios asirio, babilónico y persa, Dios está muy interesado en brindar a su pueblo la palabra de consuelo necesaria, el mensaje de edificación requerido, el oráculo de salvación pertinente. Esa consolación divina no se fundamentada en una mera resignación pasiva y acrítica de su condición, sino en la seguridad de que una intervención divina cambiaría la suerte del pueblo: el dolor cesará, y dará paso a la liberación y la alegría.

Otra palabra clave en la identificación de continuidad teológica y temática del libro es «gloria». La «gloria del Señor», que se manifestó al profeta en su llamada vocacional (6.3), se convirtió en un tema básico en toda la obra isaiana. En 35.2 se evoca a 40.5, y se indica que todo el pueblo verá la «gloria de Dios»; además, en 59.19, se alude al nombre y a la «gloria» del Señor. Ese mismo tema se desarrolla aún más en 60.1, donde se indica que la «gloria» del Señor llegará a Sión, y en 66.18 se afirma que esa misma «gloria» será vista por todas las naciones.

Uno de los temas preferidos del libro es el de Sión o Jerusalén. Las alusiones a la ciudad—ya sean de forma directa o mediante el recurso literario de la personificación—son muy importantes. Los mensajes de juicio y de salvación que se incluyen en el libro están básicamente dirigidos a los habitantes de Judá y de Jerusalén, a los cuales se alude de forma poética como «Sión» (1.8; 2.1-5; 3.16-26). Posteriormente se indica que el Señor habita en Sión (18.7; 24.23), desde donde luchará contra sus enemigos (31.4; 34.8) y recibirá la adoración (27.13).

El tema de Sión se desarrolla aún más en la segunda y tercera sección del libro. Se personifica la ciudad: Sión actúa, habla, llora y se regocija (Isaías 49–55 ha sido identificado como la sección de Sión y Jerusalén). Con una maestría literaria extraordinaria (por ejemplo, 51.17-23; 57.1-13), estos poemas anuncian la restauración de la ciudad. Posteriormente el tema se expande y se indica que el Señor llega a Sión como el Redentor, pues es la ciudad del Dios Santo de Israel (60.14).

Un tema adicional que cruza toda la obra isaiana se relaciona con la idea de «remanente». Se alude con este término a los sobrevivientes, «los que queden», al «resto» que es salvado de los juicios divinos por su fidelidad al Señor. Este importante concepto teológico se relaciona con Sión, Jerusalén y con el pueblo fiel (1.8; 4.3; 7.22; 10.20-22; 11.11-16; 46.3).

El Señor Santo de Israel es una fórmula teológica fundamental en todo el libro de Isaías (por ejemplo, 1.4; 5.19; 10.20; 30.11; 37.23; 40.25; 54.5; 60.9). La expresión, que revela una de las percepciones teológicas básicas del libro, no es frecuente fuera de la literatura isaiana (por ejemplo, 2 Reyes 19.22; Salmo 71.22; Jeremías 51.5). Posiblemente se originó en los círculos sacerdotales de Jerusalén, y manifiesta las virtudes transcendentes de Dios.

En la primera sección del libro, la frase el «Santo de Israel» generalmente se relaciona con oráculos de juicio, particularmente con los que contienen los «ayes» (por ejemplo, 1.4; 5.19, 24; 30.11; 31.1; 37.23). Por haber rechazado al Santo de Israel, el juicio divino se manifestará a las naciones. El remanente fiel, sin embargo, estará seguro en el día de juicio, por confiar en el Santo de Israel (10.20). En la nueva época de salvación, el remanente adorará al Santo de Israel de forma adecuada y digna (29.19,23).

En la segunda sección del libro, la frase el «Santo de Israel» se incluye básicamente para describir a Dios [o como una autodescripción divina (43.3, 15)]. Esa particularidad literaria, unida a su finalidad teológica primaria de juicio, relaciona la importante frase con oráculos de salvación y mensajes de esperanza a los deportados en Babilonia. En efecto, el Santo de Israel es también Redentor (41.14), Salvador (43.3), Creador (43.15), Fiel (49.7), Rey (43.15), Esposo (54.5) y Dios de toda la tierra (54.5). El discurso teológico de la segunda sección del libro de Isaías destaca y subraya el aspecto salvador de la expresión.

La frase no se utiliza con tanta frecuencia en la tercera sección del libro; sin embargo, el Santo de Israel se relaciona con el tema de la salvación de Sión, que ya se había incluido en el capítulo 12.

Revela continuidad, en el estudio de la teología de la obra isaiana, la afirmación de Dios como rey. En la primera sección, Dios es el Rey celestial que manifiesta su poder aún sobre el poderoso rey de Asiria (6.5; 10.8); y el Deuteroisaías afirma de forma categórica en su mensaje a Sión: «Tu Dios es rey» (52.7). A la realeza divina también se alude en los poemas escatológicos de 24–27: se indica que Dios reinará desde Jerusalén, y el sol y la luna se oscurecerán (24.23).

Las relaciones interdependientes de los diversos componentes del libro se revelan también en otros temas; inclusive, se ponen de relieve en el estilo literario. El uso repetido del tema de la culpa o iniquidad (1.4; 5.18; 22.14; 40.2; 59.2-3) es muy importante y frecuente en la elaboración teológica del libro. La articulación de expresiones similares para describir la majestad de Dios o del Siervo del Señor: por ejemplo, «grandeza», «alto», «sublime» (cp. 2.12; 6.1; y 52.13). Es importante destacar la preocupación por la dinastía de David que se revela a través de toda la obra (7; 9.2-7; 11.19; 55.3-5). También en el análisis del texto hebreo se revela un paralelismo de ideas que claramente se distingue en las secciones mayores del libro (cp. 35.4; 40.9; 62.11).

Otros temas que delatan la continuidad literaria y teológica del libro son: las narraciones en torno a los monarcas judíos (6–12 y 36–39); y el tema de la estrategia militar del Señor (por ejemplo, 13.1–14.23; 14.24-27; 36–39; 40–47).

Finalmente, la interdependencia y la intertextualidad de las diversas secciones del libro se revelan de forma destacada en el uso de imágenes literarias para presentar varios temas de importancia teológica. La rebeldía de Israel se articula a través de toda la obra con la imagen del «niño rebelde» (1.2-3; 30.1; 48.8-11; 57.3-4). La personificación de las ciudades, particularmente Jerusalén, que se pone de manifiesto con imágenes femeninas, es común en el libro (1.8, 21-26; 4.4; 10.27b-33; 12.6; 40.1-11; 47.8, 9; 49.14; 50.1; 62.1-12). Y la imagen de la mujer a punto de dar a luz se incluye de diversas formas en varias secciones de la obra (cp. 37.3b; con 26.18 y 66.7-9).

La visión

El libro incluye una expresión que puede servir de título para toda la obra isaiana: «La visión de Isaías». Y junto a este título se revela, al comienzo mismo del libro, el contexto histórico inicial que se relaciona con Isaías de Jerusalén: el profeta pronunció su mensaje durante los reinados de Ozías, Jotam, Ahaz y Ezequías. Ese título insinúa, además, la amplitud y el tono del mensaje: más que una palabra específica de alguna persona distinguida, es una reacción de Dios al pueblo de Judá; particularmente es la respuesta divina al estilo de vida y los valores de los habitantes de Jerusalén.

La raíz hebrea de la palabra «visión» denota intensidad; posiblemente en el contexto del título del libro de Isaías incluye la idea de percatarse de algo importante, tomar conciencia de lo fundamental. En efecto, el libro— que incluye el relato de sólo una visión (6.1-8)—alude a «las obras antiguas y nuevas» de Dios; es decir, a la revaloración de la vida misma, de la existencia humana. Esa característica presupone una perspectiva teológica de la historia, un tipo de escatología que es fundamental para la comprensión del mensaje (por ejemplo, 24–27; 34–35; 48.1-11).

La palabra «visión» introduce, además, al comienzo de la obra, un acercamiento amplio a las vivencias del pueblo. Más que una palabra para un momento específico de la historia de Judá, el libro pone de manifiesto un mensaje amplio para el pueblo de Dios. La «visión» es una mirada panorámica, desde la perspectiva divina, que comienza un diálogo fundamental y transformador: el Dios Santo de Israel requiere un pueblo santo, y esa santidad debe manifestarse de forma concreta en el culto, en el comportamiento diario del pueblo y en las decisiones políticas de los gobernantes.

La «visión de Isaías» se convirtió en la palabra que constituye el fundamento teológico y moral del libro.

El profeta

En el estudio y la evaluación de la vida y obra del profeta Isaías se manifiestan varias dificultades. Mientras que los libros de Jeremías y Ezequiel incluyen datos importantes en torno a la vida y obra de sus protagonistas, en el libro de Isaías esta información no es abundante. Esa falta de información genera niveles insospechados de creatividad en la interpretación de los textos básicos. Además, en la búsqueda de pistas que contribuyan a una comprensión y valoración adecuada del profeta de Jerusalén, se descubre en el libro no sólo algunas descripciones del Isaías histórico, sino la presentación de un profeta interpretado por generaciones posteriores de creyentes y profetas. Junto al Isaías que profetizó en Jerusalén en el siglo VIII a.C., el libro incluye la interpretación teológica de ese profeta; es decir, en la obra se presenta al Isaías histórico, y se añade una elaboración teológica de ese importante personaje.

Isaías posiblemente nació en Jerusalén hacia el 760 a.C., durante el reinado de Ozías; y su padre fue un tal Amós, que no debe confundirse con el profeta de Tecoa. Su conocimiento de la política nacional e internacional ubica su formación religiosa en la capital de Judá, Jerusalén, pues ese tipo de educación era muy difícil adquirirla fuera de ella. Además, su vida en la importante ciudad de Jerusalén le familiarizó con dos de los temas fundamentales de su mensaje: la elección de Jerusalén y las promesas a la Casa de David.

Isaías recibió la vocación profética el año que murió el rey Ozías, hacia el 740 a.C.; es decir, como a los 20 años de edad. Y esta experiencia en el Templo—o ante la presencia extraordinaria de Dios—le abre un nuevo horizonte ético, literario, teológico y político: la santidad de Dios se convirtió en el eje central de su mensaje (6.3). Para protestar la actitud pro-egipcia del rey, caminó semidesnudo y descalzo por Jerusalén, como un signo viviente del rechazo divino a esa política oficial del reino (20.1-6). Isaías también fue testigo de la recuperación maravillosa del rey Ezequías (36–37). El libro que lleva su nombre se fundamenta en su vida y ministerio profético (8.16; 30.8).

Aunque desconocemos el nombre de su esposa, el texto bíblico alude a ella como «profetisa» (8.3), posiblemente por asociación con las labores proféticas de Isaías. Y sus hijos tienen nombres simbólicos: Sear-iasub (que significa «Un resto volverá») y Maher-salal-hasbaz («Muy pronto habrá saqueo y destrucción»).

De su muerte, el texto bíblico no nos informa. El Talmud incorporó una leyenda judía que indica que fue cruelmente asesinado por Manasés. Ese rey judío, famoso por sus injusticias y asesinatos (2 Reyes 21.16), ordenó cortarlo por la mitad con una sierra; sin embargo, este episodio legendario carece de fundamento histórico.

Rasgos de la personalidad del profeta se pueden inferir del análisis de su obra literaria y del contenido de su mensaje. Isaías fue un hombre de firmes convicciones religiosas, que, ante la difícil encomienda divina de ser profeta a su pueblo, respondió positivamente. Una clara conciencia de estar comisionado por Dios caracterizó su palabra y su vida: ante reyes y políticos poderosos, demostró valentía y autoridad, firmeza y sabiduría.

Isaías articuló la palabra profética con gran maestría literaria. Su obra profética es esencialmente en poesía. En efecto, utilizó con gran dominio lírico el paralelismo, una de las características fundamentales de la poesía hebrea. Y en la elaboración de su mensaje, transformaba versos sencillos en grandes himnos de alabanza (12.1-6; 38.10-20), en oráculos (13.1-23.18) e, inclusive, en burlas (14.4-21). El poema «El cántico de la viña» (5.1-7) es una parábola similar a las que se entonaban durante la Fiesta de las Enramadas (Deuteronomio 16.13-15). Isaías transformó un cántico popular en un mensaje de juicio por la infidelidad del pueblo (5.7).

Un aspecto de la vida del profeta debe ser estudiado con cautela: se ha indicado que el profeta era un aristócrata conservador, favorecedor del *status quo* y enemigo de las transformaciones profundas. ¡Nada está más lejos de la verdad!

Aunque Isaías posiblemente creció en los círculos donde se gestaban las más importantes decisiones políticas y religiosas de Jerusalén, y era un firme enemigo de la anarquía (3.1-9), no refrena su mensaje para criticar duramente a las clases gobernantes y opresoras. Desde el comienzo de su ministerio, se manifiesta una palabra clara de juicio contra políticos, jueces, y autoridades civiles y religiosas (1.21-26; 28.7-15); es irónico y firme. Además, presenta un mensaje firme contra la aristocracia de Jerusalén (3.16-24; 32.9-14). Su pasión es la defensa de los necesitados y marginados de la sociedad; es decir, los huérfanos, las viudas y los oprimidos (1.17; 3.12-15).

En su denuncia social se advierte una reacción firme y crítica—como su contemporáneo Amós (por ejemplo, Amós 4.1-3)—al entorno social y económico de la época: denuncia abiertamente la codicia desmedida y el deseo de lujos, a merced de los sectores más indefensos de la sociedad. Además, reaccionó adversamente al intento de utilizar la religión para legitimizar las injusticias (1.10-20). De acuerdo al profeta, las grandes verdades religiosas y morales no son abstractas, sino que deben manifestarse de forma clara y concreta en la vida.

Bosquejo del libro

El siguiente bosquejo del libro identifica y destaca las once secciones temáticas y literarias mayores de la obra:

I. Presentación del mensaje y del profeta: 1–12
II. Oráculos contra las naciones: 13–23
III. Apocalipsis de Isaías: 24–27
IV. Nuevos oráculos para el pueblo de Dios: 28–33
V. Pequeño apocalipsis: 34–35
VI. Narraciones sobre la crisis asiria: 36–39
VII. El libro de la consolación: 40–48

Bibliografía selecta

Childs, B.S., "Isaiah", *Introduction to the Old Testament as Scripture*, Londres: SCM, 1979.
Kidner, D.F., "Isaiah", *New Bible Commentary*, 4th ed. Leicester: IVP, 1995.
Pagán, S., *La visión de Isaías*, Miami: Caribe, 1997.
Seitz, C.R. (ed.), *Reading and Preaching the Book of Isaiah*, Philadelphia: Fortress, 1988.
Webb, B.G., *The Message of Isaiah*, Leicester: IVP, 1996.

Primera Semana
El Dios Santo de Israel

Primer día   *Léase* Isaías 1.4; 5.16, 19, 24; 10.20; 31.11

PARA ESTUDIAR: Sensibilidad espiritual y creatividad teológica

Una de las grandes virtudes del libro de Isaías se pone de manifiesto en la presentación de su teología. Aunque la capacidad literaria y la profundidad espiritual de la obra son magistrales, y ciertamente el análisis político y la evaluación social son extraordinarios, la gran contribución del libro de Isaías a la literatura bíblica y universal es la teológica. En la elaboración de las ideas, en la presentación de los temas y en el desarrollo de sus postulados fundamentales se revela una serie de conceptos que ponen de relieve la gran sensibilidad espiritual y la creatividad teológica del libro.

Por un lado, el profeta Isaías manifiesta, como su contemporáneo Amós, un mensaje claro y firme de denuncia social; y a ese mensaje se une una crítica política seria, y una gama extensa de recomendaciones religiosas al pueblo. La problemática a la que ambos profetas reaccionaron era esencialmente la misma: presentaron una crítica severa a los sectores dominantes de la sociedad por el orgullo, la codicia y las injusticias.

La obra isaiana revela un gusto extraordinario por unir la sociología, la política y la teología. Lo religioso no está ajeno a las vivencias cotidianas del pueblo, y lo espiritual no está reñido con la evaluación sosegada de las fuerzas que afectan las decisiones y los comportamientos de los individuos y los pueblos. El mensaje, además, manifiesta una gran influencia de la teología de la elección de David y la seguridad del Templo de Jerusalén.

Una característica básica de la teología de Isaías es la presencia continua de una serie de temas que se disponen en oposición. Estos contrastes no sólo son ejemplos de las capacidades de comunicación y las virtudes literarias del profeta y de los editores del libro, sino que subrayan el poder teológico y espiritual del lenguaje.

El contraste teológico fundamental del libro es la grandeza divina y la pequeñez humana. Ese binomio se desarrolla de forma sistemática en la obra. Revela el fundamento del pensamiento isaiano: el Dios bíblico, cuyo poder y santidad sobrepasan las capacidades de imaginación, está muy interesado en establecer una relación bilateral con la humanidad. El pacto, de esta forma, se presenta en Isaías como un tema implícito de importancia capital (42.6; 49.8).

Otros contrastes que pueden identificarse son los siguientes: la gloria divina y la degradación humana; el juicio de Dios y la redención de la humanidad; lo alto y lo profundo; la sabiduría divina y la estupidez de los ídolos; la fecundidad y la abundancia relacionada con las bendiciones divinas, y el vacío y la desolación identificada con los ídolos; y la humildad y la arrogancia. Estos pares de temas enmarcan lo fundamental de la teología del libro. Además, sirven para orientar a los lectores en la identificación de las prioridades teológicas y temáticas de la obra.

Una mirada atenta al mensaje del libro muestra varios objetivos básicos en la articulación teológica. En primer lugar, el mensaje de crítica y denuncia social requiere un cambio drástico en la conducta del pueblo. En sus advertencias, el profeta no presenta una palabra de desesperanza frustrada; pretende, mediante la articulación de un mensaje transformador, un cambio sustancial en el comportamiento del pueblo, demanda una nueva actitud hacia la vida (1.17). Esa conversión se fundamenta en el establecimiento de unas relaciones rectas con Dios y en la restitución de unas relaciones dignas entre los seres humanos. El objetivo más importante en este mensaje isaiano es provocar en la comunidad un encuentro con Dios que facilite la aceptación de lo divino en medio de las vivencias humanas, que permita la asimilación de la santidad divina en las acciones diarias del pueblo.

PARA MEDITAR Y HACER: Una de las prioridades teológicas del libro de Isaías es la afirmación de la santidad de Dios. Para el profeta, el Dios Santo de Israel requiere un pueblo santo. La santidad que afirma el profeta, sin embargo, no está confinada a las dinámicas cúlticas ni se subscribe únicamente a las experiencias religiosas. Para el profeta, la verdadera santidad es la que se manifiesta de forma concreta y práctica en las vivencias diarias del pueblo. No hay santidad agradable a Dios si no se actualiza el mensaje divino, si no se vive a la altura de las exigencias de Señor, si no se asimila la naturaleza santa del Creador. Para Isaías, la santidad se vive en medio de las realidades de la vida, no está sujeta solamente a las actividades religiosas.

- ¿Qué implicaciones prácticas tiene la teología de la santidad de Isaías para los creyentes hispanoparlantes que se aproximan al siglo XXI?
- ¿Cuál es la relación entre la santidad y la acción social?

∽⌒◦●◦⌒∽

Segundo día   *Léase* Isaías 6.1-5; 40.12-31

PARA ESTUDIAR: Santidad, grandeza y majestad de Dios

En torno a la naturaleza de Dios, el libro de Isaías es revelador: subraya la grandeza y la majestad divina. Desde la narración de la vocación profética— que presenta al Señor en su trono «alto y sublime» (6.1)—, se ponen de relieve los atributos divinos de majestad: la tierra está llena de su gloria (6.3). Y esa percepción de la gloria y la autoridad divina se manifiesta de forma continua a través de todo el libro: el imperio asirio es un instrumento, «un palo» o «una vara», de su ira (10.5); el poderoso rey de Persia, Ciro, es sólo un niño guiado por la mano del Señor (45.1); las grandes naciones del mundo son movidas y guiadas por su voluntad; y los ídolos, ante su gloria y poder, desvanecen (2.6-22). La reacción humana, ante tal demostración de esplendor y gloria divina, debe ser de confianza y obediencia (8.11-15).

De acuerdo con Isaías, a la gloria divina se le une su santidad: el título preferido por el profeta para referirse al Señor es el «Dios Santo de Israel». La santidad divina se manifiesta al comienzo del libro (1.4), se destaca en la narración de vocación (6.3) y se desarrolla de forma dramática en el resto de la obra. Dios es santo pues tiene la capacidad y la voluntad de salvar (43.3); además, tiene el poder de crear.

La santidad divina tiene, además, claras implicaciones prácticas. De acuerdo al relato de vocación ante la santidad de Dios, Isaías respondió con una actitud de humildad y con una declaración ética: «soy un hombre de labios impuros y vivo en medio de un pueblo de labios impuros» (6.6). Ese reconocimiento de la realidad moral del pueblo, que se refleja también en los oráculos iniciales de la obra, es una preocupación fundamental en el libro. La crisis teológica que se plantea no se percibe en términos filosóficos (entre lo infinito y lo finito o entre lo perfecto y lo imperfecto), sino en términos éticos, existenciales y concretos: cómo traducir la experiencia religiosa relacionada con los festivales nacionales y los sacrificios diarios a las vivencias cotidianas del pueblo. El reto de la teología de Isaías es el siguiente: cómo demostrar la santidad divina de forma práctica en la administración diaria de la justicia, pues, de acuerdo al profeta, el propósito de Dios es compartir su santidad con la humanidad.

El componente ético y moral de la santidad de Dios se subraya a través de todo el libro. El pueblo, aunque participa activamente del culto y ofrece sacrificios a Dios, también vive en medio de mentiras y robos, y patrocina la opresión de los inocentes. Manifiesta, además, una actitud de arrogancia e infidelidad (3.11-15; 22.15-25), que no son compatibles con el compromiso divino hacia la humanidad, particularmente hacia los necesitados y marginados del pueblo (29.19; 57.15). La infidelidad es un acto de rechazo a la santidad de Dios (8.13). Y ante la infidelidad humana se presenta la fidelidad divina, que a su vez afirma su poder redentor.

PARA MEDITAR Y HACER: La experiencia de santidad a la que el profeta es expuesto lo mueve a reconocer su condición humana y lo desafía a manifestar solidaridad con la gente en necesidad del pueblo. El profeta fue llamado a predicar y a anunciar el mensaje divino en medio de una sociedad que él identifica como «de labios impuros», en una clara alusión a los pecados de la sociedad. La santidad divina hace que el profeta demuestre su compromiso con las personas más necesitadas de la sociedad. Esta experiencia religiosa pone de relieve uno de los valores más importantes de la espiritualidad: la humildad. El profeta, al recibir el mensaje divino, se identifica con su pueblo con humildad y se compromete a responder a las necesidades de los necesitados en el nombre del Señor.

● Analice las implicaciones teológicas y prácticas del llamado de Dios al profeta.

● Comente las implicaciones éticas y morales de las vocaciones proféticas.

❦

Tercer día *Léase* Isaías 44.9-20; 46.1-2; 47.15

PARA ESTUDIAR: Los ídolos

El libro de Isaías se redactó finalmente luego de la experiencia exílica de Israel en Babilonia; y en la diáspora, la idolatría no era un asunto hipotético o abstracto, sino real e inmediato. En su entorno diario, el pueblo convivía en medio de templos y estatuas de divinidades que delataban en forma elocuente el ambiente politeísta en el cual vivían. Las celebraciones litúrgicas y los festivales religiosos babilónicos eran el recuerdo continuo del contexto idolátrico y pagano que les rodeaba. La respuesta de la obra isaiana se presenta con ironía: ¡Aún los famosos dioses babilonios Bel y Nebo se desploman y derrumban! (46.1-2).

Mediante el uso del artificio literario del sarcasmo, el libro de Isaías presenta una crítica severa a los ídolos y a la idolatría. Se destaca la estupidez de los adoradores, al no reconocer que la madera que se ha utilizado para esculpir y tallar las imágenes ha sido previamente usada para cocinar (44.9-20). Inicialmente se presenta un proceso legal contra los dioses falsos (43.9), prosigue una sátira contra los ídolos y sus artesanos, y la crítica culmina contra quienes les rinden culto (40.18-20).

Los ídolos son malas representaciones de las imperfecciones humanas aunque intentan mostrar su expresión máxima; es decir, su poder y capacidad. Demuestran impotencia y desconocimiento (2.6-22): no pueden explicar el pasado ni tampoco pueden predecir el futuro ni mucho menos pueden afectar el presente. Los ídolos son manifestaciones de la creatividad humana que no pueden trascender las leyes naturales.

El Dios de Israel, por el contrario, es Creador, Redentor y Juez de la humanidad y del cosmos; esas características le permiten interpretar el pasado y anunciar el porvenir. Mientras los ídolos no pueden intervenir en la historia, pues su impotencia les mantiene cautivos, el Santo de Israel puede hacer cosas nuevas, incluyendo la transformación de la experiencia exílica en un nuevo éxodo (40.3). El argumento fundamental contra los ídolos es que no pueden anunciar lo que sucederá ni tienen el poder de actuar de forma decidida en la historia humana. La esperanza de la liberación y transformación nacional no puede estar fundamentada en la confianza en los ídolos.

PARA MEDITAR Y HACER: El tema de la idolatría tiene importancia capital en el libro de Isaías. Durante el exilio en Babilonia, el pueblo vivía en medio de un ambiente politeísta. El profeta responde a esa realidad idolátrica con palabras sarcásticas en torno a los ídolos y también con mensajes de burla contra los artesanos que fabricaban las representaciones físicas de las divinidades paganas. El mayor argumento del profeta es que el Dios de Israel es Creador, Redentor y Juez.

- ¿Cómo se manifiesta la idolatría en la sociedad hispanoamericana el día de hoy? ¿Cuáles son los nuevos ídolos que han sustituido a las divinidades babilónicas en la sociedad contemporánea? ¿Por qué la idolatría es un grave problema para la humanidad?
- Ante la idolatría, ¿qué tipo de teología presenta el profeta? El Dios bíblico tiene la capacidad de crear, que no es posible para las divinidades babilónicas.

Además, el Señor de Israel está comprometido con la redención del pueblo. Esa redención se relaciona con la capacidad divina de rescatar a la humanidad de los cautiverios en los que pueda estar atada. También el Dios de Isaías es Juez, pues está firmemente comprometido con la justicia.

~~~~~~~~~~~~

Cuarto día *Léase* Isaías 14.24-27

PARA ESTUDIAR: El Dios de la historia

El concepto de la santidad divina y la crítica a los ídolos en Isaías preparan el camino para la comprensión de un postulado teológico más amplio y fundamental: el Dios Santo de Israel es el Señor de la historia. Esa afirmación categórica revela que el Señor tiene planes definidos con la humanidad y que esos propósitos llegan a su punto culminante cuando las naciones todas acepten el llamado divino y lleguen a Sión a adorar al Señor de toda la tierra y las naciones.

El Señor de la historia manifiesta y demuestra su poder en la forma en que utiliza las grandes potencias de la época para que cumplan los designios divinos. Los centros de poder de la época, de acuerdo al profeta, manifiestan la voluntad divina. Asiria, de esta forma, es sólo un instrumento de juicio en sus manos (10.15); y el gran Ciro, simplemente un agente de redención (45.1-7).

Las naciones vecinas de Israel reciben los oráculos del profeta, pues están sujetas a la voluntad del Señor (13–23). Estas naciones, aunque tienen sus divinidades locales, están bajo el escrutinio y la evaluación sistemática y decidida del Señor de Israel; sus actividades y las implicaciones éticas de sus decisiones no son ignoradas, particularmente si afectan al pueblo del Señor.

La teología de la historia que se revela en la segunda sección del libro de Isaías (40–55) se basa en la tradición y los relatos que presentan al Señor como «el Dios eterno» (Génesis 21.33). Según el texto isaiano, el Dios eterno, es «creador del mundo entero» (40.28); y esa relación teológica íntima de creación y eternidad es la fuente de consolación y esperanza para el pueblo (40.27-28). Dios, de acuerdo con el mensaje profético, inicia el tiempo para cumplir su voluntad en la historia; es «el primero y el último» (41.46).

PARA MEDITAR Y HACER: Un concepto teológico fundamental en Isaías es el poder que manifiesta el Señor no sólo sobre Israel sino sobre el resto de las naciones paganas del mundo, y también sobre sus gobernantes. El Dios bíblico interviene en la historia para hacer conocer sus planes y para que se cumplan sus designios en medio de la humanidad. Esa capacidad divina genera en los creyentes un sentido de esperanza que nos impele a la seguridad, y nos mueve hacia la comprensión plena de un Dios que no tiene fronteras ni las barreras humanas que le puedan detener.

- Comente la afirmación teológica que indica que Sión o Jerusalén será el centro de la adoración mundial.
- Indique cómo Ciro se convirtió en instrumento divino. ¿Qué revela esa acción de Dios en torno a los gobernantes contemporáneos?

❦❦❦

Quinto día   *Léase* Isaías 45.9-11

PARA ESTUDIAR: El juicio y la redención de Dios

En el libro de Isaías el juicio divino puede manifestarse de diversas formas; por ejemplo, como un desastre natural, como una derrota militar devastadora o como una enfermedad mortal. Dios no es un espectador pasivo en el escenario de la historia humana, sino la fuente básica de la vida y la actividad (43.27-28). Ante la rebelión, Dios reacciona con celo, pasión y firmeza.

El Señor manifiesta el juicio ante la actitud pecaminosa de su pueblo; y frente al arrepentimiento humano revela su misericordia. La redención es la respuesta divina a la conversión; en efecto, se fundamenta en la fidelidad de Dios. Únicamente a través del acto salvador de Dios, la humanidad puede recibir la redención necesaria.

La salvación en el libro de Isaías no es un acto simple de reconocimiento de culpa, sino la transformación total de la voluntad y el comportamiento. Por ejemplo, renuncia al orgullo personal, reconocimiento de la supremacía divina en el mundo y el cosmos, y el deseo de aceptar el llamado al servicio que se manifiesta en el libro (6.1-8). El resultado de la redención es el restablecimiento de la imagen de santidad divina en la humanidad, la restauración de la tierra y el cumplimiento de las funciones de siervo en el pueblo. La salvación no es sólo la liberación de los pecados, sino la aceptación, comprensión y disfrute de la santidad divina (4.3-4; 11.9).

Ese proceso redentor descubre y afirma el valor básico de los seres humanos y rechaza la tentación de reducir la humanidad a ser objetos del uso y la conveniencia (58.3-9). En efecto, reconoce que la santidad divina se manifiesta en la gente, y que los pecados contra la humanidad son una clara ofensa hacia la santidad divina.

La teología de Dios como Redentor de su pueblo se nutre en la tradición y los relatos del éxodo (Éxodo 1-20). La liberación de Egipto es el evento histórico fundamental del pueblo, y el libro de Isaías, heredando esa percepción teológica, destaca el poder redentor y liberador de Dios ante las amenazas y cautiverios de los imperios asirio, babilónico y persa. La labor del Señor como Redentor incluye: pagar rescate por el pueblo (43.3) y acompañarles en momentos de crisis y dificultad (41.14-20).

PARA MEDITAR Y HACER: El Dios de Isaías interviene en medio de la historia humana. El Señor bíblico no está encumbrado en sus actividades eternas sin que le interese el ser humano ni se preocupe por la sociedad. Todo lo contrario: de acuerdo con el mensaje de Isaías, el Dios de Israel se manifiesta en la historia y se revela y tiene planes definidos no sólo para su pueblo, sino con todo el mundo y la humanidad. Como el Señor es Creador, tiene el poder y el deseo de transformar la voluntad y el comportamiento humano, el tema del juicio divino tiene gran importancia en el mensaje del profeta. El objetivo último del juicio divino no es la aniquilación de los pueblos ni amedrentar a la comunidad, sino su arrepentimiento y conversión.

- ¿Qué implicaciones tiene para la sociedad actual la afirmación «Dios es histórico»? ¿Cómo se manifiesta su voluntad en la sociedad actual?
- ¿Cuáles son los planes de Dios para la humanidad? ¿Qué tienen que decir los cristianos ante las crisis que afectan a los individuos y los pueblos a medida que iniciamos un nuevo siglo?

～∽∿◉∿∽～

Sexto día *Léase* Isaías 48.1-8

PARA ESTUDIAR: El éxodo

Un tema de fundamental importancia en la obra isaiana, particularmente en la segunda sección del libro (40–55), es el éxodo. Para enfatizar la teología de la esperanza y la restauración, la obra presenta una magnífica elaboración poética del antiguo éxodo de Egipto.

El primer éxodo fue un evento histórico y salvador que dio sentido de identidad nacional al pueblo y, además, se convirtió en un tema fundamental en la teología bíblica. Sin embargo, ese gran evento liberador tiene sus condicionamientos históricos y sus limitaciones de tiempo: evoca la época del cautiverio de Israel en Egipto, en el siglo XIII a.C. (véase Éxodo 1–15). Los israelitas salieron de Egipto—de los trabajos forzosos, del cautiverio y de la esclavitud—, recorrieron un desierto inhóspito, huyeron del ejército egipcio y finalmente entraron a la Tierra Prometida. En el peregrinar, enfrentaron al faraón, a los magos egipcios, al Mar Rojo, a las dificultades del desierto, y respondieron a las actitudes y los recuerdos de los mismos israelitas frustrados (40.27; 41.13-14).

El nuevo éxodo del libro de Isaías se presenta como afirmación teológica del triunfo definitivo de Dios sobre las penurias y adversidades del exilio en Babilonia. Este nuevo evento liberador anuncia una intervención extraordinaria de Dios en forma poética, con amplitud de imágenes y símbolos; el heraldo evoca un horizonte amplio e ilimitado.

Ante el segundo éxodo, el primero palidece y descubre un significado no-

25

vedoso: ese nuevo éxodo, anunciado en la obra isaiana, es un mensaje profético que sobrepasa los límites del tiempo y genera esperanza en generaciones futuras. Revela la voluntad liberadora de Dios y destaca su capacidad redentora. La esperanza cobra dimensión nueva, lo imposible descubre la posibilidad. El objetivo no es sólo curar las heridas o consolar en la aflicción, sino abrir la posibilidad de hacer algo nuevo, crear el futuro.

En la articulación teológica y literaria del tema del nuevo éxodo, se enfatiza el agente de la liberación: Dios mismo convoca al pueblo para responder a los anhelos más hondos de liberación y restauración nacional. De acuerdo al libro de Isaías, el Señor es la fuente de la redención humana. Antes de comenzar el proceso de liberación, ya Dios había enviado su palabra para preparar el camino del triunfo (55.11).

En el nuevo éxodo, el pueblo de Dios sale de Babilonia para regresar a la Tierra Prometida, la cual fue habitada por sus antepasados. Mediante un acto de amor y misericordia divina, el pueblo sale de la esclavitud, de la cárcel, de la oscuridad y de la opresión. En respuesta al cautiverio de su pueblo (52.2), el Señor actúa como el Redentor (43.1; 44.22-28).

El nuevo éxodo es un triunfo definitivo contra Babilonia, que fundamenta su poder y confianza en sus divinidades nacionales y en la magia. El Señor Santo de Israel desafía a esas deidades impotentes y las somete a juicio. Y en la burla, reta la capacidad de los ídolos para actuar y predecir, y aún reta su existencia misma. Mientras los adoradores de ídolos se cansan del trabajo en la madera, el Señor «da fuerzas al cansado, y al débil le aumenta su vigor» (40.29).

PARA MEDITAR Y HACER: La teología del éxodo merece un tratamiento especial en el libro de Isaías. Las experiencias de liberación del cautiverio egipcio son estudiadas y revisadas por el profeta pues interpreta el período de exilio en Babilonia como un nuevo cautiverio que requería otra intervención extraordinaria del Señor. Para el profeta, la primera experiencia de liberación de la opresión egipcia no puede ser comparada con la liberación extraordinaria que los judíos vivirán con la culminación del exilio. Esta enseñanza del profeta tiene implicaciones inmediatas para los creyentes pues pone de relieve el rechazo de las experiencias de cautiverio, afirma la prioridad que la Biblia le da a la liberación y enfatiza la importancia de enfrentar las crisis de la vida con autoridad y valor.

- ¿Cómo se manifiesta el cautiverio en la sociedad contemporánea? Identifique algunas formas de cautiverio social, emocional, espiritual, político, económico e ideológico en la sociedad actual.
- ¿Cómo el tema del cautiverio y la liberación de los judíos en Babilonia puede guiar los procesos de liberación contemporánea?

Séptimo día   *Léase* Isaías 42.1-4; 49.1-6; 50.4-9; 52.13–53.12

PARA ESTUDIAR: Los Cánticos del Siervo del Señor
Un tema de fundamental importancia en el libro de Isaías se relaciona con

el análisis y la comprensión de los poemas del Siervo del Señor, también conocidos como los «Cánticos del Siervo Sufriente» (véase 42.1-4; 49.1-6; 50.4-9; 52.13-53.12). En la segunda sección del libro de Isaías únicamente la palabra «siervo» (en hebreo, *ebed* o el concepto relacionado) aparece con bastante frecuencia. La idea que se pone de manifiesto y se evoca en el estudio ponderado de los textos es la de un discípulo del Señor que proclama y afirma la verdadera fe, soporta una serie intensa de padecimientos para expiar los pecados del pueblo, y finalmente es glorificado por el Señor.

Desde sus comienzos, la iglesia cristiana ha identificado estos poemas con el anuncio de la muerte redentora de Cristo, y la glorificación de Jesús de Nazaret, el Siervo del Señor por excelencia (Hechos 8.30-35). Posteriormente la figura del Siervo se interpretó como la personificación del pueblo de Israel, para relacionarlo con el «nuevo» Israel, es decir, la iglesia cristiana.

En el estudio de la palabra y la figura del Siervo en el libro de Isaías se descubren varias peculiaridades de gran importancia teológica. Generalmente la palabra se utiliza en singular (54.17) para describir a algún personaje; además, se relaciona, en la mayoría de los casos, con Israel o Jacob. Aunque esa evaluación inicial podría hacer pensar que el Siervo es claramente el pueblo, la realidad es que en varios casos el Siervo y el pueblo están en posiciones evidentemente contrapuestas. Los textos, además, presentan características del Siervo que difícilmente se pueden aplicar al pueblo de Israel; por ejemplo, los atributos de paciencia, fidelidad e inocencia.

Los estudios de los poemas del Siervo del Señor se han fundamentado generalmente en los siguientes cuatro pasajes básicos: 42.1-4; 49.1-6; 50.4-9; 52.13–53.12. Y desde el análisis de esos textos se han ponderado y discutido algunos asuntos medulares referente a los poemas y el Siervo: por ejemplo, el número de pasajes y la extensión de cada unidad; el autor de cada uno de los textos; su relación con los contextos en el libro de Isaías; y el asunto fundamental, la identidad del Siervo.

El resultado de los estudios de los Cánticos del Siervo no ha resuelto todas las dificultades que plantean. Las argumentaciones literarias, lingüísticas, teológicas y exegéticas no han podido responder convincentemente a todas las interrogantes. Sin embargo, han identificado, por los menos, cuatro teorías básicas para la interpretación de estos importantes poemas: la colectiva, la individual, la mixta y la mesiánica.

1- Interpretación colectiva

La interpretación colectiva identifica al Siervo con el pueblo de Israel, y se fundamenta en la lectura de los textos bíblicos disponibles (41.8; 44.1, 2, 21). La Septuaginta, basada posiblemente en esa comprensión de los pasajes del libro de Isaías, incorporó en su traducción del libro la identificación precisa de «Israel» y «Jacob» en 42.1.

La mayor dificultad de esta interpretación es que en varios textos y pasajes el Siervo y el pueblo están claramente en posiciones contrapuestas, y que la identificación de los dos personajes hace violencia a la interpretación de los textos de forma global.

2- Interpretación individual

La interpretación individual se fundamenta en las descripciones que se hacen del Siervo en varios pasajes importantes. El análisis de los rasgos de su personalidad ha movido a los estudiosos a identificar un personaje histórico que responda a tales descripciones; por ejemplo, Isaías, algún discípulo de Isaías, Ozías, Ezequías, Ciro, Zorobabel o algún contemporáneo del profeta de quien desconocemos el nombre. Sin embargo, las complicaciones exegéticas e históricas que estas identificaciones plantean, no parecen ayudar mucho al proceso interpretativo de los poemas.

3- Interpretación mixta

De acuerdo a la interpretación mixta, en los poemas del Siervo se habla de un individuo que ciertamente representa a la comunidad: por ejemplo, el rey como la encarnación del pueblo. Es importante notar que algunos textos destacan el aspecto individual del Siervo; otros, su misión colectiva.

Una variante de esta categoría mixta es la que afirma que los poemas no presentan un solo Siervo, sino a varios: por ejemplo, a Israel, a un remanente del pueblo, al profeta, a Ciro e inclusive a Dios, que cumple ciertas funciones de Siervo.

Estas interpretaciones mixtas resaltan las complejidades literarias y teológicas de cada uno de los poemas, que aunque deben estudiarse de forma colectiva, revelan peculiaridades contextuales específicas que no deben ignorarse.

4- Interpretación mesiánica

Los cristianos generalmente han interpretado los Cánticos del Siervo del Señor según la teoría mesiánica. A partir del Nuevo Testamento, la iglesia ha relacionado la misión del Siervo con el ministerio de Jesús; es decir, los cristianos han interpretado los poemas como una anticipación profética de la persona y la misión de Cristo. Los Cánticos describen al Siervo, de acuerdo con esta forma de interpretación, como un profeta comisionado por el Señor a llevar a efecto una misión en beneficio no sólo de Israel, sino de todas las naciones (42.1, 4). Para lograr su objetivo, el Siervo debe superar muchos padecimientos y dificultades; pero el Señor lo sostiene y lo eleva a un nivel que genera la admiración de las naciones y sus gobernantes (52.12-15).

Relacionados con los Cánticos del Siervo del Señor en el Deuteroisaías, se incluyen una serie de pasajes que destacan la restauración y glorificación de Sión (49–55). Jerusalén, en algunos poemas, se presenta como ciudad y en otros como esposa. El contraste entre la figura femenina de Sión y la masculina del Siervo no debe ignorarse, pues pone de manifiesto un entorno literario y teológico de importancia. Sión está abandonada y deshonrada; el Siervo confía en el Señor y en su triunfo definitivo; Sión se queja y sufre, mientras el Siervo consuela o calla; y el pasado de Sión es la ira divina, el del Siervo es de intimidad y amor. Finalmente, el tema del triunfo y la prosperidad es común en ambos personajes, pero la forma de conseguirlo es diferente.

El juego literario y teológico entre el Siervo y la ciudad, en un momento de exilio, es fuente de esperanza y consolación. El Siervo, en su misión redentora, transformará la ciudad para que se convierta en el centro cúltico y espiritual de la humanidad.

PARA MEDITAR Y HACER: Los Cánticos del Siervo del Señor o del Siervo Sufriente contribuyen de forma destacada a la teología del libro de Isaías y a la vida de la iglesia cristiana. Para la comunidad judía, los poemas ponen de manifiesto el poder de la esperanza: el Siervo, que para los judíos era una representación poética del pueblo de Israel, se sobrepondrá al dolor y a la persecución y superará las dificultades a las que es expuesto para contribuir a que el pueblo regrese del destierro en Babilonia a Jerusalén. Para los cristianos, que vieron en los poemas la anticipación profética del ministerio de Jesús, estos Cánticos son fuente de esperanza. Revelan, en efecto, que los sufrimientos en la vida del Siervo y los desprecios de la humanidad, ni inclusive la muerte injusta, pudieron detener el trabajo redentor y liberador de Jesús por la salvación de la humanidad.

- ¿Qué significa ser «siervo» el día de hoy? ¿Qué ideas denotan las imágenes de «siervo» para la sociedad contemporánea?
- La iglesia cristiana ha relacionado el ministerio del Siervo del Señor con el sufrimiento injusto que padeció Jesús. ¿Qué enseñanzas pueden desprenderse de este importante ejemplo?

SESIÓN PARA EL GRUPO DE ESTUDIO: Luego de comenzar la discusión con una oración, pida a las personas en el grupo que identifiquen los temas presentados durante esta semana y que mencionen las enseñanzas fundamentales del libro de Isaías. De particular importancia esta semana son los siguientes asuntos:

- La teología de Isaías incluye la santidad de Dios y la pequeñez humana, la relación íntima entre la santidad divina y la vida diaria del pueblo y los creyentes, y, particularmente, las implicaciones sociales de la santidad.
- Los ídolos son representaciones de divinidades paganas que no tienen poder para interpretar el pasado, entender el presente ni anunciar el futuro. El Dios bíblico tiene esas capacidades y ese compromiso con su pueblo.

Estos temas teológicos traen varias enseñanzas para la iglesia que llega al siglo XXI: el poder de los creyentes no está en sus influencias políticas ni en sus estados de cuenta bancarios, sino en el deseo de servir a la gente que sufre y tiene hambre y sed de justicia. El prestigio de los creyentes y las iglesias no puede relacionarse con los criterios de éxito que se presentan en las empresas comerciales. El triunfo del Siervo está en su deseo de obedecer a Dios al asociarse con la gente más necesitada y dolida de la sociedad.

Finalice la experiencia educativa de la semana con una oración e identifique los textos bíblicos y los temas que se van a discutir la próxima semana.

Segunda Semana
Las naciones son como gota de agua que cae del cubo

Léase Isaías 1.10; 25.1; 40.1-3; 60.16

PARA ESTUDIAR: El pueblo de Israel

La relación íntima entre Dios y su pueblo Israel, se pone de manifiesto de forma sistemática en todo el libro. Las fórmulas «nuestro Dios» (1.10), «tu gente» (2.6), «mi Dios» (25.1), «mi pueblo» (40.1) y «soy tu redentor» (54.8; 60.16), entre otras, son sólo algunas expresiones que revelan la percepción de pertenencia que manifiesta la teología de la obra isaiana.

Ese sentido hondo de intimidad y pertenencia es una característica que fundamenta otros conceptos teológicos básicos del libro. Israel es semilla de Abraham, pues el llamado de Dios a su pueblo recuerda las promesas y el peregrinar del patriarca; Jacob (Israel) es siervo del Señor porque desciende de su amigo Abraham (41.8; 51.1-2). Israel es el pueblo escogido, pues tiene una responsabilidad misionera hacia la humanidad: llevar la justicia a todas las naciones (42.1). Es también el pueblo del pacto y de la promesa hecha a David (55.3). Además, Israel es testigo de las grandes intervenciones de Dios en la historia humana; específicamente de que no hay otro Dios, y que fuera del Señor no hay quien pueda salvar (43.10-11).

PARA MEDITAR Y HACER: La relación íntima entre Dios e Israel es un postulado teológico básico no sólo en la literatura isaiana, sino en todo el Antiguo Testamento. El Dios bíblico llamó a Abraham y a Sara, y también a Moisés y a María, su hermana, para que guiaran al pueblo hebreo a la Tierra Prometida. Esa afirmación teológica se manifiesta con fuerza en el libro de Isaías con expresiones de intimidad tales como «nuestro Dios» y «mi Dios». El Señor ha decidido comunicarse íntimamente con su pueblo con un propósito redentor: para que se conviertan en «luz de la naciones». La amistad entre Dios y el pueblo tiene repercusiones misioneras, pues el deseo divino es que la humanidad toda descubra y disfrute su oferta salvadora.

Esa oferta salvadora se hizo carne en la figura de Jesús de Nazaret, quien llevó a efecto un ministerio de sanidad y liberación, además de presentar un programa educativo y evangelístico con el anuncio de la buena noticia de Dios a la humanidad, que es el evangelio de reino. Ese mensaje redentor hace que aun los gentiles se incorporen al movimiento de la gente transformada que son llamados amigos y amigas del Señor.

- Comente la expresión «mi Dios» y explique lo que se trata de afirmar.
- Explique la teología del llamado que Dios le hace a Abraham.

∽∽∼●∼∽∽

Segundo día   *Léase* Isaías 10.5-11

PARA ESTUDIAR: El imperio asirio y Judá: ca. 750–700 a.C.

En cualquier obra literaria la comprensión adecuada del entorno histórico que enmarcó al autor y a los destinatarios del mensaje, es necesaria para una lectura inteligente de los textos. En los estudios bíblicos, el entendimiento de esos aspectos históricos es fundamental por una razón básica: el Dios que se revela en las Sagradas Escrituras interviene en medio de las realidades y la historia humanas, y el análisis de esas particularidades revela componentes teológicos de importancia capital para la comprensión y valoración adecuada del mensaje bíblico.

La expansión rápida y decidida del imperio asirio es el hecho político de más envergadura en el Mediano Oriente, durante la segunda mitad del siglo VIII a.C. Para Asiria este fue el último período de gloria, antes de su derrota final ante la coalición medo-babilónica en el 609 a.C. Judá fue testigo de esas políticas expansionistas e imperialistas de Asiria.

Luego de la ascensión al trono del gran político, estratega militar y hábil organizador Tiglat-pileser III en el año 745 a.C., la influencia de Asiria en la región comenzó a crecer de forma firme y sistemática. Con la finalidad de expandir sus dominios e influencias, y de esa forma aumentar los ingresos del imperio, Asiria modificó las técnicas de guerra y dio a sus ejércitos moral de victoria. Su programa político y militar incluyó la transformación de los carros de combate—al incorporar ruedas más resistentes en su construcción y utilizar caballos de repuesto para facilitar el movimiento—, y la protección de los soldados—se proveyó a los jinetes de corazas y a la infantería de botas. Ese poderío militar asirio, unido al firme deseo de conquistar Palestina, fueron factores que afectaron adversamente la vida del pueblo de Israel y Judá.

Durante sus años de reinado, Tiglat-pileser III extendió el dominio asirio a Urartu, Babilonia, Siria y Palestina. En esta última región, su intervención fue precipitada por la guerra siro-efraimita, a petición de Judá (7–8). Desde ese momento (734 a.C.), Judá quedó intervenida por Asiria, en una situación de vasallaje.

Salmanasar V sucedió a Tiglat-pileser III en el imperio asirio. Ese período de transición debe haber sido visto por varias naciones como una oportunidad de rebelión y liberación. Israel consiguió su independencia, pero Judá se mantuvo al margen de las políticas independentistas de Siria e Israel. El resultado final de las conspiraciones y revueltas de este período fue la caída de Samaria, luego de dos años de asedio y la destrucción definitiva del Reino del Norte, en el 721 a.C.

Luego del asesinato de Salmanasar V, comenzó la época de Sargón II (721–705 a.C.). Este período es de gran importancia para la actividad profética y teológica de Isaías. En primer lugar, las campañas militares de Asiria contra Arabia, Edom y Moab, provocaron inquietud en el profeta; sus reflexiones relacionadas con este período pueden estar incluidas en varios de sus oráculos a las naciones extranjeras (13–23). Isaías también intervino cuando se generó la rebelión filistea, incentivada y ayudada por Egipto. Judá, ante la destrucción del Reino del Norte y de Samaria, se mantuvo con bastante tranquilidad, pagando sus tributos a Asiria, y sin intervenir en los grandes conflictos de la época.

El último de los reyes asirios que interviene en la política de Palestina durante el ministerio del profeta Isaías es Senaquerib, quien sucedió a Sargón II. La transición de poder debe haber sido interpretada por la comunidad internacional como un signo de debilidad, pues se generaron varios esfuerzos liberadores. Judá, junto a otros pequeños estados de la región, organizaron una guerra contra Asiria con el apoyo egipcio. El resultado para el pueblo judío fue nefasto (36–39).

PARA MEDITAR Y HACER: Este texto presenta algunos asuntos históricos de Asiria, una de las naciones más poderosas de la antigüedad. Esta nación representó una amenaza real para el pueblo de Israel en el siglo VIII a.C. por el desarrollo militar que había tenido. Su fama se relacionaba con sus instrumentos de guerra; es decir, su prestigio se basaba en las empresas de la muerte. Además, el deseo imperial que tenían sus gobernantes los impulsaba a la conquista de sus vecinos, entre los que se encontraba el pueblo de Israel.

En torno a este pueblo, varios valores y enseñanzas deben destacarse:

• Esta nación logró su fama no a través de sus contribuciones a la cultura de la vida, sino por sus desarrollos militares y su deseo imperialista de conquistar el mundo conocido. De acuerdo con el mensaje de Isaías, nuestra esperanza no puede estar en líderes militares: nuestra confianza está en el Señor.

• ¿Qué nos dice el texto de la justicia y la paz? ¿Cuál es el fundamento de la paz?

Tercer día   *Léase* Isaías 1.1; 2.1; 6.1

PARA ESTUDIAR: Judá y Jerusalén en la época de Isaías

El ministerio de Isaías se llevó a cabo en Jerusalén durante los reinados de Ozías, Jotam, Ahaz y Ezequías. Luego de años de crisis, el reinado de Ozías manifestó cierto esplendor y prosperidad. Según el testimonio del historiador cronista, hubo victorias contra los filisteos y los árabes, los amonitas pagaron tributos a Judá, la ciudad de Jerusalén experimentó mejoras físicas, la agricultura se desarrolló positivamente, y se reformó y mejoró el ejército. Jotam actuó como regente de Ozías durante la etapa final de su administración.

El reinado de Jotam no experimentó cambios mayores en la vida del pueblo judío. Ese período se caracterizó por una administración nacional efectiva y por un clima internacional sin grandes conflictos que afectaran directamente a Judá. Durante la administración de Jotam se venció a los amonitas y continuaron las obras de fortalecimiento físico de la ciudad. La dinámica que posteriormente generaría la guerra siro-efraimita comenzó durante este período. Finalmente, ese importante conflicto bélico se desató durante la administración de Ahaz.

La guerra siro-efraimita es fundamental para el ministerio de Isaías. El nombre del conflicto identifica las naciones que organizaron esta importante campaña militar contra el pueblo judío: Siria y Efraím (es decir, Israel) entraron en guerra contra Judá. Los reyes Rasín, de Damasco, y Pecaj, de Samaria, formaron una coalición anti-asiria e intentaron incorporar en el esfuerzo a Ahaz, rey de Judá. Ante la negativa del monarca judío, decidieron nombrar rey a un tal «hijo de Tabeel» (7.6), que favorecía sus objetivos anti-asirios. Otra posible causa de la guerra puede relacionarse con una serie de disputas territoriales en Transjordania.

Para responder adecuadamente a las amenazas de guerra de Siria y Damasco, el rey Ahaz solicitó ayuda al monarca asirio Tiglat-pileser III. Esa petición de ayuda militar trajo graves consecuencias políticas para el Reino del Sur: ¡Judá quedó sometida a Asiria! La época de independencia política y esplendor de Judá había finalizado. El reino de Judá se convirtió en vasallo del imperio asirio. Durante esta época, los edomitas conquistaron parte del territorio judío, particularmente la zona de Eilat (2 Reyes 16.6).

Luego de la muerte de Ahaz, le sucede en el trono su hijo Ezequías, que posiblemente comenzó su reinado muy joven. Durante el período de la minoría de edad de Ezequías, Judá estuvo gobernada por algún regente; posteriormente, al asumir oficialmente las responsabilidades reales (714–698 a.C.), el monarca judío organizó una reforma religiosa en el pueblo al eliminar los cultos paganos y afirmar la importancia de la Ley de Moisés. Esas políticas religiosas le ganaron gran popularidad y prestigio, que la Escritura destaca con expresiones que revelan su fidelidad al Señor (2 Reyes 18.4). Su gobierno incluyó la expansión de sus fronteras (2 Reyes 18.8) y la organización del pueblo para alcanzar la independencia de Asiria.

Luego de la muerte de Sargón II, las luchas independentistas de los estados vasallos de Asiria en Palestina llegaron a un nivel óptimo. Judá, apoyado en Egipto, se convirtió en líder de una coalición anti-asiria. El esfuerzo liberador incluyó a Filistea, Edom y Moab. Sin embargo, la habilidad militar de Senaquerib rápidamente superó los deseos de independencia de los estados palestinos. En el año 701 a.C., el famoso monarca asirio invadió a Judá y le impuso un muy fuerte tributo; sin embargo, antes de conquistar y destruir Jerusalén, regresó a Asiria (Isaías 37).

Aunque la decisión del monarca asirio fue interpretada por la comunidad judía como una prueba adicional de la intervención salvadora de Dios en la historia de su pueblo, el reinado de Ezequías no pudo resistir la crisis del asedio. A la muerte de Ezequías, le sucedió su hijo Manasés; monarca que se distinguió en la historia bíblica por desarrollar una administración llena de corrupción religiosa y opresión política. Su reinado se prolongó por 55 años.

PARA MEDITAR Y HACER: Durante gran parte del siglo VIII a.C., Judá y Jerusalén disfrutaron de gran prosperidad económica, basada en la paz internacional. El pueblo vivió esa prosperidad que incentivó estilos de vida que estaban en abierto conflicto con las predicaciones del profeta. Sin embargo, la prosperidad económica y la paz internacional se esfumaron con las amenazas del imperio asirio que deseaba tomar Palestina y hacer vasallos a sus moradores. La guerra siro-efraimita es el resultado de esas gestiones bélicas por parte de Asiria y las reacciones políticas y militares de los gobernantes en Jerusalén.

Sin embargo, la enseñanza fundamental del profeta Isaías es confiar en el Señor y no depender de las ayudas militares extranjeras, particularmente de Asiria, que pueden generar más problemas para la seguridad nacional de Judá.

- ¿Cuál es la relación entre la prosperidad material y la decadencia espiritual?
- ¿Qué nos indica Isaías respecto al fundamento de nuestra esperanza?

Cuarto día   *Léase* Isaías 40.1-11

PARA ESTUDIAR: Exilio en Babilonia: ca. 598–538 a.C.

El segundo período de importancia medular para la comprensión adecuada del libro de Isaías es el exilio en Babilonia. Esta época reconoce el avance del imperio babilónico en el Oriente Medio y su intervención definitiva en Judá y Jerusalén. El nuevo imperio babilónico fundado por Nabopolasar llega a su esplendor con la presencia del gran estratega militar Nabucodonosor (605–562 a.C.).

Cuando Nabucodonosor venció a Egipto en la famosa batalla de Carquemish en el año 605 a.C., el panorama histórico de Palestina tomó un nuevo giro: la influencia y poder babilónicos se convirtieron en factores políticos fundamentales en la región. Los ejércitos egipcios fueron derrotados, quedando Siria y Palestina a merced del imperio vencedor.

Mientras Judá estuvo bajo la dominación egipcia del faraón Necao, Joaquim, el rey de Judá, fue su fiel vasallo. Sin embargo, con el abrupto cambio político internacional, el monarca judío trató de organizar una resistencia a Babilonia. Ese gesto de valentía y afirmación nacional produjo que se levantaran los contingentes babilónicos, junto a guerrilleros de las regiones vecinas para mantener a Judá dominada. En el año 598 a.C., sucede a Joaquim su joven hijo de 18 años, Joaquín, que vio a la ciudad rendida a la potencia extranjera, a los tres meses de su reinado.

Con la victoria babilónica sobre Judá en el año 597 a.C., comenzó el período conocido comúnmente en la historia bíblica como «el exilio». Ese lapso se caracterizó por una serie de cambios bruscos en el gobierno y la presencia de líderes políticos al servicio de potencias extranjeras; además de matanzas, deportaciones en masa y dolor en la fibra más íntima del pueblo.

El año 597 a.C. fue testigo de la primera de una serie de deportaciones. El joven rey Joaquín, la reina madre, los oficiales gubernamentales y los ciudadanos principales—con los tesoros de la casa de Dios y los del monarca—, fueron exiliados a Babilonia. El movimiento político emancipador de Joaquim costó muy caro al pueblo: Las ciudades principales fueron asaltadas, el control del territorio fue reducido, la economía fue paralizada y la población diezmada. La crisis de liderato nacional fue total, y las personas que quedaron, según Jeremías 34.1-22, no representaban lo más eficiente en la administración pública ni actuaban con sabiduría en el orden político.

Con la deportación del rey Joaquín, su tío Sedecías quedó de gobernante. Como líder no parece haber sido muy sabio; además, por haber sido impuesto por el imperio dominante, no fue tomado muy en serio por los exiliados en Babilonia. Joaquín, aún en el exilio, se mantenía para muchos como rey en el destierro.

Con el nuevo líder de Judá, se juntaron algunos ciudadanos prominentes que quedaron en Palestina, y comenzó un fermento de rebelión patriótica nacionalista. Reuniones con Edom, Moab, Amón, Tiro y Sidón se llevaron a cabo para establecer un plan coordinado de respuesta al avance babilónico. Estos planes no prosperaron.

Con las dificultades internas en Babilonia, y posiblemente con la promesa de ayuda de Egipto, renace el espíritu de rebelión en Judá, que culminó en una derrota y experiencia de dolor inolvidable. Babilonia desarrolló todo su poderío militar y, aunque Jerusalén demostró valor y coraje, en el año 587 a.C. el ejército de Nabucodonosor entró triunfante por los muros de la ciudad, y Jerusalén fue destruida, incendiada, saqueada y ofendida. Sedecías vio la muerte de sus hijos; posteriormente fue cegado y llevado cautivo a morir en Babilonia. Muchos ciudadanos murieron en la invasión; otros, por las consecuencias; algunos líderes militares y religiosos fueron ejecutados frente a Nabucodonosor; y un gran número de la población fue dispersa o deportada a Babilonia. Esta segunda deportación fue testigo de la terminación de la independencia nacional y el fin de la personalidad política de Judá.

PARA MEDITAR Y HACER: El exilio de Israel en Babilonia es uno de los momentos más importantes en la historia de Israel. Aunque por un lado marcó de forma adversa, la terminación de varias instituciones del pueblo, también sirvió de período de creatividad literaria y desarrollo teológico. La crisis política, económica y militar del exilio, junto a la experiencia de la deportación, fue el entorno para el ministerio de varios profetas de extraordinario valor literario, teológico y espiritual. De particular importancia son los mensajes proféticos que se encuentran en Isaías 40–55.

- Discuta la relación íntima entre las crisis y la creatividad. ¿Cómo el pueblo judío enfrentó las penurias exílicas?
- ¿Qué enseñanzas puede brindar la experiencia de Israel en el exilio a las comunidades hispanoparlantes que viven en diversos lugares del mundo?

- El mensaje del libro de Isaías en el destierro fue de esperanza y restauración. ¿Cuáles deben ser las prioridades homiléticas y programáticas para las comunidades que sirven a las personas exiliadas?

～～●～～

Quinto día   *Léase* Isaías 14.1-23

PARA ESTUDIAR: El exilio y las deportaciones

En torno al exilio en Babilonia, y los eventos que rodearon la conquista y destrucción de Jerusalén, la arqueología ha arrojado mucha luz. Luego del saqueo de Jerusalén, los babilónicos comenzaron a reorganizar a Judá con un nuevo sistema provincial. Con la economía destruida, la sociedad desorganizada y la población desorientada, vino a dirigir el país un noble llamado Godolías. Este movió su gobierno a Mispa en busca de una política de reorganización nacional, pero parece no haber recibido el apoyo popular, y en poco tiempo fue asesinado. El descontento continuó en aumento y la tensión llegó a un punto culminante. Según el relato del profeta Jeremías (52.28–30), una tercera deportación surge en Judá en el año 582 a.C., posiblemente como respuesta y represión a este malestar y rebeldía. No es de dudar que la provincia de Judá fue incorporada a Samaria en ese momento, como parte de la reorganización de los babilónicos.

Cuando hablamos del exilio, y su entorno histórico, pensamos en dos y posiblemente tres deportaciones que dejaron una huella de dolor que nunca será borrada de la historia bíblica. Según el relato en el libro de los Reyes (24.12-16), los cautivos y deportados en el año 598 a.C. fueron 10,000, y sólo quedaron «los más pobres de la tierra». De acuerdo con Jeremías 52.8-30, se entiende que las tres deportaciones sumaron 4,600 personas. De ese número, 3,023 fueron llevadas en el año 598 a.C.; 832, en el 587 a.C.; y 745 en la tercera deportación del año 582 a.C.

Ese último relato jeremiano, que posiblemente viene de algún documento oficial del exilio, presenta una figura realista y probable de lo sucedido. La importancia de esos 832 ciudadanos deportados al caer la ciudad de Jerusalén, no puede ser subestimada. En ese grupo se encontraban los líderes nacionales: comerciantes, religiosos, militares, políticos; figuras de importancia pública que, al faltar, produjeron caos en el establecimiento del orden y en la reorganización de la ciudad.

El período exílico culmina con el famoso edicto de Ciro (2 Crónicas 36.22-23), que permite a los judíos regresar a sus tierras y reedificar el Templo de Jerusalén. Las referencias bíblicas al evento ponen de manifiesto la política exterior del imperio persa. Este edicto se ejecuta con la victoria de Ciro sobre el imperio babilónico en el año 539 a.C.

Aunque se hace difícil describir en detalle lo sucedido en Judá luego del año 597 a.C., y particularmente en Jerusalén luego del 587 a.C., el testimonio bíblico coincide con la arqueología de que fueron momentos de destrucción total. Todo el andamiaje económico, político, social y religioso sucumbió. La estructura de operación de la sociedad fue destruida. El liderato del pueblo fue deportado, y los ciudadanos que quedaron tuvieron que enfrentarse al desorden, a las ruinas, a la desorganización, y a las consecuencias físicas y emocionales de tales catástrofes. A esto debemos añadir el ambiente sicológico de derrota, la ruptura de las aspiraciones, la eliminación de los sueños, el desgaste de la energía síquica para la lucha y la obstrucción del futuro.

Los deportados y la gente que quedaron en Jerusalén y Judá enfrentaban un gran conflicto y dilema, luego de la invasión de Babilonia. ¿Cómo se podían reconciliar las expectativas teológicas del pueblo con la realidad existencial? ¿Cómo se podía confiar en la palabra de fidelidad comunicada por los antiguos profetas de Israel? ¿Cómo se explicaba teológicamente que el Templo de Jerusalén fuera quemado, destruido y profanado, cuando el pueblo lo entendía como habitación del Señor, y como un lugar de oración, refugio y seguridad? ¿Cómo se explicaba la ruptura de la dinastía de David? Cuando había ya una profecía de eternidad, los salmos comunicaban la relación paterno filial de Dios con el rey (Salmo 2.6) y se entendía que el canal para la bendición de Dios al pueblo venía a través del rey (Salmo 72.6). ¿Cómo se explicaba que la Tierra Prometida estuviera en manos de extranjeros, cuando ese tema fue crucial y determinante en los relatos patriarcales?

Lo que sucedió en Palestina al comienzo del siglo VI a.C. fueron eventos singulares. La historia se caracterizó por el dominio de Babilonia y la deportación de los líderes del pueblo invadido; el cambio de la dinastía davídica por títeres de la potencia extranjera; la reorganización de la sociedad con los patrones e intereses babilónicos; la terminación de los días de Judá como nación autónoma; la profanación del Templo de Jerusalén.

La segunda parte de libro de Isaías responde a esa situación histórica del pueblo. Ante el dolor del exilio y el cautiverio, el Deuteroisaías presentó su mensaje firme de consolación y restauración nacional.

PARA MEDITAR Y HACER: Las experiencias de deportación producen en las personas que las viven dolores y huellas que tiene un valor permanente. Por un lado, la deportación se basa en algún hecho traumático; por ejemplo, por una persecución política o ideológica o por la pérdida de una guerra. En ambos casos la experiencia produce inseguridad, pues se transfiere una persona o familia de sus raíces culturales y familiares y se transplanta en una nueva comunidad con la cual no tiene relación histórica ni tiene infraestructura de apoyo familiar o étnica. Las deportaciones afectan el pasado, el presente y el futuro de los pueblos y los individuos.

- ¿Cómo reaccionó el pueblo judío a la experiencia exílica?
- Cuál fue el mensaje del libro de Isaías ante las penurias exílicas?
- ¿Cómo la iglesia y los creyentes pueden ministrar a las comunidades hispanoparlantes que se han exiliado o han sido deportadas a los Estados Unidos?

PARA ESTUDIAR: La diáspora

Los judíos que fueron llevados a Babilonia fueron objetos de presiones y humillaciones de parte de sus captores. Sin embargo, aunque no eran libres, se les permitió vivir en comunidad, dedicarse a la agricultura, administrar negocios, construir casas y ganarse la vida de diversas formas. El rey Joaquín, que fue llevado al exilio en el año 598 a.C., fue mantenido por el gobierno babilónico y, además, era tratado con cierta consideración. Con el paso del tiempo, muchos exiliados llegaron a ocupar posiciones de liderato político, económico y social en Babilonia, tales como Esdras y Nehemías.

El imperio babilónico, durante este período, experimentó una serie de cambios bruscos que afectaron sustancialmente su administración y permanencia. A Nabucodonosor le sucedió Amel Marduc, quien fue asesinado al poco tiempo de comenzar su gestión (562–560 a.C.). Neriglisar le sucede, pero no puede mantener el poder por mucho tiempo. El usurpador Nabónido, aunque gobernó por algún tiempo, no pudo superar la crisis producida por sus reformas religiosas. Por ejemplo, cambió el culto a Marduc por el de Sin; decisión que causó el descontento general entre los importantes sacerdotes de Marduc y, posiblemente por razones de seguridad, se trasladó a Teima por siete años, dejando como regente de Babilonia a su hijo Baltasar.

Ciro, mientras imperaba el desorden y la inseguridad en Babilonia, aumentó sistemáticamente su poder político con conquistas militares en todo el Mediano Oriente. Aunque comenzó su carrera como súbito de los medos, conquistó su capital, Ecbataná, en el 553 a.C., con la ayuda de Nabónido. Posteriormente, en el 547 a.C., Ciro marchó contra Lidia, conquistó Sardis y se apoderó de la mayor parte de Asia Menor. Finalmente, en la famosa batalla de Opis, conquistó definitivamente a Babilonia.

La segunda sección del libro de Isaías (40–55) se relaciona con este período de la historia bíblica; particularmente con los años anteriores al triunfo definitivo de Ciro y su entrada triunfal a Babilonia. Los mensajes proféticos que responden a este período toman en consideración el odio y los deseos de venganza de los judíos, junto a la nostalgia de la Tierra Prometida y los firmes deseos de liberación y retorno. Los mensajes proféticos están impregnados de dolor y esperanza; sin embargo, el tema fundamental es la consolación.

En el exilio una de las preocupaciones de los deportados era imaginar y proyectar la futura restauración de Israel. La esperanza de un retorno a las tierras que sus antepasados entendían que habían recibido de Dios, nunca murió. La comunidad exílica se negó a aceptar la realidad del exilio como definitiva: ¡el exilio era una experiencia transitoria! En ese sentido, la contribución de los profetas exílicos fue muy importante. Estos líderes del pueblo se dieron a la tarea de afirmar el valor de la esperanza durante momentos de crisis, desarraigo y angustia.

PARA MEDITAR Y HACER: La vida en la diáspora continuó para la comunidad judía. Aunque fueron llevados al destierro como prisioneros de guerra, en Babilonia tenían cierto grado de libertad, en la medida que no atentaran ni afectaran adversamente al imperio. La gente comenzó a acostumbrarse al nuevo país, pero los profetas continuaron con el mensaje de retorno a Jerusalén, que era la Tierra Prometida que Dios les había dado. Con el paso del tiempo, las esperanzas de retorno se hacían más distantes, hasta que llegó la figura de Ciro, el gran político y militar persa que fue visto por la comunidad judía como una fuente de esperanza y liberación.

- ¿Cómo pueden los creyentes, fuera de sus países, mantener la salud mental y la identidad nacional tan importantes para mantener el balance emocional y espiritual adecuado para superar las crisis?
- ¿Cómo deben tratar el tema de la esperanza las personas que se encuentran en exilio?

∽∾∽●∽∾∽

Séptimo día *Léase* Isaías 45.20–46.13

PARA ESTUDIAR: El período persa: ca. 538–400 a.C.

Cuando Ciro hizo su aparición en la escena política y militar del Oriente Antiguo, Babilonia estaba en un franco proceso de decadencia social, espiritual, militar y política. Los mensajes proféticos en torno al imperio babilónico se hacían realidad (45.20–46.13): Babilonia no tenía fuerza militar, e internamente estaba llena de conflictos, y descontentos religiosos, sociales, políticos y económicos. Además, Nabonido, el monarca de turno, carecía de la confianza y del respeto del pueblo. En el año 539 a.C. los ejércitos persas entraron triunfantes en Babilonia y comenzó una nueva era en la historia del pueblo de Dios.

Con la victoria de Ciro sobre Babilonia, se consolidó uno de los imperios más poderosos que se conocían hasta entonces en la historia: el imperio persa. La filosofía administrativa y política de Persia se distinguió por los siguientes aspectos: no destruyó las ciudades conquistadas; respetó la vida, los sentimientos religiosos y la cultura de los pueblos sometidos; y mejoró las condiciones sociales y económicas del imperio. Ciro utilizó la religión para consolidar el poder, al participar en un culto donde se proclamó enviado de Marduc, el dios de Babilonia.

En continuidad con su política de respeto y afirmación de los cultos nacionales, siempre y cuando no afectaran la lealtad al imperio, Ciro promulgó en el año 538 a.C. un importante edicto que favoreció al pueblo judío deportado. Del llamado «edicto de Ciro», la Biblia presenta dos versiones: la primera, escrita en hebreo, se encuentra en Esdras 1.2-4; la segunda, redactada en arameo en la forma tradicional de un decreto real, se incluye en Esdras 6.3-5.

El texto arameo del edicto estipula que el Templo sea reconstruido con la ayuda económica del imperio persa; además, presenta algunas regulaciones referente a la reconstrucción; y añade, que los tesoros reales llevados a Babilonia por Nabucodonosor desde el Templo de Jerusalén, deben ser devueltos a su lugar. El texto hebreo del edicto incluye que los judíos que querían regresar a su patria podían hacerlo; también se invita a los que se quedaron en Babilonia a cooperar económicamente en el programa de restauración.

Para guiar el regreso a Palestina y dirigir las labores de reconstrucción, Ciro seleccionó a Sesbasar, uno de los hijos del rey Joaquín, quien fue designado gobernador (Esdras 5.14). Al viaje de retorno a Jerusalén, posiblemente organizado de forma inmediata, sólo un pequeño sector del pueblo le debe haber acompañado. Únicamente los judíos más ancianos recordaban la ciudad de Jerusalén; el viaje era muy largo, costoso y lleno de peligros; la tarea que se les había encomendado era difícil; y la meta del viaje era un territorio pobre, despoblado y relativamente pequeño.

Tan pronto llegaron a Jerusalén, comenzaron el trabajo de reconstrucción y posiblemente reanudaron algún tipo de culto regular entre las ruinas del Templo. Ese período debe haber estado lleno de expectación, esperanza y sueños. El pueblo esperaba ver y disfrutar el cumplimiento de los mensajes proféticos de Isaías (40–55) y Ezequiel (40–48); sin embargo, recibió el rudo golpe de la desilusión, la frustración y el desaliento.

Los años que siguieron a la llegada de los primeros inmigrantes a Palestina estuvieron llenos de dificultades, privaciones, inseguridad, crisis y violencia. A esa realidad debemos añadir que la ayuda del imperio persa nunca llegó, la relación con los samaritanos fue abiertamente hostil y el desánimo de los trabajadores al ver el poco esplendor del edificio que construían desaceleró las labores de reconstrucción (Hageo 2.3).

De Sesbasar realmente sabemos poco. Desconocemos lo que sucedió con él, pues deja de ser mencionado en los documentos bíblicos. Le sustituyó Zorobabel, su sobrino.

PARA MEDITAR Y HACER: El período de retorno a Jerusalén y de reconstrucción nacional fue uno complejo y muy difícil. En primer lugar, el apoyo económico prometido por el imperio persa nunca llegó; además, la reconstrucción de la ciudad tomó años y no se logró reproducir el esplendor del Templo de Salomón. Fue un proceso lento y doloroso en el cual se manifestaron tensiones y conflictos en las dinámicas sociales y políticas de los grupos de judíos que regresaban del exilio y los que se habían quedado en Judá. La reconstrucción tomó más que recursos económicos, necesitó salud mental y espiritual, sentido de dirección y compromiso con el proyecto.

- Identifique las crisis de la comunidad judía luego del retorno a Jerusalén. ¿Qué nos enseñan esas dinámicas a los creyentes en la actualidad?
- ¿Cómo respondió el libro de Isaías a las dificultades relacionadas con la reconstrucción nacional?
- Qué temas teológicos se destacan en Isaías que pueden contribuir a la restauración moral y espiritual de los creyentes, las iglesias y las naciones?

SESIÓN PARA EL GRUPO DE ESTUDIO: Luego de la oración de invocación, identifique los temas teológicos sobresalientes estudiados durante esta semana. Invite al grupo a comentar asuntos de importancia relacionados con las lecciones, presente algunas implicaciones de los textos bíblicos estudiados, reflexione sobre varios de los siguientes asuntos:

● Asiria pasó a la historia, entre otros asuntos, por el desarrollo de la milicia y por sus instrumentos de guerra. Sus armas mortales son símbolo de muerte y desolación. Isaías representaba la paz y la vida. Afirmaba que la esperanza del pueblo no debía estar fundamentada en el poder de su aparato militar sino en la capacidad y el deseo divino de intervenir de forma liberadora en medio de la historia humana.

● El tema de la confianza en Dios es uno recurrente en el libro de Isaías. Esa confianza es la que impele al profeta a anunciar consolación en medio de las crisis relacionadas con el exilio de Babilonia. Ese exilio, con sus implicaciones adversas para la salud mental y espiritual, y para la identidad nacional, se convirtió en el entorno de un período extraordinario de creatividad teológica. Las dificultades y las penurias de la deportación incentivaron la creatividad teológica de profetas que, como Isaías, entendieron que el Dios bíblico no está callado ante las injusticias ni enmudece ante el dolor de la humanidad.

Tercera Semana
Santo, Santo, Santo, Señor de los ejércitos

Primer día *Léase* Isaías 45.20–46.13

PARA ESTUDIAR: La reconstrucción del Templo

Ciro murió en el año 530 a.C. y le sucedió en el trono su hijo mayor, Cambises, que continuó la política expansionista de su padre hasta que murió en el año 522 a.C. Su gestión política y su muerte trajeron al imperio un período de inestabilidad y crisis. A Darío I, quien le sucedió, le tomó varios años reorganizar el imperio y consolidar el poder.

A la vez que el imperio persa se conmovía en sus luchas internas, el año 520 a.C. fue testigo de la contribución profética de Hageo y Zacarías. Además, ese período fue muy importante en el proceso de renovación de la esperanza mesiánica en la comunidad judía. La crisis en el imperio, unida al entusiasmo que produjeron las profecías mesiánicas en torno a Zorobabel, fueron factores importantes para que el Templo se reconstruyera e inaugurara en el año 515 a.C. Este Templo, conocido como el «Segundo Templo»—que fue destruido por los romanos en el año 70 d.C.—, no podía ser comparado con el Templo de Salomón. El culto tampoco era una reproducción de la experiencia preexílica. Sin embargo, el Templo y el culto eran símbolos de unidad dentro de la comunidad; afirmaban la continuidad cúltica y religiosa con el Israel preexílico y celebraban la importancia de las tradiciones para el futuro del pueblo.

Nuestro conocimiento de la comunidad judía luego de la reconstrucción del Templo no es extenso. Las fuentes que están a nuestra disposición son las siguientes: las referencias que se encuentran en los libros de Crónicas, Esdras y Nehemías; lo que podemos inferir de los libros de los profetas Abdías, Zacarías y Malaquías; los descubrimientos arqueológicos relacionados a esa época; y la historia antigua. Todas estas fuentes apuntan hacia el mismo hecho: la comunidad judía, aunque había superado la crisis del retorno y la reconstrucción, estaba esencialmente insegura y se sentía defraudada. Las esperanzas que anidaron y soñaron en el exilio no se materializaron, y las expectativas mesiánicas en torno a Zorobabel no se hicieron realidad. La comunidad judía restaurada no era una sombra del Israel preexílico. El sueño y la esperanza fueron sustituidos por el desánimo y la frustración.

PARA MEDITAR Y HACER: Los cambios políticos en el imperio persa causaron inestabilidad política y generaron ansiedad en los líderes judíos que trabajaban en la reconstrucción del Templo de Jerusalén. Junto a las dificultades internas que se experimentaban en Judá, los líderes religiosos y políticos de Jerusalén tenían que incentivar la reconstrucción del Templo, aunque no se recibiera el apoyo del imperio. El Templo era más que un centro religioso. Era el símbolo de unidad nacional, que representaba la presencia de Dios en medio de su pueblo y enfatizaba la preservación de las tradiciones que ayudarían al pueblo a enfrentarse con vigor a los desafíos del futuro.

- ¿Cómo se manifiestan en la comunidad religiosa los cambios políticos abruptos?
- Explique la importancia de la reconstrucción del Templo de Jerusalén.

Segundo día *Léase* Isaías 40.1-11

PARA ESTUDIAR: Importancia de la historia
La historia de la comunidad judía en Jerusalén estuvo estrechamente relacionada con la historia del imperio persa. Darío I, quien gobernó el imperio durante los años 522–486 a.C., no sólo desplegó su poder militar, sino que demostró gran capacidad administrativa. Al mantener la política expansionista de sus predecesores, dividió el imperio persa en veinte satrapías. Cada satrapía tenía su gobernante, con el título de «sátrapa», a quien los gobernadores locales debían informar. Un cuerpo militar supervisaba al sátrapa y le respondía al rey persa. El sistema intentaba establecer un balance de poderes en los varios niveles administrativos, políticos, económicos y militares del imperio. Durante la administración de Darío I, Persia alcanzó uno de los momentos más importantes de su historia.
Jerjes sucedió a Darío I y reinó sobre el imperio persa durante los años 486–465 a.C. Sus habilidades como administrador y militar no estuvieron a la altura de su padre y predecesor. En el proceso de afianzarse en el poder, se ocupó de detener una revuelta que se había desarrollado en Egipto y, posteriormente, otra en Babilonia. Al superar la dificultad en Babilonia, se presentó ante el pueblo como rey. En su programa militar se incluyen los siguientes eventos: invadió a Grecia; cruzó Macedonia; destruyó un grupo de espartanos en Termópilas; y conquistó Atenas e incendió la Acrópolis. Luego de una serie de fracasos en Salamina, Platea y Samos, Jerjes se retiró de Europa. Finalmente fue asesinado.
Artajerjes I Longímano sucedió a Jerjes y gobernó el imperio durante los años 465–424 a.C. Durante ese tiempo la inestabilidad y debilidad del imperio fue creciendo. Las campañas militares que se llevaban a cabo en Asia, Europa, los países del Mediterráneo y Egipto, fueron algunos de los factores importantes en el debilitamiento continuo del poderoso imperio persa.
La realidad política de Persia fue un factor que afectó continuamente la vida de las comunidades judías dentro del imperio. Desde la inauguración del Templo, se pueden identificar varias comunidades judías en diferentes lugares

del imperio. Aunque no poseemos mucha información de varios de estos grupos, la presencia de judíos en la llamada «diáspora», es un aspecto importante para comprender de forma adecuada la experiencia postexílica de la comunidad judía.

En Babilonia, que era el centro de la vida judía en la diáspora, la comunidad prosperó económica y políticamente. En Sardes o Sefarad, en Asia Menor, se tiene conocimiento de la existencia de una comunidad judía, aunque no poseen detalles precisos. En Elefantina, Egipto, se conoció otra muy importante comunidad judía. Era un grupo próspero, con cierta independencia religiosa; entre otras cosas, construyeron un templo alterno al de Jerusalén.

Luego de la reconstrucción del Templo, el número de judíos que se animó a regresar a Jerusalén aumentó. Las listas que se encuentran en Esdras 2 y Nehemías 7 posiblemente se relacionan con un censo de la población de Judá, durante la época de Nehemías. Un buen número de éstos, aproximadamente 50,000 habitantes, deben haber llegado luego que se reconstruyó e inauguró el Templo.

Durante la administración persa, Judá era parte de la quinta satrapía conocida como «del otro lado del río», en referencia al río Éufrates, y era gobernada posiblemente desde Samaria. Los asuntos locales estaban bajo la incumbencia de los sumos sacerdotes.

Estos dos niveles administrativos deben haber estado en conflicto continuo y creciente. Los oficiales de Samaria no sólo impusieron cargas tributarias excesivas al pueblo, sino que fomentaron el enfrentamiento entre la comunidad judía y el imperio persa.

La comunidad judía en Jerusalén se sentía insegura. Las relaciones con los samaritanos eran cada vez más tirantes. A su vez, este fue un período cuando los árabes estaban en un proceso de reorganización y reconquista. Sus incursiones militares hicieron que los edomitas se movieran de sus tierras, y se ubicaran al sur de Palestina, hasta el norte de Hebrón. Para los judíos esas no eran buenas noticias, pues las relaciones entre judíos y edomitas no eran las mejores.

Con este marco histórico de referencia, podemos identificar algunas causas de la inseguridad de la población judía en Jerusalén durante el reinado de Artajerjes I: la hostilidad de parte de los samaritanos; la enemistad con los edomitas que se acercaban; el desarrollo político y militar de Egipto; y las dificultades con el imperio persa, fomentadas por los samaritanos. Frente a esta realidad, la comunidad judía decidió reconstruir las murallas de Jerusalén y fortalecer la ciudad. Este fue el entorno político que antecedió la llegada de Nehemías a la ciudad de Jerusalén, en el año 445 a.C.

PARA MEDITAR Y HACER: La falta de sabiduría administrativa y la carencia de líderes que supieran comprender las necesidades de la comunidad judía en Jerusalén, fueron algunas causas del rápido deterioro del poder político de Persia en este período. El imperio que parecía invencible por el balance de poderes que había logrado, comenzó a dar muestras de deterioro. Los gobernantes débiles y sin sabiduría administrativa y política prepararon el camino para su destrucción paulatina. Además, en este período los judíos de la diáspora comenzaron a prosperar y a desarrollarse económicamente.

● Uno de los grandes mensajes de Isaías es que Dios es Señor de todos los pueblos y de sus gobernantes. ¿Cómo se manifestó ese poder del Señor en Persia?
● Comente el tema del exilio o la diáspora.

Tercer día   *Léase* Isaías 58.1-14

PARA ESTUDIAR: Condición espiritual de la comunidad judía
La realidad política, económica y social de la comunidad judía postexílica ciertamente afectó su condición moral y espiritual. Nuestras fuentes para descubrir y comprender esa dinámica interna del pueblo, luego de la inauguración del Templo de Jerusalén, son los mensajes proféticos contenidos en los libros de Isaías y Malaquías, y el material que se encuentra en las memorias de Nehemías.

Luego de la inauguración del Templo en el año 515 a.C., la comunidad judía adquirió un carácter cúltico, religioso. Al percatarse que formaban parte de un imperio bien organizado y poderoso, reinterpretaron las tradiciones antiguas del Israel preexílico, a la luz de las nuevas realidades postexílicas. Aunque el culto carecía de su antiguo esplendor, éste volvió a ser el centro de la comunidad.

La condición moral y espiritual del pueblo puede entenderse a la luz de las siguientes realidades: los sacerdotes hacían caso omiso de la Ley, y ofrecían en sacrificio animales hurtados, enfermos, ciegos y cojos; la Ley era interpretada con parcialidad e injusticia; el día de reposo, que se había convertido en un símbolo del pacto durante el período exílico, no era guardado debidamente; la comunidad olvidó sus responsabilidades económicas, como los diezmos y las ofrendas, obligando a los levitas a abandonar sus responsabilidades para subsistir; la fidelidad a la Ley era cuestionada; los divorcios se convirtieron en un escándalo; se engañaba a los empleados y se oprimía al débil; se embargaban los bienes a los pobres en tiempos de escasez y crisis o se hacían esclavos para pagar impuestos y deudas; y los matrimonios entre judíos y paganos se convirtieron en una seria amenaza para la identidad de la comunidad.

Ese era el contexto religioso, moral y espiritual de Jerusalén: una comunidad judía desmoralizada y desanimada, que permitió una práctica religiosa superficial, sin afirmar, entender, celebrar o compartir los grandes postulados éticos y morales de la fe de los profetas clásicos de Israel, tales como Isaías, Jeremías y Ezequiel. Tanto la realidad política como espiritual requerían cambios fundamentales, reformas radicales, transformaciones profundas.

PARA MEDITAR Y HACER: Luego del período de retorno y de reconstrucción nacional, la vida espiritual del pueblo judío experimentó una serie de cambios radicales que respondían a las nuevas realidades históricas, teológicas, y sociales de la comunidad postexílica. Los roles de los sacerdotes y los funcionarios políticos del pueblo cambiaron para ajustarse a la nueva dinámica de las personas que regresaron de la experiencia de deportación y exilio. Particularmente los sacerdotes jugaron un papel protagónico pues la condición moral y espiritual del pueblo requería esa intervención particular.

- Identifique los problemas sociales, espirituales y morales que debía enfrentar la comunidad judía al retorno del exilio.
- ¿Cómo respondió el mensaje de Isaías a las dificultades y desafíos que presenta la nueva comunidad judía en Jerusalén luego de la experiencia exílica?

Cuarto día   *Léase* Isaías 56.1-12

PARA ESTUDIAR: El libro de Isaías y el entorno social de los judíos
La dinámica social de la comunidad judía luego del exilio se relaciona con por lo menos cuatro grupos básicos: los judíos que regresaron de Babilonia; los que permanecieron en Judá y Jerusalén; los extranjeros que convivían con los judíos, y los judíos de la diáspora. La comprensión de las expectativas, necesidades y características teológicas de cada grupo, junto al estudio de las relaciones entre ellos, es fundamental para el análisis global o canónico del libro de Isaías, pues la redacción final de la literatura isaiana se llevó a efecto durante el período persa en Jerusalén.

Aunque Isaías contiene importantes oráculos y narraciones que nacen en la actividad y la palabra del profeta del siglo VIII a.C., e incluye magníficos poemas del período exílico, la redacción final de la obra se llevó a efecto luego del regreso de los deportados en Babilonia a Jerusalén. El análisis de la sección final del libro (56–66) puede ser de gran ayuda en la comprensión de la redacción final de toda la obra isaiana.

Por la situación política de Judá, y la condición espiritual de la comunidad judía en general, se generó en Jerusalén un conflicto muy serio en torno al futuro del pueblo. Los temas y asuntos básicos de la vida comenzaron a analizarse nuevamente. Vuelve el pueblo, y sus líderes, a ponderar las implicaciones teológicas y prácticas del pacto y del éxodo, y se evalúa la naturaleza misma de ser pueblo de Dios. ¿Qué significa ser el Dios de la historia? ¿Cuál es la misión fundamental del pueblo de Dios en el mundo? ¿Significará el juicio divino el rechazo permanente de Dios?

Se descubre, en la lectura minuciosa y atenta de Isaías 56–66, dos grandes tendencias sociales, teológicas y políticas en la comunidad judía. Por un lado, existía un grupo sacerdotal con características bastante bien definidas: controlaba el culto oficial en el Templo reconstruido, y contribuía de forma importante al establecimiento de la política hacia los judíos en Judá y en la diáspora, mediante diálogos con las autoridades persas. Ciertamente este grupo, que puede ser caracterizado como «sacerdotal», era muy pragmático, realista y antiescatológico; dispuesto a hacer valer sus intereses a toda costa. En efecto, estaba preparado hasta a pactar con Persia si los acuerdos favorecían sus necesidades políticas y apoyaban sus programas religiosos en Jerusalén.

En contraposición al llamado grupo «sacerdotal», se desarrolló otro grupo—relacionado espiritual y teológicamente con Isaías, y con otros profetas que continuaron la reflexión y la contextualización del mensaje isaiano—de una mentalidad más abierta y con una percepción más democrática del liderato. Este grupo, que podría catalogarse de «profético», representa la oposición firme al sector sacerdotal tradicional en Jerusalén: el sacerdocio, para este grupo, se debe extender a toda la comunidad. Aunque se revela una gran apertura hacia los extranjeros, los miembros de este grupo no están dispuestos a hacer componendas con el imperio persa. Particularmente importante es el sentido escatológico que manifiesta este grupo, pues los miembros de la comunidad esperan la intervención extraordinaria de Dios.

El continuo choque entre estas diferentes perspectivas de la vida y tendencias teológicas es el entorno histórico de la sección final del libro de Isaías (56–66). Esa dinámica es la fuerza social, el contexto teológico y el semillero temático que produjo la redacción final de todo el libro. Los conflictos políticos y religiosos que se produjeron en Judá, y particularmente en Jerusalén, a raíz de las relaciones de estos dos grupos, fue el marco de referencia de la redacción final de la gran obra isaiana. Ese conflicto es la matriz de una contribución literaria y teológica monumental: el libro de Isaías.

La redacción final del libro puede fijarse en el período persa por dos razones básicas. En primer lugar, se identifica específicamente a Ciro como el «ungido del Señor» (45.1), hecho que alude al decreto de liberación de los judíos que marcó el fin del exilio en Babilonia (538 a.C.) e identifica el comienzo de la hegemonía persa sobre Judá.

Otro dato de importancia en la identificación del contexto histórico de la redacción final del libro es la referencia a Edom en 63.1-6. Luego del exilio en Babilonia, los edomitas manifestaron gran enemistad y falta de solidaridad hacia los judíos; esa dinámica de hostilidad generó la profecía abiertamente antiedomita de Abdías. Es importante añadir que en las obras de Esdras y Nehemías no se menciona a Edom; este silencio puede ser una indicación que ya para mediados del siglo V esta nación no presentaba una preocupación seria para la comunidad judía.

Al juntar esta información, podemos identificar la primera mitad del siglo V como el entorno histórico probable para la redacción final del libro de Isaías (ca. 500–450 a.C.).

PARA MEDITAR Y HACER: Las implicaciones teológicas de las dinámicas de reconstrucción son fundamentales para la comprensión adecuada del libro de Isaías. Entre las preguntas que surgen del texto de Isaías se desprenden las siguientes:

- ¿Qué significa ser el Dios de la historia? ¿Cuáles son las implicaciones para la iglesia de hoy de esas intervenciones de Dios en medio de la historia humana?
- ¿Cuál es la misión fundamental del pueblo de Dios en el mundo?

PARA ESTUDIAR: Isaías 1 es una introducción a todo el libro y provee una especie de prefacio y guía a la predicación del profeta durante su ministerio. Se incluyen los temas de juicio y salvación que posteriormente desempeñan una importancia capital en la obra y que van a destacarse en el resto del libro.

La estructura temática del capítulo puede ser analizada de la siguiente forma: (1) referencia histórica y teológica inicial; (2) devastación de Judá; (3) mensaje en torno a la verdadera adoración; (4) llamado al arrepentimiento; y (5) mensaje de juicio y redención.

La primera sección presenta la «visión» del profeta, que más que una experiencia visual momentánea alude a la toma de conciencia, particularmente al acto de descubrir, comprender y presentar la voluntad de Dios a su comunidad. El objetivo específico del versículo es afirmar la importancia del mensaje de Isaías y ubicar su ministerio en su justa perspectiva histórica: Isaías llevó a efecto su vocación profética en Judá durante los reinados de Uzías, Jotam, Acaz y Ezequías, quienes gobernaron Judá desde el 781 al 687 a.C. Aunque el mensaje de Isaías se dirige principalmente a Judá y a Jerusalén, su libro contiene oráculos dirigidos a otros pueblos y naciones.

En la segunda sección del capítulo (1.2-9) se presenta la severidad de la devastación del pueblo de Judá. Se describe poéticamente a Sión y se presenta la extensión del juicio. Isaías identifica el origen de la destrucción en la infidelidad del pueblo: Por haberse olvidado del Santo de Israel, le ha sobrevenido a Judá una serie de calamidades que ponen de relieve la naturaleza santa de Dios y la maldad del pecado del pueblo.

La línea inicial del mensaje alude claramente a la ruptura del pacto que se describe en Deuteronomio 32.1. De esta forma, el texto relaciona la infidelidad del pueblo con el pacto de Dios con Israel en el Sinaí; es una manera figurada de referirse al acto de la liberación de Egipto; y es una metodología solapada para aludir a la respuesta infiel del pueblo a esa manifestación liberadora de parte de Dios. ¡Los animales conocen a sus dueños, pero Israel no conoce a su Señor, al Dios Santo de Israel!

El profeta no está interesado en identificar cómo el pueblo ha ignorado alguna ley o ha rechazado un mandamiento específico. Su objetivo primordial es poner de relieve la falta de compromiso religioso que debe informar y guiar las decisiones personales y colectivas, y los estilos de vida de la comunidad judía.

En Isaías 1.9 se introduce por primera vez el tema del remanente, que revela el interés salvador de Dios y el compromiso con la esperanza que tenía el profeta. El Señor va a conservar una parte de su pueblo y no permitirá que sea destruido totalmente. A esos sobrevivientes, que son salvados únicamente por la misericordia de Dios, se les llama remanente o «resto».

La tercera sección del capítulo (1.10-16) presenta los temas fundamentales de la predicación profética: Dios no se agrada de los sacrificios o los actos religiosos que no están acompañados con manifestaciones concretas de justicia y misericordia. El poema comienza con una referencia a las ciudades ancestrales de Sodoma y Gomorra, posiblemente porque el versículo anterior las menciona. Según los relatos de Génesis 19, esas ciudades fueron totalmente destruidas por Dios por causa del pecado y la corrupción. En Isaías 1.9 se indica que Judá correrá la misma suerte que esas dos ciudades, y en 1.10 se afirma que los líderes del pueblo son como los «príncipes de Sodoma», igualmente corruptos.

El tema fundamental del mensaje es la verdadera adoración. El Dios bíblico no se complace de los sacrificios humanos que no están acompañados con manifestaciones reales de justicia. La experiencia religiosa saludable es la que relaciona los símbolos cúlticos con la práctica diaria. La referencia a las manos llenas de sangre no sólo alude a los sacrificios de animales, sino a los actos de injusticia que generaban dolor y muerte a personas inocentes del pueblo.

El profeta no está necesariamente opuesto a los rituales; lo que Isaías rechaza abiertamente son los sacrificios religiosos sin repercusiones morales ni transformaciones éticas. Para el profeta, lo fundamental de la experiencia cúltica es cómo la gente religiosa trata a las viudas y a los huérfanos. En este sentido, el mensaje de Isaías es similar al de Amós, que también relacionó el culto con la implantación de la justicia (Amós 5.18-27).

Luego del mensaje de afirmación ética, el libro incluye uno de los pasajes más famosos de Isaías: «Venid luego, dice Jehová, y estemos a cuenta. . .» (1.18-20). De acuerdo con el texto, el arrepentimiento y la obediencia son valores fundamentales en la vida. La prosperidad se fundamenta en el arrepentimiento verdadero y el compromiso con la palabra de Dios. La llave del éxito en la vida es la capacidad de escuchar la voz divina e incorporar en el estilo de vida diario los valores que esa voz divina representa. Dios está interesado en el perdón, que se basa en el arrepentimiento verdadero.

La sección final del capítulo (1.21-31) presenta una serie de amenazas divinas por la corrupción política y social del pueblo. Un punto teológico que debe destacarse en el pasaje es que el juicio divino tiene un propósito redentor, como la purificación de los metales mediante el fuego. Según el texto bíblico, ¡Sión será purificada! El pueblo de Judá, que se caracterizó (1.10-16) por sus infidelidades y por sus actos religiosos sin valor ético, moral, teológico ni espiritual, será transformado mediante una intervención extraordinaria de Dios. La justicia será un valor fundamental para la transformación y redención de la cuidad.

PARA MEDITAR Y HACER: Varias son las enseñanzas que se ponen de relieve al estudiar este texto. En primer lugar, se revela la importancia de la visión de Isaías. Para el profeta, «visión» era algo más que una experiencia extática momentánea; era una forma de tomar conciencia, una manera de percatarse de algo profundo y fundamental. La visión de Isaías fue descubrir el mensaje que debía presentar a su pueblo; fue percatarse de la naturaleza de su vocación y las implicaciones de su ministerio.

Es muy importante indicar que en todo el libro de Isaías se presenta una sola visión, que marcó y transformó significativamente la vida del profeta. El día de hoy hay creyentes que desean tener «visiones» todos los días, pero no reflejan la transformación que experimentó Isaías.

- El profeta relaciona la vida de Judá con los pecados de Sodoma y Gomorra. El objetivo era destacar lo abominable de las actitudes del pueblo y enfatizar la inminencia del juicio divino. El Dios bíblico rechaza abiertamente toda manifestación pecaminosa, particularmente las que afectan a las personas más necesitadas y marginadas de la sociedad. Ore por las personas necesitadas y marginadas de la comunidad.
- El pecado mismo les hizo esconder sus maldades en el culto. El pueblo creyó que con una vida religiosa activa podían convencer al Señor y recibir el perdón divino. El mensaje de Isaías es claro y firme: la adoración verdadera es la que une los sacrificios con la vida justa.
- ¿Cómo la adoración en su iglesia refleja el concepto de la adoración verdadera de iglesias?

∽⌒●⌒∾

Sexto día   *Léase* Isaías 2–4

PARA ESTUDIAR: Con el capítulo 2 se inicia una nueva sección del libro de Isaías, que generalmente pone de relieve una serie de mensajes de juicio contra Jerusalén y Judá. A los mensajes sociales de los capítulos 2–5, se une una sección de memorias del profeta (6–8), dos oráculos mesiánicos (9 y 11), separados por los mensajes a Samaria y Asiria (10) y finalmente un salmo de acción de gracias (12). Toda esta sección parece provenir de los primeros años del ministerio profético de Isaías.

Este primer versículo (2.1) parece ser un nuevo encabezamiento al libro y pone de relieve la importancia del mensaje o la «visión» de Isaías. Se repite el nombre del padre del profeta y también se indica la identidad de los destinatarios del mensaje: Judá y Jerusalén.

El mensaje inicial (2.2-5) afirma el reinado universal del Señor sobre la humanidad al final de los tiempos, y se encuentra en una forma similar en Miqueas 4.1-3. El propósito es enfatizar la centralidad de Sión (que es una forma poética de referirse a Jerusalén) y la importancia del Templo, que será lugar de reunión de las naciones. La promesa del reinado de paz aparece también en 9.2-7 y 11.1-9, y enfatiza la transformación de las armas de guerra en instrumentos de paz y prosperidad. El tiempo del fin se caracterizará por la paz, que se fundamenta en el acto de caminar en la luz del Señor.

El «monte de Jehová» se refiere a la colina en Jerusalén donde estaba enclavado el Templo del Señor. La palabra hebrea *torah*, traducida generalmente como «ley», se refiere más bien a las instrucciones y enseñanzas que debía recibir y asimilar el pueblo de Dios, no a un grupo de regulaciones estáticas que debían ser obedecidas irracionalmente.

La sección que sigue (2.6-22) presenta el juicio del Señor contra los soberbios, pues se afirma que «el día de Jehová» (2.12) vendrá de forma extraordinaria. El profeta denuncia las actitudes caracterizadas por altanería, altivez, prepotencia, orgullo y soberbia, que se representan simbólicamente en el mensaje por «cedros», «encinas», «montes», «collados», «torres», «muros fortificados» y «barcos lujosos». Las claras alusiones a las riquezas y al poderío militar revelan que el mensaje se presentó al pueblo en un período de bonanza económica y prosperidad material, posiblemente cerca del llamado al profeta a ejercer su misión.

De acuerdo con el pensamiento bíblico, el «día de Jehová» se concebía como el momento cuando Dios iba a castigar de forma definitiva a los enemigos de Israel. Sin embargo, para Isaías y los profetas del siglo VIII, ese día, «que será de tinieblas y no de luz» (Amós 5.18), también significaba juicio y castigo para el pueblo de Dios. En este pasaje, el «día de Jehová» adquiere una dimensión de conquista en la que los enemigos de Dios se esconderán en las cuevas para evitar y evadir el juicio divino. El fundamento teológico del juicio es la actitud idolátrica de la comunidad que ha incorporado las prácticas religiosas de pueblos extranjeros.

El «día de Jehová» produce en Jerusalén la anarquía y la desolación (3.1-15). El orden social de la ciudad se afectará de forma extraordinaria, y la violencia reinará en el pueblo. Para el profeta, esa dinámica de caos y destrucción en la sociedad es el resultado directo de las malas obras y «la lengua» del pueblo (3.8). Judá ha actuado como Sodoma, y no se ha arrepentido de su pecado ni se ha avergonzado de su actitud (3.9). Como responsables mayores en la debacle institucional, el profeta identifica a los gobernantes, que debían implantar la justicia y a los ancianos, que actuaban como jueces en los pleitos. La frase devoraron «la viña» pone de relieve de forma gráfica la maldad de los líderes políticos y revela la actitud egoísta que motivaba sus acciones.

La próxima sección (3.16–4.1) se dedica a la represión de las mujeres pudientes y orgullosas de Judá y de Jerusalén. De la misma forma que en 2.6-22 se dedica toda una sección a criticar severamente y presentar el juicio a los hombres soberbios y altaneros del pueblo, este nuevo pasaje enfatiza el juicio divino a las mujeres. Utilizando la imagen de las «hijas de Sión», el texto indica que el orgullo que las mujeres manifiestan al vestirse, caminar o maquillarse, será transformado en bochorno, humillación y vergüenza. La «cicatriz de fuego» sustituirá la «hermosura» femenina (3.24), el dolor suplantará el contentamiento.

El «día de Jehová» afectará no sólo a los hombres y los líderes políticos de la nación, sino que llegará a la población en general, incluyendo a las mujeres. Este pasaje curiosamente incluye una serie de artículos de adornos femeninos que en ocasiones son difíciles de identificar con precisión y traducir (3.18-23).

PARA MEDITAR Y HACER: En esta sección del libro de Isaías se incluyen varios mensajes de importancia capital para la sociedad contemporánea. Las implicaciones éticas y teológicas de estas profecías son necesarias para el desarrollo de ministerios transformadores en el siglo XXI. Entre los temas de importancia se pueden identificar los siguientes:

- El reinado universal del Señor, al final de los tiempos, transformará los programas bélicos y las armas en instrumentos útiles de agricultura; los símbolos de la muerte serán suplantados por las figuras de la paz, que se fundamentan en la justicia. ¿Qué puede hacer usted en favor de la paz basada en la justicia?
- Obediencia a la ley, según el profeta, no es la aceptación ciega de una serie de estatutos, sino participar en un proceso educativo que transforma y renueva a individuos y a comunidades. Según el concepto del profeta, ¿cómo la persona puede ser obediente a la ley?

~~~⬤~~~

Séptimo día *Léase* Isaías 5.1-7, 8-30

PARA ESTUDIAR: Parábola de la viña

Este pasaje contiene una parábola en forma de cántico, similar a los que se entonaban en la antigüedad durante la fiesta de los Tabernáculos (Deuteronomio 16.13-15). Luego de la presentación inicial del tema, en la que el amado representa al Señor y la viña a los pueblos de Israel y Judá (Isaías 5.1a), se incluye el asunto fundamental de la parábola (5.1b-2): el dueño de la viña había trabajado arduamente para hacer que la viña diera buenos frutos, pero se sintió profundamente frustrado al percatarse de los malos frutos que recibió. En la próxima sección (5.3-4) el dueño se lamenta de la situación e indica lo que hará con el campo (5.5-6): le quitará la protección y permitirá que la naturaleza con sus fuerzas destructivas se encarguen de ella. Finalmente se explica la parábola (5.7).

Esta parábola es similar a otras que se encuentran en el Antiguo Testamento y a las que presentó Jesús en el Nuevo. El tema de la viña como representación de Israel es común en la literatura bíblica. Posiblemente, el pueblo al principio acompañó con agrado el cántico, aunque al final, al percatarse de la condena que contenía el mensaje, rechazó su contenido.

La imagen de la viña puede evocar dos significados: el primero, relacionado con la agricultura, puede ser una alusión a la infidelidad religiosa del pueblo. El Señor invirtió tiempo y esfuerzos en el pueblo que no produjo los frutos de fidelidad esperados. Por otro lado, la viña era una propiedad de gran valor en una sociedad productiva como la judía del siglo VIII a.C. Esa producción contribuyó a las riquezas injustas, que fueron el fundamento de la crítica isaiana. La amenaza de quitar la protección de la viña puede ser una referencia a permitir que los asirios lleguen al pueblo de Judá y saqueen y destruyan sus ciudades.

El tema del juicio divino continúa en la próxima sección (5.8-30). El poema incluye seis «ayes» o pronunciamientos proféticos que anuncian el juicio del Señor sobre su pueblo. Entre los sectores sociales y personajes que el profeta identifica, se encuentran los siguientes: los que acaparan casas y terrenos; los poderosos; los que se burlan de Dios con sus acciones; los que pervierten los valores éticos y morales; los que se creen sabios; y los jueces corruptos. El fundamento del mensaje es la injusticia que los ricos hacían con los sectores más pobres de la comunidad, particularmente en la sociedad judía del siglo VIII a.C., que era esencialmente agraria.

Como el refrán de 5.25 se incluye también en Isaías 9.12, 17, 21, algunos intérpretes del pasaje relacionan 5.25-30 con el poema de Isaías 9.8–10.4.

El poema incluye tres temas fundamentales: la denuncia por los abusos sociales, la crítica a los líderes—particularmente a los encargados de implantar la justicia—, y los peligros que representan las «naciones lejanas», que es una posible alusión a Asiria. El juicio divino se relaciona en este pasaje con la presencia de otras naciones que pueden cometer contra ellos las mismas injusticias.

PARA MEDITAR Y HACER: El tema básico que une el pasaje de hoy es el juicio divino que trae la injusticia y la opresión de los pobres e indefensos de la sociedad. Para el profeta, uno de los peores pecados sociales es el trato cruel e injusto a los sectores más necesitados de la sociedad. La comunidad de Judá y Jerusalén del siglo VIII a.C. se distinguía por cometer esos crímenes que son seriamente criticados por el profeta. Anteriormente ya se había indicado que la verdadera religión es la que relaciona la santidad divina con la vida diaria (1.10-18).

- ¿Qué nos dice este pasaje de la forma en que deben ser tratadas las personas más vulnerables y necesitadas de nuestras comunidades?
- ¿Qué principios éticos para los líderes sociales, políticos, judiciales y religiosos de los pueblos se desprenden de las enseñanzas del profeta?

SESIÓN PARA EL GRUPO DE ESTUDIO: Luego de la oración para iniciar las discusiones del grupo de estudio, se pueden repasar los temas que se han estudiado durante la semana. Esencialmente se han estudiado los mensajes de juicio a Judá y Jerusalén, y se han comentado pasajes que ponen en evidencia el compromiso que tenía Isaías con la seguridad nacional. Entre los temas estudiados, que pueden servir de marco de discusión durante esta reunión, se encuentran los siguientes:

- La santidad de Dios es un valor fundamental en la teología del profeta Isaías. Esa santidad tiene implicaciones cúlticas y sociales.
- La verdadera adoración está íntimamente ligada a la implantación de la justicia y a los estilos de vida que ponen de relieve la santidad divina.

Finalice la sesión con una oración, aplicando estas enseñanzas a la vida de los creyentes.

Cuarta Semana
Nacimiento y reinado del Mesías

Primer día   *Léase* Isaías 6:1-7

PARA ESTUDIAR: Visión y llamamiento de Isaías

El relato de la vocación de Isaías no se incluye al principio de su libro, como en el caso de Jeremías 1 y Ezequiel 1-3, pues sirve de introducción a la sección conocida como «El libro de Emanuel» (Isaías 6.1-9.6), que presenta una serie bastante importante de memorias del profeta. Con su visión y relato de vocación, Isaías pone de manifiesto las credenciales necesarias que le permiten ejercer con autoridad como profeta en medio de su pueblo. Posiblemente esta «visión» se relaciona con el inicio de la actividad profética de Isaías, por el año 740 a.C.

La visión del profeta, que llegó a la muerte del rey Uzías, ubica al vidente en el Templo del Señor o en el trono celestial. Según el relato, el profeta vio al Señor sentado en su «trono alto y sublime». El «trono» del Señor era una posible alusión al Lugar Santísimo del Templo, que constituía la silla real del trono visible del Dios invisible (Éxodo 25.21-22). Los serafines eran unos seres celestiales alados que se mencionan únicamente aquí en la Biblia. La referencia a las alas destaca su movilidad. La palabra hebrea «serafines» significa «los ardientes». La triple repetición del «Santo, santo, santo» tiene la fuerza del superlativo en el hebreo bíblico y afirma la teología de santidad que se manifiesta en el libro. El Señor se presenta como un guerrero y se afirma que toda la tierra está llena de su gloria. La alusión a la gloria divina pone de relieve su poder y autoridad en el mundo.

El profeta indica que ha visto al Señor, reclamo que de acuerdo con el texto del Antiguo Testamento debe ser explicado con cautela. Según Éxodo 33.11, Moisés hablaba con el Señor «cara a cara», aunque posteriormente se indica que únicamente podía ver sus espaldas, pues quien veía a Dios moría (Éxodo 33.20). En la visión, Isaías vio al Señor sentado en su trono y escuchó la adoración de los serafines.

Ante la revelación divina, los fundamentos del Templo se estremecen y el lugar se llenó de humo. Las teofanías, o manifestaciones de Dios, en la Biblia están acompañadas por demostraciones de poder como los terremotos y los fuegos. El profeta reconoció su condición pecaminosa y se identificó con su pueblo. Su expresión de asombro revela su humildad, temor y capacidad de reconocer su condición humana.

Luego de 6.6, el profeta deja de ser un espectador en la revelación para convertirse en parte del drama. Uno de los serafines trajo un carbón encendido del altar para tocar sus labios y quitar su culpa. De esta forma se preparaba a Isaías para su ministerio profético.

El relato de vocación pone de relieve varios temas de importancia teológica. El profeta fue llamado luego de la muerte del rey. Esa afirmación puede ser una referencia solapada a que el rey impedía de alguna forma el desarrollo del ministerio profético de Isaías. También puede significar que ante la muerte del monarca, Isaías buscó refugio en el Templo y allí lo alcanzó la revelación divina.

El Dios Santo de Israel en esta visión es presentado como «de los ejércitos». La expresión puede referirse a las milicias del pueblo de Israel, como a los astros celestiales. En el contexto histórico del pasaje, posiblemente es una referencia a las milicias del pueblo de Israel, pues ya se aproximaba la amenaza de la guerra siro-efraimita.

Un componente fundamental del pasaje es la solidaridad que manifiesta el profeta con su pueblo: Soy «hombre inmundo de labios» y habitó «en medio de pueblo que tiene labios inmundos». Reconoció el profeta su condición personal y la situación nacional; además, decidió identificarse plenamente con las personas que debía servir. Esa solidaridad e intimidad del profeta con su pueblo es un requisito indispensable para el desempeño efectivo de su labor ministerial. Y ese acto de humildad fue recompensado por Dios al tocar los labios del profeta para quitar su culpa y limpiar su pecado.

PARA MEDITAR Y HACER: Este relato de vocación profética es uno de los pasajes más conocidos de la Escritura. Se predica para incentivar las misiones y para fomentar las vocaciones ministeriales. El pasaje es también objeto de estudio riguroso para entender la naturaleza del culto cristiano y para comprender las implicaciones de la vocación profética. Una sola visión fue suficiente para que Isaías dedicara toda su vida a la tarea profética. Esa entrega fue de tal magnitud que sus discípulos siguieron por varias generaciones estudiando sus mensajes para actualizarlos ante nuevos retos y contextos y presentarlos a las nuevas generaciones de creyentes.

- ¿Qué significa ser llamado por Dios, según el relato de la vocación de Isaías? ¿Qué implicaciones tiene su vocación para los creyentes y los líderes de hoy?
- ¿Cómo contribuye el estudio del pasaje a nuestro entendimiento del culto cristiano?

$\sim\!\!\sim\!\!\bullet\!\!\sim\!\!\sim$

Segundo día *Léase* Isaías 6.8-13

PARA ESTUDIAR: El mensaje de juicio

Aunque generalmente los mensajes y estudios sobre el relato de la vocación de Isaías finalizan con el versículo 7, la verdad es que el pasaje continúa hasta terminar el capítulo. Luego del llamado al profeta, se presenta la razón de ser de su misión: se articula de forma directa el propósito del llamamiento y se describe la finalidad de su tarea. Isaías ha sido llamado por el Señor para anunciar un mensaje de juicio al pueblo, que vivía un período de prosperidad y bonanza que le hacía olvidar sus compromisos con el Dios que les había llamado.

Luego de la ceremonia de purificación de labios, el profeta escucha una voz que inquiere: «¿A quién enviaré y quién irá por nosotros?». El Señor mismo se revela al profeta para entablar un diálogo para iniciar una conversación. ¿Quién desea responder al llamado divino? ¿Quién desea ser fiel a la vocación de servir? ¿Quién desea incorporarse al grupo de personas que entienden que la profesión más importante en la vida es la de servir al prójimo?

Ante la pregunta divina, Isaías respondió en la afirmativa: «Heme aquí, envíame a mí» porque quería ser obediente a la revelación de Dios, además de estar seriamente preocupado por su pueblo. Ante el reclamo divino, Isaías no escatimó esfuerzo ni puso objeción alguna para articular una respuesta efectiva.

La construcción de la pregunta divina se hace en plural («por nosotros») pues Dios, que llama al profeta, está en diálogo con su «corte celestial». Tradicionalmente los cristianos han leído en este pasaje una referencia a la Trinidad.

El mensaje que Isaías debe presentar es de juicio severo y firme. Su ministerio consistía no sólo en la anunciación de los mensajes del juicio que se aproximaba, sino que debía embotar «el corazón de este pueblo» para que no entendieran y procedieran al arrepentimiento. En efecto, el pueblo no quería escuchar su palabra ni deseaba obedecer el llamado divino.

Este mensaje tan severo es muy difícil de comprender en la actualidad, pues generalmente la finalidad de la predicación profética es la conversión y redención de los destinatarios del mensaje. Pero en este caso específico el propósito es diferente pues el Señor comisiona al profeta a «cegar» los ojos del pueblo para que no vean el potencial de arrepentimiento y perdón.

Este mensaje de juicio puede relacionarse con un período en el cual el pueblo no desea escuchar el llamado divino. Las condiciones de prosperidad económica y riquezas materiales impedían al pueblo judío reconocer su condición pecaminosa para proceder al arrepentimiento. El profeta recibe del Señor no sólo el mensaje, sino las posibles reacciones del pueblo.

Referente al juicio severo, el profeta pregunta: «¿Hasta cuándo, Señor?». Le preocupa al profeta el tiempo para que termine el castigo divino, pues no se pone en duda lo inminente del mensaje. La destrucción sobre Judá y Jerusalén será mayor, pues la ciudad quedará vacía y desolada. Y en medio de esas palabras de juicio se nota un aliento de esperanza: «será el tronco, la simiente santa».

PARA MEDITAR Y HACER: Esta sección del texto nos confronta con un mensaje al cual no estamos acostumbrados. El profeta debía predicar para que el pueblo no escuchara ni procediera al arrepentimiento. Revela este mensaje la naturaleza del endurecimiento del corazón del pueblo y pone de relieve la complejidad del ministerio de Isaías.

- ¿Ante el llamado de Dios, ¿cómo responden los cristianos contemporáneos?
- ¿Qué nos dice este pasaje sobre cómo debe ser la predicación de la iglesia?

Tercer día *Léase* Isaías 7.1-9

PARA ESTUDIAR: Mensaje de Isaías a Acaz

Esta sección del libro de Isaías se relaciona con la crisis surgida por las amenazas de la alianza de los reinos de Siria con su capital Damasco e Israel o Efraín con su capital Samaria, contra Acaz, rey de Judá (735–733 a.C.) Este conflicto, conocido como la guerra siro-efraimita, se fundamentó en el deseo de los reyes de Siria e Israel de romper con el vasallaje que tenían ante el imperio de Asiria. Como Judá no quiso unirse a sus planes rebeldes, decidieron conspirar contra Acaz y sustituirlo por un tal Tabeel, quien posiblemente era el hijo del rey de Tiro, que también estaba involucrado en la conspiración siro-efraimita.

La verdad histórica es que la amenaza asiria a Palestina era real e inmediata. El poder del imperio se cernía sobre el Oriente Medio y los vecinos de Judá se habían percatado de la gravedad de la situación. Isaías, ante tal conspiración, presentó al rey judío la teología de la sobrevivencia e inviolabilidad de Sión, fundamentada en las promesas a David. Sin embargo, el monarca de Judá desatendió los sabios consejos del profeta y solicitó ayuda al famoso rey asirio Tiglat-pileser, convirtiéndose así en su vasallo.

El profeta llegó ante el rey en el «acueducto» (7.3), cuando el monarca posiblemente inspeccionaba las reservas de agua, en previsión de un ataque y sitio militar prolongado. La presencia del hijo del profeta en el lugar de encuentro es significativa: «Sear-jasub» significa «un resto volverá», que se convertía en un mensaje de esperanza para el rey. Pero el monarca judío prefirió someterse al poder asirio que entrar en conflicto contra sus vecinos u obedecer las recomendaciones de Isaías. De acuerdo con la interpretación del profeta, ni Siria ni Israel, llamados irónicamente «dos cabos de tizón que humean», presentaban una amenaza inminente a Judá, pues estaban en medio de un franco proceso de decadencia política y militar. Isaías presentó su mensaje con autoridad y firmeza: la coalición de Siria e Israel no prevalecerá contra Judá.

La próxima sección del mensaje de Isaías (7.10-17) contiene una de las porciones escriturales de más contenido histórico y teológico. Una vez más el profeta se allega al rey para convencerlo de los peligros que representaba para la nación su política internacional. Acaz no le hacía caso al profeta y estaba empeñado en pedir ayuda a los asirios. Para convencerlo de la falta de sabiduría de esa decisión, Isaías le ofrece al rey una señal divina, que el monarca rechaza en un gesto de aparente humildad, que revela ciertamente que ya la decisión del rey era irreversible.

Según el libro de Isaías, la «señal» que ofrece el profeta al rey no es necesariamente un milagro. Era posiblemente una alusión al cumplimiento de algún hecho presente o cercano cuya realización garantizaba el cumplimiento posterior de lo dicho por el profeta. Deseaba Isaías afirmar la derrota de la coalición que intentaba destronar la dinastía de David en Judá.

La señal al rey es que una joven concebirá y dará a luz un hijo, cuyo nombre destaca la presencia divina en su pueblo: «Emanuel» que significa «Dios está con nosotros». En torno a la identificación de la mujer, hay dos posibilidades básicas: la esposa del profeta o una de las esposas del rey. Posiblemente, como la señal divina era para el monarca, la mujer aludida debía estar relacionada con el rey, y el niño por nacer debió ser un nuevo hijo para el monarca.

El mensaje del profeta constituía en que antes de que el niño tuviera edad para tomar decisiones y discernir entre lo bueno y lo malo, los reinos de Siria e Israel no constituirán una amenaza para Judá. El peligro real para Acaz no era la coalición, sino la política expansionista de Asiria. La «mantequilla y miel» eran alimentos relacionados con la vida nómada y pueden referirse a que la invasión de Judá reduciría la nación a una etapa de vida campesina.

Las traducciones castellanas de la Biblia traducen la referencia a la señal como: «la virgen concebirá» (7.14). La palabra hebrea «alma» significa «mujer joven de edad casadera» que, aunque incluye la posibilidad de ser virgen, destaca primordialmente el componente de su juventud. La traducción griega del Antiguo Testamento, conocida como la Septuaginta, vertió la palabra hebrea «alma» por el griego *parthenos*, que ciertamente significa «virgen». Esta lectura y traducción del texto bíblico dio a los cristianos primitivos la posibilidad de enriquecer la perspectiva teológica del pasaje y permitió que se relacionara este pasaje de Isaías con el nacimiento virginal de Jesús. Esta interpretación mesiánica ha sido fuente de esperanza para los cristianos a través de las edades.

La próxima sección del pasaje (7.18-25) incluye una serie de profecías que continúan el tema de la devastación que vendrá sobre Judá, y utiliza la frase en «aquel día» o en «aquel tiempo» para relacionar la crisis nacional con el tema del «día del Señor». La descripción poética de la destrucción y del estado del país es extraordinaria. Asiria llegará con sus ejércitos y dejará el país en ruinas (7.25).

PARA MEDITAR Y HACER: Este pasaje pone en evidencia varias enseñanzas que deben destacarse. En primer lugar, presenta las reacciones del rey ante la amenaza de la coalición de Siria e Israel. Ante la crisis, el monarca judío no reaccionó con sabiduría y prudencia. Por evitar un conflicto con sus vecinos, decidió solicitar ayuda a una potencia mayor, Asiria, que significó un problema mayor del que tenía. La naturaleza del conflicto cegó al rey, que no tomó las mejores decisiones en el momento adecuado.

La reacción del profeta fue diferente. En medio de la dificultad, invocó la teología adecuada de intervención divina. La esperanza del pueblo no podía estar en su poderío militar ni en sus alianzas estratégicas. Para Isaías, el fundamento de la seguridad nacional residía en la confianza en Dios. El rey no prestó atención a los consejos del profeta. La falta de sabiduría del rey provocó una serie de eventos que culminaron con el vasallaje de Judá a Asiria.

- ¿Qué nos dice el pasaje en torno a los procesos decisionales en la vida? ¿Cómo se enfrentan los problemas? ¿Cuáles son las diferencias entre la actitud del rey y la del profeta?
- Analice el tema de la señal. ¿Por qué el rey no deseaba «tentar» a Dios?

Cuarto día   *Léase* Isaías 8.1-22

PARA ESTUDIAR: El hijo del profeta

El Señor nuevamente habla al profeta y le presenta una nueva señal en el nombre de su hijo: «Maher-salal-hasbaz» significa «muy pronto habrá saqueo y destrucción». Este nombre confirma una vez más la naturaleza y destrucción que se relaciona con la desconfianza del rey Acaz, y también con el poder del imperio asirio. La conspiración de Siria e Israel no debe ser causa de temores al rey, pues la confianza del pueblo y sus líderes debe estar en el Señor.

El término «profetisa» es una alusión a la esposa del profeta (8.3). Zacarías es posiblemente el suegro de Acaz (2 Reyes 18.2). Las «aguas de Siloé» son una referencia al canal que conducía el agua desde los lugares superiores de la ciudad de Jerusalén hasta el sur, donde está ubicado el estanque de Siloé, que almacenaba las aguas de uso común del pueblo. Ese canal es símbolo de tranquilidad y bienestar, valores que, al no ser aceptados por el rey Acaz, se transformarán en «aguas de ríos, impetuosos y abundantes», que alude al río de Asiria, el Éufrates, cuyas aguas impetuosas y abundantes llegarán a Judá hasta inundarla y destruirla.

La referencia a «Emanuel» en 8.8 y 10 indica que la presencia divina no siempre es una señal de salvación y liberación; también puede referirse a una manifestación de la ira divina. De esta forma el profeta reafirma el corazón de su mensaje: «A Jehová de los ejércitos, a él santificad; sea él vuestro temor, y él sea vuestro miedo» (8.13), expresiones que ponen de manifiesto la confianza que el pueblo debía tener en el Señor.

Los versículos 16 al 22 son muy importantes para la comprensión de la literatura profética en general y del libro de Isaías en particular. Por el año 734 a.C., luego de la crisis de la coalición siro-efraimita, cuando el rey Acaz hizo caso omiso de sus recomendaciones, Isaías se apartó algún tiempo de su actividad profética. Esta sección posiblemente contiene las recomendaciones del profeta a sus discípulos durante ese período. El significado del pasaje es que las palabras proféticas debían ser escritas y guardadas para que nuevos grupos de «discípulos» tuvieran acceso a ellas. De esta manera, posiblemente, se inició la redacción de la literatura profética. Tanto el profeta como sus hijos son señales de Dios para el pueblo, y sus palabras tendrían la autoridad religiosa y moral que no tenían los mensajes de los encantadores y adivinos.

PARA MEDITAR Y HACER: Continúa en esta sección los temas de juicio y de señales. Ante la negativa del rey, el profeta prosigue su ministerio y expande sus mensajes. Tanto el profeta como su esposa e hijos son signos vivientes de lo que desea hacer el Señor con su pueblo. Sin embargo, el monarca continúa empedernido en sus planes de ignorar los consejos sabios del profeta. Ante la testarudez real, el profeta reinterpreta el significado de la palabra «Emanuel». En efecto, Dios está con su pueblo, pero esa presencia se relaciona con el juicio y no con la esperanza de liberación.

- ¿Qué puede entenderse del pasaje en torno a la actitud del rey?
- ¿Qué ideas trasmite la palabra «Emanuel»? ¿Cómo los cristianos pueden entender esta percepción profética de «Emanuel»?

❦

Quinto día *Léase* Isaías 9.1-7

PARA ESTUDIAR: El pueblo que andaba en tinieblas vio gran luz

Esta sección comienza utilizando las imágenes de la luz y las tinieblas con un extraordinario mensaje de esperanza y liberación para el pueblo de Judá. La oscuridad del juicio divino se transformará en iluminación y restauración. En contraposición al oráculo anterior de destrucción, hambre, tribulación y tinieblas, se anuncia un período de gozo, un tiempo de esperanza, una época de alegría. Finalmente llegará la «gloria» divina para disipar las tinieblas de la devastación nacional.

Zebulón y Neftalí, que experimentaron «la oscuridad», representan las tribus del norte que habían estado expuestas a las recurrentes incursiones militares de sirios y asirios. La luz, que generalmente simboliza la salvación (60.1), posiblemente alude, y en este contexto representa, a Ezequías, el nuevo monarca judío hijo de Acaz. El rey, que debe gobernar con justicia y equidad, se compara en 2 Samuel 23.2-4 a la luz del alba, y en los Salmos se relaciona con el rocío que nace de la aurora, como una referencia al rey en el día de su entronización (Salmo 110.3). La sección castellana de Isaías 9.1-21 corresponde al hebreo 8.23–9.20. Las palabras de Isaías 9.1-2 fueron citadas por varios evangelistas como referencias proféticas al nacimiento de Jesús.

«El pueblo que andaba en tinieblas / vio gran luz», pues al finalizar el período de dolor y destrucción, regresará la felicidad y el contentamiento, «como en el día de Madián». Esta referencia histórica alude a la victoria israelita al mando de Gedeón sobre los madianitas. Esta cita es teológicamente muy importante pues indica que la victoria anunciada por Isaías también se debe a una intervención extraordinaria del Señor. La fuente de esperanza del pueblo no se fundamenta en la fuerza de las armas ni en lo elaborado y eficiente de las estrategias militares, sino en la capacidad divina de intervenir en medio de la historia humana para salvar a su pueblo. Las referencias a «calzado que lleva el guerrero» y «todo manto revolcado en sangre» sugieren que el profeta tiene en mente un ejército específico, posiblemente es una alusión a las milicias asirias que habían invadido y conquistado parte del territorio israelita.

Como en el capítulo 7, la imagen del niño que nace se convierte de nuevo en símbolo de esperanza. En este contexto la misma idea es una posible referencia al día en que el rey era entronizado. Cuando el rey de Judá tomaba posesión del trono, se convertía en hijo de Dios por adopción (2 Samuel 7.14). Posteriormente cuando el pueblo judío no tuvo más reyes, este pasaje fue interpretado mesiánicamente (7.14). La comunidad cristiana ha relacionado este mensaje con el nacimiento de Jesús, que se convirtió en el Mesías de la Casa de David cuyo reino es permanente, «desde ahora y para siempre» (9.7).

«El principado sobre su hombro» (9.6) alude posiblemente al manto real, que era un símbolo del poder y la autoridad. Los nombres del niño revelan que el profeta pensaba en una figura que sobrepasaba los límites de la humanidad común, lo extraordinario de los nombres pone de manifiesto la teología que presupone el profeta. El rey debía administrar la justicia con las características que revelan los nombres del Mesías: sabiduría admirable, fortaleza divina, sentido de paternidad continua y con afirmación de la paz. Los nombres en la antigüedad eran más que una identificación personal; se constituían en una especie de descripción de la personalidad, en una caracterización de quien lo llevaba.

PARA MEDITAR Y HACER: En este pasaje se transforma el mensaje del profeta a Judá. De la devastación del capítulo anterior, aludida como oscuridad (8.21-22), se anuncia el nacimiento del rey mesiánico que transformará la vida y la esperanza del pueblo. La llegada del rey traerá alegría al pueblo, que reconoce las capacidades y los deseos del nuevo monarca. Sus características fundamentales se revelan en su nombre: sabiduría admirable, fortaleza divina, paternidad eterna y compromiso con la paz. Un reino fundamentado en esos principios permanece para siempre.

- Este capítulo ha sido estudiado anualmente en relación a la época de Navidad. ¿Qué valores cristianos se desprenden del pasaje?
- ¿Cómo contribuyen los nombres del Mesías a nuestra comprensión de la misión cristiana?

Sexto día   *Léase* Isaías 9.8–10.4; 10.5-34

PARA ESTUDIAR: Asiria, instrumento de la ira divina

El pasaje que continúa (9.8–10.4) presenta cuatro mensajes de juicio diferentes que finalizan con la repetición del refrán «Ni con todo esto ha cesado su furor» (9.18). Posiblemente esta sección se relaciona con 5.25-30 que también incluye el tema de la ira divina con el mismo estribillo. Los primeros tres mensajes, que son similares a Amós 4.6-12, están dirigidos a Israel, el último critica severamente a los jueces del pueblo y al sistema de justicia.

El mensaje está dirigido al reino del norte, Israel, pues para Isaías la separación de los dos reinos era artificial. Posiblemente el mensaje se presentó en el contexto de la guerra siro-efraimita. Los fundamentos del mensaje eran la arrogancia, la injusticia social y la falta de conversión. Como el pueblo no cambió su estilo de vida con los primeros mensajes del profeta ni luego de experimentar varias catástrofes, el juicio divino continuará.

El mensaje de juicio continúa y se presenta con claridad el instrumento que llevará a efecto la ira de Dios: Asiria, llamada en el poema «vara y bastón de mi furor» (10.5). Ante los pecados de Israel y Judá, el Señor levantará una nación más poderosa para que con sus ejércitos poderosos ejecuten el juicio divino.

El pasaje pone de relieve un componente fundamental de la teología del profeta: el Dios bíblico no sólo es el Señor de Israel, sino que gobierna la historia y tiene poder sobre los pueblos de la tierra. Como soberano de la historia humana y Señor de las naciones, Dios utilizó al rey de Asiria como un mero instrumento para demostrar su poder: lo envió para castigar los pecados de su pueblo. Ese acto divino revela no sólo la capacidad divina de intervenir en la sociedad, sino que también pone de relieve su deseo de impartir la justicia.

Asiria, en el desempeño de sus funciones de agente de Dios contra Judá, sobrepasó los límites de la justicia y se convirtió también en objeto del castigo divino. La arrogancia del monarca propició la humillación. La frase «lo he hecho con el poder de mi mano / y con mi sabiduría, porque he sido inteligente» (10.13) revela la actitud prepotente del monarca que generó la respuesta divina, pues «castigará el fruto de la soberbia del corazón del rey de Asiria y la arrogante altivez de sus ojos» (10.12). El versículo 15 retoma la idea de 10.5, y enfatiza la soberanía divina sobre los instrumentos de su ira: Asiria no debe gloriarse de su poder. Las vivas imágenes de «hoguera», «ardor de fuego» y «llama» (10.16-17) se relacionan posiblemente con el episodio relatado en 37.36.

En 10.20-23 se incorporan nuevamente el tema del «resto» o «remanente». El profeta alude a las imágenes que se desprenden de la simbología del nombre de su hijo, «Sear-jasub», para poner de relieve los dos componentes fundamentales de la esperanza en medio del juicio a Judá. De un lado, «un resto» volverá, idea que enfatiza el componente de la esperanza; la destrucción no será total ni definitiva. Del otro, sólo serán unos pocos, pues la devastación será extensa e intensa. En 10.24-27 se elabora un mensaje de esperanza fundamentado en que el Señor se levantará contra Asiria.

La parte final del poema (10.27-34) enumera las ciudades invadidas por Asiria en su marcha guerrera contra los pueblos de Judá. El poema es intenso y describe el incontenible ataque enemigo; incluye el nombre de las comunidades por las que tenía que pasar el invasor del norte antes de llegar a la ciudad de Jerusalén. La intervención militar enemiga es semejante a la tala de un bosque que deja el lugar desolado (10.33-34).

PARA MEDITAR Y HACER: Los poemas de juicio que se incluyen en el estudio de hoy revelan varias actitudes que acarrean juicio y destrucción a la humanidad. Entre esas actitudes se pueden identificar la arrogancia, la prepotencia y la altivez. A esos estilos de vida se une la injusticia social y la falta de conversión del pueblo. Únicamente el tema del «resto» trae esperanza a la comunidad.

- ¿Qué le dice el tema de la arrogancia y prepotencia a la sociedad contemporánea? ¿Cómo puede afirmarse esta enseñanza en la iglesia del siglo XXI que muestra signos de triunfalismo?
- Una vez más el tema del pecado de injusticia social se incorpora en el mensaje del profeta. ¿Por qué este tema recurre en el discurso profético? ¿Qué repercusiones tiene para nuestra sociedad y nuestra iglesia?

PARA ESTUDIAR: Reinado justo del Mesías

La profecía que se incluye en 11.1-9 presenta el reinado justo que se implantará en la tierra con la llegada del Mesías. Alude el mensaje a un tiempo ideal en que el descendiente de David, llamado la «vara del tronco de Isaí» y el «vástago [que] retoñará de sus raíces», establecerá un gobierno de justicia y equidad (11.3-5), que se fundamentará en la paz (11.6-9) y traerá armonía a toda la creación. Este reinado ideal del Mesías hará que la tierra vuelva a su etapa paradisíaca, pues la descripción del comportamiento de los animales evoca el jardín del Edén, en el relato de creación de Génesis 2.

Posiblemente Isaías se percató, luego del mensaje incluido en 9.1-7, que el rey Ezequías no sería un monarca perfecto, y articuló una nueva profecía en torno al monarca ideal. Entre las cualidades reales necesarias, se incluye la investidura del Espíritu de Dios, que, de acuerdo con el poema, se explica como sabiduría, inteligencia, consejo, poder, conocimiento y temor del Señor. El Espíritu, además, capacitará al rey para juzgar con equidad y hacer justicia a los pobres, características que debía tener todo buen monarca (1 Reyes 3.8-9). El «conocimiento» de Jehová es más que una ciencia o ejercicio intelectual; alude a la aceptación de la presencia del Señor en la conducta diaria (Oseas 4.1).

Una vez más el profeta incluye la imagen del niño «de pecho» o «recién destetado». En este caso, la idea es que el pequeño estará presente en el entorno ideal de la morada del lobo y el cordero. Esta singular referencia es contradictoria y aleccionadora para la gente poderosa de la época, pues humilla tanto a políticos como a militares. Para Isaías, la sabiduría y el poder que debía residir y representar a los monarcas y a los líderes del pueblo, está depositada en un niño que pastoreará al pueblo (11.9). La gracia divina no llegará a los poderosos sino al niño, que representa lo humilde y sencillo, en contraposición del poder y la autoridad de los gobernantes.

La sección final de Isaías 11 procede de una época posterior, posiblemente del exilio en Babilonia y se refiere al retorno de los deportados a Palestina. Este tema, que se presenta con frecuencia en 40-55, identifica los lugares desde donde los deportados regresarán a Jerusalén: Patros es la parte sur de Egipto; Etiopía se refiere a la actual Sudán; Elam corresponde a Irán; Hamat es una ciudad de Siria; Edom y Moab eran regiones ubicadas al este del Mar Muerto; y los hijos de Amón habitaban al este del Jordán. El Señor llamará a su pueblo de los diversos lugares en que habitaban como extranjeros y les devolverá la Tierra Prometida.

El poema finalmente indica que el regreso de los exiliados será un evento extraordinario y notable (11.15-16). Se compara a la experiencia del éxodo de los israelitas de Egipto; tema que se enfatiza en la segunda sección del libro de Isaías (40-55).

El capítulo 12 finaliza la primera sección del libro de Isaías (1.1-12.6) que incluye esencialmente mensajes de juicio a Judá y Jerusalén, y añade algunas referencias en torno al «resto» o al remanente que se salvará de la ira divina. De la misma manera que la liberación de Egipto se celebró con un cántico de alabanza y gratitud, el retorno de los deportados de Babilonia, que era visto como un nuevo éxodo, se afirma con un salmo de acción de gracias. El poema enfatiza que aunque el Señor se enojó con su pueblo, su indignación cesó y llegó el momento esperado de la consolación. Como el Señor es la salvación y la fortaleza de su pueblo, los judíos no temerán y cantarán al nombre de Dios. El pueblo se regocija y canta porque con ellos habita el Santo de Israel (12.6).

PARA MEDITAR Y HACER: Los cristianos han leído estos poemas como una referencia al reinado de paz que inaugurará la llegada del Mesías, Jesús de Nazaret. Ese reinado de paz y armonía es una característica de la época mesiánica. La referencia al Espíritu de Dios pone de relieve la importancia de la intervención divina para hacer realidad las esperanzas de paz de la llegada del Mesías. El Espíritu es quien interviene para que la acción divina sea eficaz y pertinente. El tiempo ideal, caracterizado por el liderato de un niño, puede convertirse en la meta de los creyentes. Llevamos a efecto un ministerio transformador para contribuir a que la idealidad se haga realidad. Ese esfuerzo de servicio produce esperanza, que nos hace cantar y regocijarnos con gratitud.

- ¿Cómo puede traducirse el reinado ideal de paz del pasaje en programas reales y categorías concretas que tengan repercusiones para las congregaciones y la sociedad contemporánea?
- ¿Qué teología del Espíritu de Dios se desprende del pasaje bíblico? ¿Cómo se relacionan estos teológicos con las teologías que poseemos en la actualidad del Espíritu Santo?

SESIÓN PARA EL GRUPO DE ESTUDIO: Luego de comenzar el estudio de hoy con una oración, debe incentivar el diálogo y repasar las enseñanzas de las semana pasada. Comente los temas sobresalientes y evalúe cómo los estudiantes han asimilado el material. Discuta posteriormente los asuntos de importancia que se han estudiado durante esta semana, entre los que se encuentran abajo:

- El nacimiento del Rey-Mesías es un acontecimiento fundamental en el mensaje del libro de Isaías. ¿Qué significado tiene la expresión «el pueblo que andaba en tinieblas»? ¿Cómo podemos interpretar y aplicar ese mensaje a la sociedad actual?
- La arrogancia de los reyes asirios son tema de importancia capital en los mensajes de Isaías. ¿Cómo se manifiesta la arrogancia y la soberbia en las iglesias y entre líderes políticos y religiosos de nuestra época?

Para finalizar la clase, identifique los temas que se estudiarán la próxima semana. Termine la sesión con una oración.

Quinta Semana
Juicio a las naciones

Primer día   *Léase* Isaías 13.1-22

PARA ESTUDIAR: Profecía contra Babilonia

Con Isaías 13 se inicia una nueva sección que contiene una serie importante de «oráculos contra las naciones» (13–23). En estos mensajes se incluyen palabras de juicio, generalmente contra las naciones extranjeras vecinas de Judá, aunque también se incorpora una profecía contra Judá y Jerusalén, y un mensaje contra Sebna, un alto oficial judío. Por lo menos algunas de las profecías provienen de la época de Isaías y otras se redactaron en diversos momentos de la historia de Judá.

Esta colección de oráculos es similar a la que se encuentra en otros libros proféticos. Que se hayan conservado varios de estos mensajes de juicio en los libros proféticos, puede ser un indicador de que los profetas acostumbraban a incluir este tipo de predicación en sus ministerios. Generalmente la predicción de juicio a los enemigos se convertía en palabras de apoyo a los oyentes; es decir, el juicio a las naciones era fuente de esperanza para Judá y Jerusalén. Estos mensajes no son únicamente la manifestación del apoyo nacionalista de los profetas, sino la afirmación teológica de que Dios está en control de la historia, y esa autoridad divina se manifiesta no sólo en Israel y Judá, sino entre los pueblos vecinos en medio de todo gobierno humano.

El primer mensaje de juicio a las naciones está reservado a Babilonia y su monarca. La profunda crítica y animosidad del profeta se revela en la severidad de sus palabras (véase 13.19). El juicio a esta nación se compara a la manifestación extraordinaria de la ira de Dios a las dos ciudades antiguas, Sodoma y Gomorra, tradicionalmente conocidas por sus pecados.

Todo el mensaje se puede dividir en varias secciones: luego de la nueva presentación de Isaías como el receptor de estos mensajes (13.1), se incluyen dos oráculos que presentan a Babilonia como instrumento del Señor (13.2-5); posteriormente se añaden dos mensajes adicionales en los cuales predomina el tema del «día de Jehová» y se indica que Babilonia será el instrumento de la ira divina contra Judá; la quinta sección (13.17-22) anuncia la destrucción de Babilonia. En el capítulo 14 el profeta afirma la restauración de Judá y el retorno de los deportados, luego de la destrucción de Babilonia y se pone de relieve la caída de su poderoso monarca.

En el año 612 a.C., Babilonia sustituyó a Asiria como potencia mundial, luego de triunfar y destruir su capital, Nínive. Este mensaje de juicio posiblemente tiene como marco de referencia histórica inicial la destrucción de Jerusalén por los babilónicos en el 587-586 a.C., y posteriormente los años alrededor del 540 a.C., cuando los medos y los persas triunfaron contra el imperio babilónico. Esta destrucción se interpreta teológicamente como la manifestación del «día de Jehová», que es un tema teológico importante que ya se ha presentado en Isaías 2.11. Ese «día» representa la intervención divina en forma de ira y juicio. Aunque el profeta posiblemente se refiere a alguna intervención militar precisa (13.5), este «día del Señor» es descrito en términos cósmicos (13.13); la idea que se trasmite es la de una serie de cataclismos universales que afectarán adversamente a Babilonia. El idioma figurado que se utiliza en este mensaje influenció de manera importante el desarrollo y la teología de la literatura apocalíptica.

El poema contra el monarca babilónico contiene un tema de importancia capital para la teología bíblica (véase 14.3-23). El profeta compara al rey de Babilonia con «Lucero, hijo de la mañana» (14.12). Este «Lucero» era un dios antiguo que se había tratado de poner a la cabeza del panteón cananeo, sustituyendo a Baal. Este dios, que habitaba en un monte en un lugar indeterminado en el norte, representa el deseo de poder y el anhelo de conquistar, sin tomar en consideración el costo de esas metas.

Con esta imagen del «hijo de la mañana», el profeta ridiculiza la vanidad, prepotencia y soberbia del monarca babilónico, y predice su caída repentina y la destrucción absoluta de lo que él representa. El tema recurrente es el del orgullo de las personas que tratan de representar más de los que son; el asunto fundamental es uno de poder. En contraposición a esa actitud de conquista inmisericorde, la Epístola a los Filipenses presenta a Jesús como el Servidor por excelencia, quien siendo igual a Dios, no se aferró a esa maravillosa realidad y decidió tomar forma de siervo, humillándose a sí mismo. Filipenses pone de relieve una gran enseñanza cristiana: el camino del éxito en la vida no es el del orgullo, el poder o la soberbia, sino el de la humildad y el servicio.

La lectura de esta sección revela que el profeta genera cierto grado de satisfacción al anunciar la destrucción de este enemigo de Judá. Aunque esa actitud de resentimiento revanchista puede ser entendida, no representa el trato que los creyentes deben dar a los enemigos. Esta actitud, aunque no es la ideal, representa con claridad la realidad humana con la que las personas deben trabajar continuamente.

PARA MEDITAR Y HACER: Estos capítulos de Isaías presentan los mensajes de juicio divino a Babilonia. Revelan un nivel de respuesta resentida del profeta ante los estragos causados por los babilónicos, luego de la destrucción de Jerusalén. Además, ponen de relieve la teología universalista del profeta: Dios es Señor de las naciones e interviene en la historia de la humanidad para hacer cumplir su voluntad.

- ¿Qué implicaciones concretas tiene la afirmación teológica que Dios sea el Señor de la historia?

- El tema de la soberbia se presenta de forma destacada en el estudio de hoy. ¿Qué dice este mensaje a los líderes políticos, sociales y religiosos de la época?

<hr />

Segundo día *Léase* Isaías 14.24-27, 28-32; 15.1–16.14

PARA ESTUDIAR: Contra Asiria, Filistea y Moab

Esta nueva sección incluye varios mensajes de juicio contra Asiria, Filistea y Moab. Se presenta una vez más la soberanía de Dios sobre las naciones paganas; se enfatiza la teología universalista del libro de Isaías: Dios interviene en la historia de la humanidad y utiliza a las diferentes naciones y a sus líderes para hacer cumplir su voluntad.

El primero (14.24-27) de este grupo de oráculos indica que el Señor quebrantará a Asiria de forma extraordinaria y contundente; el tema de este mensaje ya se había iniciado en 10.5-34, y posiblemente el contexto histórico del pasaje se relaciona con las amenazas de Senaquerib a Jerusalén en el año 701 a.C. La esperanza del pueblo judío debía estar depositada en la capacidad que tenía el Señor de responder a las necesidades del pueblo, no en el poderío humano. La comprensión adecuada de este mensaje requiere que se consideren otros oráculos en torno a la destrucción de Asiria que se encuentran en Isaías.

El próximo mensaje (14.28-32), que el profeta recibe el año de la muerte del rey Acaz, desalienta la esperanza de los filisteos. La referencia a la muerte de «la vara», es una alusión al rey de Asiria, posiblemente Sargón II. Los pobladores de las ciudades filisteas que estaban ubicadas cerca de la costa sur de Palestina—Ascalón, Asdod, Ecrón, Gaza y Gat—pensaban que con la muerte del monarca la invasión de los asirios terminaría; el inminente peligro de destrucción quedaba superado. El profeta les advierte que la alegría sería temporera, pues la intervención bélica de Asiria sería total y firme. Las palabras en 14.31 en torno a esta asunto son una especie de sentencia mortal. Al final del mensaje se incorpora una palabra de aliento para Judá y Jerusalén. Se subraya la importancia que tenía para el profeta y para Dios el Templo de Jerusalén, que se fundó en Sión (14.32).

Como en el caso de los oráculos contra Babilonia, el mensaje a Moab contiene una serie de breves mensajes que se han unido por el destinatario común. Se notan en estos oráculos varias semejanzas importantes con Jeremías 48 y con Isaías 25.10-12. Posiblemente la nación enemiga de Moab era Asiria; también existe la posibilidad que el texto se refiera a varias tribus árabes que por los años 650 a.C. merodeaban e invadían intermitentemente la región.

El primer mensaje a Moab (15.1-9) es un poema de lamentación por la derrota que han sufrido sus ciudadanos a manos de un enemigo que no es identificado con precisión en el pasaje. El ataque, que se perpetró en la noche, dejó a las ciudades de Ar, Kir Bayit y Dibón desoladas y en luto. Las imágenes son de destrucción y humillación.

En el segundo mensaje (16.1-5) se responde a los temas de destrucción de Moab que se exponen en el primero. La finalidad del pasaje es afirmar que

Moab se incorporará nuevamente a la Casa de David. El poema refleja el entorno histórico de la época postexílica temprana, pues revela el deseo de Judá de recuperar las tierras que una vez fueron parte del dominio de la dinastía davídica (2 Samuel 8.2).

Un tercer oráculo de juicio se presenta en torno a Moab (16.6-12), en el que se continúa el tema de la ira divina que se inició en 15.1-9. En esta ocasión se enfatizan los pecados de la soberbia, arrogancia y altivez. En 16.13-14 se reafirma el mensaje de juicio y se presenta la extensión de la devastación.

PARA MEDITAR Y HACER: En esta sección continúan los mensajes de juicio a las naciones, que en esta ocasión se refieren a Asiria, Filistea y Moab. Una vez más se desprende de los mensajes la teología de la soberanía de Dios sobre los pueblos de la tierra, y se revela la extensión de la ira de Dios sobre los pueblos. Nuevamente se presentan los pecados de la arrogancia y altivez como buenos ejemplos de actitudes humanas que incentivan la ira de Dios. Además, se critica duramente la falsa esperanza que le produjo a Moab la muerte de un monarca asirio.

- ¿Cómo se manifiesta la soberanía de Dios el día de hoy?
- ¿Cómo debemos interpretar la crítica del profeta a la falsa esperanza que tenía Moab al morir el rey asirio? ¿Qué nos dice este texto del fundamento de nuestra esperanza?

Tercer día   *Léase* Isaías 17.1-11, 12-14; 18.1-7

PARA ESTUDIAR: Contra Damasco e Israel, las naciones y Etiopía

La primera profecía de esta unidad se dirige a Siria y su capital Damasco, y también a Israel (17.4). El contexto histórico del mensaje es posiblemente la guerra siro-efraimita en la cual Siria e Israel organizaron una coalición para responder militarmente a las amenazas que les presentaba el deseo imperialista y la política expansionista de Asiria. La unión contra el imperio asirio requirió que se organizara una campaña contra Judá, que no se incorporó a los planes antiasirios de sus vecinos. Siria fue conquistada por Asiria en el año 732 a.C.; e Israel en el 721 a.C.

El poema contra Damasco e Israel (17.1-11) tiene tres estrofas (17.1-3, 4-6, 7-11) que presentan de forma gráfica el resultado de la devastación a esos pueblos que traerá la intervención divina. Referente a Damasco, el texto indica que dejará de ser ciudad para convertirse en ruinas. De Israel (17.4-6) se afirma que «menguará la gloria de Jacob» y que el resultado de esa catástrofe será la destrucción total de la ciudad. La estrofa final (17.7-11) incluye una serie de referencias al día del Señor e identifica con precisión la razón fundamental del juicio de Dios (17.10). Según el mensaje profético, la idolatría del pueblo es la causa fundamental de la ira divina.

Una vez más Isaías interpreta y presenta el juicio divino con las imágenes del «día del Señor». En estos contextos el día del Señor, que representa la destrucción para las naciones paganas, será fuente de esperanza para Judá. En aquel día de juicio para las naciones y de la restauración de Judá, el pueblo ya no se acercará más para adorar en los altares paganos ni se allegará ante las imágenes de divinidades de las naciones (17.7). La manifestación del juicio divino producirá en el pueblo una experiencia de conversión.

La nueva sección (17.12-14) incluye una profecía contra «esa multitud de pueblos» o las naciones (17.12). El pasaje presenta la invasión de los pueblos enemigos con la imagen de una tormenta. Posiblemente el texto alude a las recurrentes invasiones asirias a Palestina que se llevaron a efecto por el año 701 a.C. (36.1-21).

Con Isaías 18 se inicia una serie de mensajes relacionados con Etiopía y Egipto. Posiblemente el entorno histórico de este mensaje profético fue la llegada a Jerusalén de una delegación importante de diplomáticos etíopes con el propósito de concertar una alianza antiasiria con Judá. Por los años 714–687 a.C., gobernó en Egipto la vigésimo quinta dinastía de procedencia etíope, período que se relaciona con la administración del rey Ezequías sobre Judá. Los mensajes del profeta prevenían al pueblo de Judá y a su monarca de los peligros de la alianza con Egipto. Etiopía era la región que se extendía al sur del río Nilo y sus afluentes, territorio en el cual se encuentran las actuales Etiopía, Sudán y Somalia, al sur de Egipto.

La referencia a la «tierra del zumbido de alas» (18.1) es una posible alusión a las plagas de mosquitos e insectos que eran muy comunes en las regiones cercanas al río Nilo; otros intérpretes relacionan la expresión con las embarcaciones de vela, hechas de cañas de juncos, que navegaban el Nilo. La alusión a la «nación de elevada estatura y piel brillante» (18.2) describe a muchas personas de piel lisa y estatura extraordinaria que habitaban en Etiopía, que también eran famosos por sus fuerzas y destrezas para el combate.

En 18.3-6 se anuncia la gran batalla contra Etiopía y se describe de forma gráfica el conflicto en un idioma figurado. Esta sección enfatiza que la destrucción será total pues los cadáveres de los caídos en batalla no serán enterrados, que representaba un desastre y una gran calamidad para los antiguos. Posteriormente, en 18.7, se repiten algunos temas de 18.2 y se anuncia la conversión de los etíopes al Señor. El resultado del juicio también trae salvación para esta comunidad.

PARA MEDITAR Y HACER: El tema de la confianza en el Señor es fundamental es estos pasajes. Para Isaías, Judá debía poner su esperanza en el Señor, no en las alianzas políticas con otros pueblos. Los preparativos bélicos de Asiria no debían producir ansiedad ni desesperanza en el pueblo de Judá pues el Señor los protegería de la catástrofe que se avecinaba. El profeta Isaías presentó el mismo mensaje de confianza en el Señor y de rechazo a las alianzas con potencias militares extranjeras en relación a Siria e Israel y ante la posibilidad de alianza con Etiopía y Egipto. Isaías fue consistente en su teología: Dios protegerá a su pueblo en el momento oportuno.

- El tema fundamental de estos mensajes de Isaías es el de confianza en el Señor en el momento de la crisis. ¿Cómo puede manifestarse esa confianza entre los creyentes el día de hoy?
- ¿Cómo pueden relacionarse los temas de juicio y salvación?

∼∽●∼∽

Cuarto día *Léase* Isaías 19.1-15, 16-25

PARA ESTUDIAR: Contra Egipto

Los mensajes de juicio contra Egipto continúan, pues esta nación tenía el potencial real e inminente de convertirse en aliada de Judá para detener la política agresora de Asiria. El profeta rechaza sistemáticamente esas alianzas fundamentadas en su confianza férrea en la capacidad que tenía el Señor de liberar y salvar al pueblo en el instante preciso.

Las circunstancias históricas en las cuales se presentó este mensaje (19.1-15) son difíciles de identificar. Posiblemente se relacionan con los sucesos políticos y militares, y las dinámicas diplomáticas que se llevaron a efecto durante la administración de la vigésimo quinta dinastía en Egipto, que era de origen etíope, mientras Ezequías reinaba en Judá (18.1-7) o quizá algunos años más tarde.

El poema tiene tres estrofas. La primera sección pone de relieve la anarquía que se experimentará en Egipto luego de la intervención justiciera de Dios. Como el Señor llegará a Egipto montado en «una ligera nube» (19.1b), los ídolos temblarán (19.1b), el corazón de los egipcios desfallecerá (19.1b), la anarquía reinará (19.2), los planes de las ciudades serán destruidos (19.3) y los adivinos y los hechiceros quedarán desorientados (19.3). El Señor llegará a Egipto para entregarlos en «manos de un amo duro», el juicio divino los reducirá a ser servidores de un «rey violento» (19.4), que son expresiones que pueden referirse tanto a algún monarca asirio como a un nuevo faraón egipcio.

La segunda estrofa del poema pone de relieve los desastres económicos que traerán la anarquía y la intervención del Señor en Egipto (19.5-10). Como la economía egipcia dependía en gran medida del río Nilo y sus afluentes, a través del riego y la fertilización de la tierra, el juicio divino destruirá ese sistema, que era el fundamento de la vida económica y social de Egipto. La agricultura, la pesca y la industria textil se afectarán de forma severa, pues faltará el agua del mar, el río se alejará y las zanjas de riego se secarán. En efecto, la crisis tendrá dimensiones de catástrofe.

La estrofa final (19.11-15) critica de forma severa y ruda a los funcionarios públicos incompetentes. ¡En Egipto—conocida por sus sabios y sus consejeros—el faraón no tenía quién le aconsejara con efectividad! El origen de esta confusión política y gubernamental es que «Jehová mezcló un espíritu de vértigo» entre los líderes egipcios, y sus sabios aconsejan sin la sabiduría requerida. Zoán era una ciudad egipcia en el delta del río Nilo y Menfis se convirtió por algún tiempo en capital del imperio egipcio.

El corazón de este mensaje contra Egipto es que el juicio divino va a traer confusión general, caos interno, desastre económico e incompetencia política. Ese estado de anarquía política, económica y social se fundamenta en la intervención de Dios que confunde al liderato nacional y revierte el orden regular de la naturaleza.

La próxima sección del capítulo (19.16-25) incluye otro mensaje en torno a Egipto. Sin embargo, en esta ocasión los oráculos se presentan prosa. Contiene cinco anuncios proféticos relativos a la nación egipcia (19.16-17, 18, 19-22, 23, 24) que posiblemente se pronunciaron en una época diferente al mensaje anterior (19.1-14). Un elemento distintivo de estos mensajes es la repetición de la expresión «en aquel día» que tradicionalmente se ha referido en la Biblia al «día de Jehová».

El oráculo comienza con una palabra de burla hacia los egipcios, pues los califica de «mujeres» temerosas «ante la presencia de la mano amenazante» del Señor y añade que Judá será la fuente de sus temores. Posteriormente el mensaje presenta la conversión y la transformación de Egipto. De acuerdo con el mensaje del profeta, Egipto establecerá altares para clamar y hacer sacrificios al Señor; además, harán votos al Altísimo y los cumplirán. El profeta indica que el Señor herirá a Egipto pero que posteriormente lo sanará y se convertirá al Señor.

El mensaje finaliza con un oráculo sobre Asiria. No sólo Egipto experimentará la salvación del Señor, sino que Asiria también será objeto del favor divino. Tanto Egipto como Asiria servirán al Señor. Referente a este tema de la conversión de los egipcios, es importante indicar que con el paso del tiempo se construyeron templos judíos en las ciudades egipcias de Elefantina y Leontópolis.

PARA MEDITAR Y HACER: El tema del juicio divino en este capítulo toma dimensión nueva. La intervención divina en Egipto producirá resultados inesperados y extraordinarios para el profeta. Egipto y Asiria se convertirán al Señor. El objetivo de la manifestación de la ira del Señor sobre los pueblos vecinos de Judá comienza a revelarse: la conversión de los pueblos. Se nota en estos oráculos la teología universalista que se reitera en Isaías: el Dios bíblico está muy interesado en la salvación de las naciones. El ejemplo de la conversión de Egipto y Asiria es elocuente, pues estas naciones representan potencias enemigas de Judá. El compromiso salvador del Señor no está cautivo en las naciones aliadas o en pueblos amigos, sino que se manifiesta aún entre los enemigos del pueblo de Dios.

• ¿Qué implicaciones tiene la teología universalista del libro de Isaías para el desarrollo de las políticas misioneras contemporáneas?
• ¿Qué nos enseñan estas profecías de Isaías en torno a la forma que debemos tratar a nuestros enemigos personales, nacionales e internacionales?

〜〜〜●〜〜〜

Quinto día   *Léase* Isaías 20.1-6; 21.1-10, 11-17

PARA ESTUDIAR: Signos proféticos
Los mensajes del juicio divino a Egipto y Etiopía continúan, pero esta vez se articulan de una manera audiovisual. El profeta, para acentuar la palabra y

afirmar su profecía, se presentó desnudo y descalzo por tres años en la ciudad. El propósito de la simbología era enfatizar que Judá no debía confiar en Egipto para enfrentar a Asiria, pues serían derrotados y deportados como prisioneros de guerra.

Por los años 714 y 711 a.C., Egipto conspiró con algunos pueblos de Palestina para rechazar la dominación y el imperialismo asirio. La ciudad filistea de Asdod fue el centro de la rebelión. Como resultado de esos movimientos militares y políticos, Asiria, guiada por Sargón II, invadió Asdod y les derrotó en el año 711 a.C. Egipto no fue invadida en esa ocasión, pero no ayudó a sus aliados en Palestina. El mensaje de Isaías probó ser sabio al impedir que Judá se incorporara en la alianza antiasiria, que terminó en la derrota de las naciones que conspiraron.

Las señales simbólicas eran un medio importante que utilizaban los profetas para subrayar y enfatizar algunos componentes de sus oráculos. En este sentido Isaías está en la importante tradición de profetas como Jeremías, que utilizó un cinto podrido; Oseas, que se casó con una adúltera; y Ezequiel, que llevó a efecto varios signos extraños en relación con su mensaje. La simbología profética jugaba un papel muy importante en una sociedad no literaria orientada hacia lo visual. Isaías, al caminar desnudo—aunque posiblemente llevaba puesto algún tipo de «taparrabo» común entre los prisioneros de guerra—enfatizaba de forma pública las consecuencias nefastas de las decisiones del rey de Judá. El pueblo que lo observada debía, en primer lugar, comprender el mensaje y sus implicaciones, para posteriormente decidir lo que iba a hacer ante la revelación y el desafío de Dios.

Un nuevo mensaje de juicio contra Babilonia se presenta en Isaías 21.1-10. El objetivo profético es puntualizar que la destrucción de este importante enemigo de Judá era total. Según Isaías, al caer Babilonia también fueron destruidos sus ídolos y sus dioses (21.9), pues en la antigüedad los conflictos bélicos de las naciones eran también representados por la guerra entre las divinidades de esos pueblos. La expresión «desierto del mar» es una posible alusión al actual Golfo Pérsico, y las referencias a Elam y Media identifican a dos países antiguos ubicados en las regiones que en la actualidad ocupa Irán.

El poema refleja la extensión de la destrucción de Babilonia. La caída de esta nación enemiga era fuente de esperanza y regocijo para Judá. En Apocalipsis el vidente Juan utilizó el estribillo de la caída de Babilonia (21.9) para referirse a la derrota del imperio romano (Apocalipsis 14.8; 18.2).

La próxima sección incluye una serie de tres breves profecías de juicio, cuyo entorno histórico es muy difícil de precisar. El mensaje se presenta contra varios lugares en la región de Arabia e incluye una particular hostilidad y animosidad de Judá contra estos pueblos. Duma (o Edom) posiblemente se refiere a un oasis importante en el desierto arábico (Génesis 25.14); Seir es una ciudad de Edom; Dedán es el nombre de una tribu nómada de comerciantes y alude, además, a un lugar al norte de Arabia. Tema también estaba ubicada al norte de Arabia y era un lugar importante para la caravanas comerciales de la época; y Cedar estaba enclavada al noreste de Arabia, y la referencia a «sus valientes» posiblemente alude a sus guerreros que atacaron a Dedán y Tema.

PARA MEDITAR Y HACER: A los mensajes de juicio a las naciones se incorpora un nuevo elemento educativo: la simbología profética. Para trasmitir con efectividad el mensaje, los profetas debían articular sus oráculos en formas llamativas para que la comunidad prestara atención a sus palabras y asimilara el contenido de la revelación divina. Esta metodología audiovisual no es exclusiva de Isaías, pues también se pone de manifiesto en los ministerios de Jeremías, Ezequiel y Oseas. Jesús utilizó esa misma metodología pedagógica al presentar su mensaje en forma de parábolas e interpretar sus milagros como señales especiales de la intervención extraordinaria de Dios en medio de la humanidad.

- Los profetas eran personas interesadas en la buena comunicación. El deseo de la comunidad profética no era hablar por hablar, sino trasmitir un mensaje que tuviera efectos sustanciales en los oyentes. ¿Qué metodologías educativas deberíamos utilizar para presentar nuestro mensaje profético en el siglo XXI?
- ¿Cuál es la finalidad del mensaje profético? ¿ser escuchado o ser obedecido?

Sexto día   *Léase* Isaías 22.1-14, 15-25; 23.1-18

PARA ESTUDIAR: Caída de Jerusalén

En la sección de oráculos contra las naciones paganas (13–23) se incluye un interesante mensaje contra Jerusalén (22.1-14) por una razón básica: el libro de Isaías desea afirmar que los juicios divinos llegan a todos los pueblos, incluyendo a Judá y a su capital, Jerusalén. En este sentido se mantiene la teología universalista del profeta y se pone de relieve una vez más el compromiso profético de anunciar el juicio de Dios aun a su propio pueblo.

El entorno histórico del poema es variado. En primer lugar, 22.1-2 presupone un ambiente de regocijo, alegría y celebración que posiblemente se relaciona con el pago de tributos del rey Ezequías al monarca asirio Senaquerib, que evitó una destrucción prematura de Jerusalén en el 701 a.C. Algunos estudiosos ubican ese contexto de festividad y seguridad algunos años antes, en el 711 a.C., cuando Sargón II invadió Palestina, pero no atacó a Jerusalén (20.1-6).

En cualquier caso, Judá llevó a efecto una serie de preparativos militares, que posteriormente no necesitó, sin tomar en cuenta el mensaje de Isaías de confianza y dependencia de Dios. La referencia bíblica a la huida de los príncipes (22.3) se puede atestiguar históricamente en las inscripciones que dejó Senaquerib de estos sucesos.

En el título del poema se identifica el lugar como «el valle de la visión» (22.1). Esta referencia puede aludir al valle de Hinom al suroeste de Jerusalén, como también puede referirse al mensaje del mismo profeta, que se consideraba «una visión». En este último sentido, «el valle de la visión» sería el lugar del mensaje profético. Posteriormente en el pasaje se identifica a la ciudad referida, y se indica que es Judá (22.8) y más específicamente se alude a Jerusalén, llamada «la ciudad de David» (22.9), que era la parte fortificada al sureste de la ciudad.

El segundo contexto histórico del poema (22.4-14) es posiblemente la caída de Jerusalén ante los ejércitos babilónicos por los años 587-586 a.C., cuando los ejércitos de Nabucodonosor invadieron, conquistaron y destruyeron a Jerusalén. Entre los aliados de Babilonia en la conquista de Judá se encontraban Elam y Kir, cuya ubicación física no se ha determinado con precisión.

Los versículos 8-11 contienen el corazón de la crítica continua y sistemática del profeta al pueblo de Judá y a sus monarcas: la preparación militar no es suficiente para detener los ejércitos invasores si no está acompañada por la seguridad de que el Señor va a intervenir en la hora propicia para redimir a su pueblo. Para Judá, la seguridad se fundamentaba en los preparativos políticos y militares que podían llevar a efecto: por ejemplo, la capacidad y efectividad del equipo bélico, la fortificación de sus murallas y el abastecimiento de agua. Como consecuencia de esa mentalidad y política de seguridad nacional, en medio de la crisis que generaban las amenazas de invasión, el pueblo no se amparó en el Señor. Esa fue la causa fundamental para que calleran «las defensas de Judá» (22.8), se abrieran «brechas [en los muros] de la ciudad de David» (22.9) y se derribara el muro de la ciudad (22.10).

En torno al comportamiento inadecuado e impropio del pueblo, el poema añade un argumento y una sección adicional (22.12-14). Al reconocer lo inminente de la destrucción, los pobladores de la ciudad comenzaron la celebración diciendo: «¡Comamos y bebamos, porque mañana moriremos!» (22.13). Ante esa actitud desesperada, descabellada e infiel, el profeta dicta su palabra lapidaria (22.14). Declara de esta forma el profeta que la destrucción definitiva del pueblo se fundamenta en el imperdonable pecado de desconfiar en las promesas del Señor y rechazar el ofrecimiento de su seguridad e intervención.

La última sección del capítulo (22.15-25) presenta una profecía contra Sebna, que ocupaba una posición muy importante en el palacio como tesorero y mayordomo del rey. En el descargo de sus responsabilidades, debía aconsejar al monarca sobre asuntos políticos y militares (22.15). Posiblemente durante la crisis con Asiria, recomendó al rey Ezequías una alianza contra Egipto, que fue duramente criticada y rechazada por el profeta. El resultado de esos consejos imprudentes y desafortunados fue su sustitución por Eliaquim, el hijo de Hilcías (22.20).

Sebna labró «un sepulcro» y esculpió «una morada en la roca» (22.16). En la antigüedad, los ricos y las personas importantes se hacían cavar tumbas entre las piedras para no ser enterrados en lugares comunes como la gente pobre (Jeremías 26.23). Era una manera de indicar, aún después de muertos, que eran prominentes.

Por la soberbia de Sebna, el Señor lo sustituyó con un tal Eliaquim. Durante la crisis con Senaquerib, en el 701 a.C., ya Sebna no estaba en su posición de autoridad, aunque conservaba algún puesto de inferior responsabilidad. De Eliaquim se indica que era «siervo» del Señor, título que estaba reservado para personas fieles del pueblo, como Abraham e Isaías. Este importante título también se utilizaba para designar a las personas que Dios utilizaba para encomiendas especiales (Jeremías 27.6; 43.10).

PARA MEDITAR Y HACER: Los poemas estudiados hoy presentan varios ambientes que deben tomarse en consideración en el estudio del pasaje. En primer lugar, se revela un ambiente de alegría y celebración prematura, que se transforma en dolor y desesperación. Inclusive, ante la destrucción inminente, el pueblo desorientado entonaba las frases de insanidad y de locura: «¡Comamos y bebamos, porque mañana moriremos!».

- En torno a la reacción del pueblo al mensaje, ¿cómo respondía la comunidad ante los mensajes de muerte inminente del profeta?
- ¿Cuál fue la reacción del profeta y cómo quería el Señor que el pueblo respondiera?

<hr/>

Séptimo día   *Léase* Isaías 23.1-18

PARA ESTUDIAR: Contra Tiro

Con esta profecía contra Tiro, finaliza la sección de mensajes de juicio a las naciones (13–23) que afirman el poder de Dios sobre los pueblos paganos y que a la vez ponen de manifiesto un elemento de esperanza para el pueblo de Judá. El mensaje contra Tiro posiblemente cierra esta sección profética del libro, por la misma razón que este bloque de oráculos se inicia con el mensaje contra Babilonia: los babilónicos eran famosos por sus conquistas bélicas y por su poder militar; y la gente de Tiro logró ser prominente en la antigüedad por sus logros comerciales y por su gran desarrollo económico. Los mensajes de juicio se inician con la crítica firme al poder militar y finalizan con el rechazo al poder económico. De esta forma, los oráculos de juicio a estas naciones paganas representan un rechazo divino a los logros militares y comerciales, y una severa crítica al esplendor de la sociedad antigua.

Luego del título del poema, el mensaje contra Tiro se divide en dos secciones importantes: la primera presenta la caída y destrucción de la ciudad (23.1-14) y la segunda alude a su posterior renacimiento. Posiblemente el mensaje tiene de contexto histórico las campañas militares de Senaquerib contra Fenicia, por los años 705-701 a.C. Algunos estudiosos relacionan el poema con varias épocas posteriores de la historia de Judá.

Ubicadas en la costa oeste de Fenicia, las antiguas ciudades de Tiro y Sidón tenían puertos marítimos de gran importancia en la costa norte de Palestina. Sus delegaciones comerciales habían llegado hasta el Océano Índico, y sus pobladores eran conocidos por sus estilos de vida de poca calidad moral y ética. La antigua ciudad de Tarsis no ha podido ubicarse todavía con precisión.

Las «naves de Tarsis» —que eran las más grandes y podían navegar en alta mar—, en efecto, representan ese comercio lucrativo de Tiro que, junto al poder económico y las influencias políticas, generaba buen intercambio económico y buenas relaciones comerciales con sus colonias en la cuenca del Mar Mediterráneo. Israel tenía relaciones comerciales y diplomáticas con Tiro desde la época de David y Salomón.

Según el poema, la caída de Tiro se escucha en los centros portuarios de la época: Chipre, Sidón, Egipto y Tarsis. El dolor de la derrota militar no sólo afectaba a los pobladores de la ciudad, sino que tendrá repercusiones adversas en los centros económicos y comerciales de la época. ¡Muchas personas sufrirán por el colapso de Tiro!

El profeta explica la caída abrupta de Tiro de acuerdo con la voluntad divina (23.8-12). Las riquezas que se habían generado en el pueblo, habían producido una actitud de soberbia, arrogancia y orgullo nacional. Esas actitudes y estilos de vida representan comportamientos que han sido recurrentemente rechazados en el libro de Isaías. La actitud impropia y orgullosa de la gente se revela en Isaías 23.8-9. El mensaje profético afirma que el propósito divino con la debacle de Tiro es «para humillar a todos los ilustres de la tierra» (23.9).

En la segunda sección del poema (23.15-18), se presenta a Tiro como si fuera una prostituta o «ramera olvidada», pues ha perdido la belleza natural de la juventud. Además, se le invita irónicamente a que trate de recuperar su antiguo poderío comercial. El mensaje, que se articula en forma de cántico, culmina con la presentación de una época de restauración comercial. Pero las ganancias de esta nueva empresa comercial en este nuevo período de restauración estarán consagradas al Señor.

PARA MEDITAR Y HACER: La crítica a Tiro finaliza los mensajes de juicio a las naciones. El poema presenta una serie de valores morales y principios éticos que deben estudiarse con detenimiento, particularmente a medida que la sociedad se allega al siglo XXI y recibe las influencias de las sociedades postmodernas.

- ¿Qué puede decirse de los valores morales y éticos de Tiro? ¿Por qué el Señor llama a la ciudad «ramera»?
- ¿Qué enseñanzas pueden derivarse de este mensaje para responder al materialismo de nuestros tiempos?

SESIÓN PARA EL GRUPO DE ESTUDIO: Comience con una oración e identifique los temas de importancia que se han discutido durante la semana. Permita al grupo reaccionar a esos temas e indicar cómo han asimilado los temas estudiados. De particular importancia es la afirmación teológica de Dios como Señor de la historia y el universo.

Finalice la sesión comentado los siguientes temas adicionales: (1) Las señales simbólicas son un recurso retórico y una herramienta de comunicación de los profetas; (2) el tema de la esperanza se manifiesta con fuerza en todo el libro de Isaías.

Sexta Semana
Mensajes de devastación y esperanza

Primer día   *Léase* Isaías 24.1-20

PARA ESTUDIAR: El juicio del Señor sobre la tierra

Luego de la sección del juicio del Señor sobre las naciones (13–23), se incluyen varias profecías que llevan el juicio divino y sus implicaciones a niveles cósmicos extraordinarios (24–27). Este nuevo grupo de oráculos se conoce como «el apocalipsis de Isaías», por sus similitudes temáticas y teológicas con el género de literatura bíblica conocido como la «apocalíptica», del cual el Apocalipsis es el ejemplo más conocido. De la lectura de los pasajes no se puede determinar con precisión el entorno histórico de los mensajes. «La ciudad» que se presenta en varios versículos de esta sección no se identifica con precisión; puede ser una referencia a varias ciudades antiguas, aunque algunos estudiosos la relacionan con Babilonia que fue destruida por los persas en el 482 a.C.

El capítulo 24, que es un poema de juicio, puede dividirse en dos secciones básicas. En primer lugar, se presenta la destrucción y desolación de toda la tierra; posteriormente se incluye un breve oráculo del juicio final, en el cual se enfatiza nuevamente el tema del «día de Jehová». De acuerdo con el mensaje, el juicio divino llegará al mundo entero, pues traerá crisis sociales y políticas, y se eliminarán las fuentes de alegría. Inclusive, esa manifestación extraordinaria del «día de Jehová» hará que hasta los poderes celestiales rindan cuenta al Señor de la historia y el cosmos.

El poema trasmite un sentido de dolor y de duelo; se pone de relieve una especie de luto y pesar por la tierra. En Joel 1–2 se presenta un poema similar. La ocasión histórica específica del mensaje de Isaías no está clara, aunque puede referirse a alguna sequía u otra crisis de repercusión nacional.

Como la tierra está devastada así también están sus ciudades, que experimentan el caos y la anarquía. El juicio divino interrumpe el orden natural de la vida y se alteran las relaciones sociales, religiosas, políticas e interpersonales (24.2). Los temas que ya se habían introducido en Isaías 2 y 3, ahora vuelven a tener relevancia y se presentan con vigor, particularmente el mensaje sobre el «día de Jehová». La destrucción de la tierra y la ruptura del orden social de las ciudades son manifestaciones claras de ese «día», pues el propósito divino es manifestar su gloria y corregir el orgullo y la arrogancia humana. En efec-

---
77
---

to, la desolación de la tierra, aunque revela la gloria de Dios, produce dolor a la humanidad.

La única razón que se brinda en el poema para la llegada del juicio de Dios a la tierra es la actitud y el comportamiento de sus moradores (24.5). Según el mensaje profético, la humanidad generó el juicio que afectó las leyes naturales de la vida. El «pacto eterno» puede ser una referencia a la alianza de Dios con Noé, en la cual se indica que el Señor no destruirá la tierra por medio de otro diluvio. Ese pacto no fue únicamente con Israel, sino con toda la humanidad. La frase que indica que «se abrirán las ventanas» (Isaías 24.18) alude a esa narración del diluvio en tiempos de Noé.

Del pasaje se desprenden las repercusiones ambientales que tienen las decisiones y las actividades humanas. El desarrollo de la tecnología y las experimentaciones nucleares pueden ser buenos ejemplos contemporáneos de cómo la sociedad puede afectar adversamente la tierra y el ambiente trayendo, caos y desolación a las comunidades.

PARA MEDITAR Y HACER: Junto al tema del juicio a las naciones, el libro de Isaías incluye un nivel adicional de la ira de Dios: la tierra entera será objeto de esta extraordinaria manifestación divina. Esa revelación de su justicia producirá caos en la sociedad que incluye la destrucción de las fuentes de alegría y contentamiento. Además, el poema incluye la importante idea de las consecuencias en la tierra de los estilos de vida y las acciones humanas. De esta forma el poema reclama sabiduría y responsabilidad en las decisiones que pueden afectar la tierra y su ambiente. El mensaje también incluye una palabra de condena y rechazo a las esperanzas humanas en el «ejército de los cielos».

- ¿Cómo el texto bíblico describe la condición humana? ¿Cómo pueden relacionarse esas dinámicas bíblicas con el comportamiento de la sociedad actual?
- ¿Qué nos enseña el texto sobre nuestro estilo de vida y respecto a nuestras actitudes sobre el ambiente y el planeta?

Segundo día   *Léase* Isaías 24.21-23

PARA ESTUDIAR: El día del Señor

La parte final del capítulo (24.21-23) retoma el tema del «día de Jehová». Sin embargo, la descripción del juicio divino que se incluye en el pasaje no tiene paralelos en la literatura del Antiguo Testamento: ¡la ira del Señor llegará hasta el «ejército del cielo»! (24.21). Esta importante referencia puede ser una alusión a los astros y las estrellas del firmamento, que las naciones paganas reconocían y adoraban como dioses.

El paralelo literario de la idea del «ejército del cielo» con la referencia a «los reyes de la tierra» pone de relieve que ambos temas están íntimamente relacionados. Los monarcas de las naciones paganas tenían sus divinidades protectoras a las que atribuían sus victorias. El «día de Jehová» afectará no sólo a los líderes políticos de los pueblos, sino también a sus divinidades. Se revela de esta forma el poder divino no sólo ante las naciones y sus gobernantes, sino sobre la naturaleza, las divinidades antiguas y los astros del cielo. El poder divino tiene, según la teología de este poema, repercusiones terrenales y cósmicas.

Las frases «la luna se avergonzará / y el sol se confundirá» son imágenes literarias que revelan que los astros de más esplendor, vistos desde la tierra, palidecerán ante la manifestación de la gloria divina que se revelará desde el monte Sión (24.23). La gloria divina brillará desde Jerusalén para iluminar a su pueblo.

PARA MEDITAR Y HACER: Continúa este día el tema del juicio divino. El profeta en estos versículos explora nuevas implicaciones y niveles de la ira de Dios; sin embargo, el lenguaje utilizado sobrepasa los límites naturales de la existencia humana y llega al cosmos. El juicio divino afectará el cielo, que es una frase poética para poner de relieve lo extraordinario del poder de Dios.

- Comente la frase el «ejército de los cielos». ¿Qué implicaciones teológicas y prácticas tiene ese rechazo profético a las esperanzas humanas?
- Compare las imágenes de juicio que se presentan en este capítulo con la manifestación del amor de Dios.

～⌒～●⌒～⌒～

Tercer día   *Léase* Isaías 25.1-2; 26.1-21

PARA ESTUDIAR: Alabanzas por el favor del Señor
El poema que se incluye en este capítulo revela varios temas de importancia teológica y relevancia espiritual. La primera parte (25.1-5) es un himno de acción de gracias por la derrota de los enemigos y por el apoyo a los necesitados y menesterosos de la comunidad. El himno es corto y celebra la caída de una ciudad particular, posiblemente Babilonia, descrita como «fortificada». Sin embargo, la falta de claridad en la identificación de esta ciudad hace posible que interpretemos el texto como una referencia a la capacidad divina de trastornar los ordenamientos humanos y destruir las ciudades que hieren y afectan al pueblo de Dios.

En la segunda parte del poema (25.6-8) se retoma el tema de 24.21-23 y se anuncia un gran banquete para los últimos días. Este importante tema bíblico del banquete, que se manifiesta en muchas culturas del mundo, se desarrolla teológicamente en Apocalipsis 19 en la imagen de «las bodas del Cordero», y se incluye en una de las parábolas de Jesús (Mateo 22.2-14). La idea es que Dios preparará una fiesta especial para todos los pueblos en «este monte», que es posiblemente Sión. El tema sugiere una gran celebración luego del triunfo de una batalla extraordinaria; esa es la esperanza de gente sufrida y oprimida que espera que su futuro cambie y su suerte sea transformada.

En ese contexto de banquete y celebración se afirma que Dios «destruirá a la muerte para siempre» (25.8). En la cultura cananea la muerte se representaba por la divinidad Mot, que continuamente atentaba contra Baal, el dios de

_____ *79* _____

la tierra y la fertilidad. El profeta, utilizando esas imágenes antiguas, indica que el Señor eliminará la causa última de las angustias de la humanidad: la muerte, que es una fuente de inseguridad y desesperanza para el pueblo. Estas referencias temáticas fueron utilizadas por Juan el vidente en la presentación de su mensaje apocalíptico a las iglesias (Apocalipsis 7.17; 21.4). El Señor es la salvación que «destruirá a la muerte», «enjugará . . . las lágrimas», y «quitará la afrenta de su pueblo» (25.8).

Los versículos finales del pasaje (25.9-12) presentan el castigo divino a Moab, que en este caso representa a todos los enemigos del pueblo. Este texto revela una vez más la animosidad de Judá contra sus vecinos, particularmente contra los moabitas.

PARA MEDITAR Y HACER: El poema que se ha estudiado el día de hoy presenta los temas que se revelan en los salmos y cánticos de esperanza y de triunfo para el pueblo de Dios. El texto pone de manifiesto las imágenes del especial banquete escatológico, tema que ha jugado un papel prominente para el desarrollo de la esperanza en diversas culturas del mundo, particularmente en la literatura bíblica.

• Compare el Salmo 23 con las imágenes del banquete de Isaías 25. ¿Qué valores divinos pone de manifiesto la idea de celebración y de banquete?
• Con el tema del banquete se finaliza también con los enemigos del pueblo de Dios, particularmente se alude a la muerte. Para los cristianos, ¿qué significa morir o vivir?

~~~~~~~~~

Cuarto día   *Léase* Isaías 26.1-21

PARA ESTUDIAR: Confianza en el Señor
Isaías 26 presenta un cántico de confianza en la protección del Señor que puede dividirse en tres partes fundamentales. En la primera parte se reconoce y se afirma que el triunfo de Judá debe atribuirse al Señor (26.1-6). La salvación del pueblo se le debe a Dios, que abrió «las puertas» de la ciudad y guardará «en completa paz» a quienes confían en él perpetuamente.

La segunda sección del cántico (26.7-19) articula una oración de confianza en el Señor y de petición de ayuda ante los enemigos. Es un salmo que afirma la seguridad y fortaleza que el pueblo tiene en su Señor (Salmos 44; 60; 74). De acuerdo con el cántico, es el Señor el que dará la paz al pueblo y será el fundamento de su esperanza. Las frases en torno a los muertos que no vivirán y no resucitarán, son posiblemente una alusión a Babilonia, que ya había perdido su poder y hegemonía como potencia mundial.

La esperanza que se presenta en el poema supera, en efecto, los límites de la muerte y llega a los niveles extraordinarios de la resurrección. Por esa razón, el texto afirma con seguridad: «Tus muertos vivirán; / sus cadáveres resucitarán» (26.19). Esta clara referencia a la resurrección no debe interpretarse únicamente como una afirmación de confianza al pueblo de Judá, que luego del exilio en Babilónica resucitará; es decir, procederá a la restauración nacional y comenzará el retorno a Palestina. Es también una afirmación teológica que preparó el camino para el desarrollo de la doctrina de la resurrección de los muertos que se presenta en el Nuevo Testamento (1 Corintios 15).

La sección final del poema presenta un oráculo breve que sugiere que Israel estará a salvo del juicio divino (26.20-21); es la respuesta a la oración del pueblo, al que se le aconseja que espera el triunfo en el Señor.

PARA MEDITAR Y HACER: En este poema, entre otros temas de importancia, se enfatiza la esperanza desde la perspectiva de la resurrección. El pasaje afirma que el pueblo de Dios, aunque sea llevado al exilio en Babilonia y experimente los dolores y las angustias relacionadas con la deportación, superará esas crisis mortales por su confianza en el Señor.

- El tema de la resurrección es muy importante para los creyentes. Este capítulo pone de relieve que la resurrección también era importante para la teología del profeta. ¿Qué indica este texto en torno a la resurrección?
- ¿Qué importancia tiene la predicación de la resurrección en la sociedad que llega al nuevo milenio de la iglesia?

<hr>

Quinto día   *Léase* Isaías 27.1-13

PARA ESTUDIAR: Liberación y regreso de Israel

Este capítulo, que afirma con una serie de imágenes extraordinarias la restauración de Israel, incluye varios temas que no manifiestan una conexión temática íntima: las naciones serán juzgadas, representadas en monstruos legendarios. Israel, que es la viña del Señor, debe sufrir para que finalmente los israelitas regresen del destierro. Este pasaje particularmente presenta a «Leviatán», que simboliza a las naciones paganas que recibirán el juicio divino, como «serpiente veloz», «serpiente tortuosa» y «dragón que está en el mar» (27.1).

Una serie de pasajes bíblicos aluden a una batalla extraordinaria entre Dios y un monstruo marino llamado el dragón o Rahab. Los detalles y la narración precisa de esta gran batalla no se revelan en Génesis. Sin embargo, mediante el estudio de las religiones de Canaán, hemos podido comprender un poco la naturaleza y extensión del conflicto.

Las creencias religiosas cananeas incluían los relatos de un gran conflicto entre Baal, el dios y señor de la tierra, y el mar. Relacionados con el mar, estaban los monstruos Lotán, el dragón y la serpiente, que posiblemente se refieren a la misma figura identificada con diversos nombres. El dragón es símbolo del caos, de las fuerzas que se oponen al orden y a la paz. La batalla y el triunfo de Baal sobre el mar representaban la victoria de la vida y el orden sobre las fuerzas del caos. Para los cananitas, Baal era el dios que había vencido al monstruo y había hecho posible la vida civilizada y ordenada.

El pueblo de Israel, al estar en contacto directo con la cultura cananea y escuchar estas narraciones de batallas fantásticas, afirmó con seguridad, revelando un magnífico sentido teológico monoteísta, que era su Dios quien superaba las fuerzas del mar y la naturaleza, y vencía sobre el caos y las dinámicas humanas y naturales que se oponían al establecimiento del orden y la paz. Según los relatos bíblicos, no es Baal el dios cananeo quien triunfa sobre el mar y sus monstruos, sino el Señor y Dios de Israel que, con su «espada dura, grande y fuerte», castigará y matará al dragón (27.1). De esa forma, la Biblia pone de relieve una vez más el monoteísmo y subraya el poder divino sobre las naciones paganas y la naturaleza. Ese triunfo de Dios sobre el dragón, y las fuerzas del caos, se llevará a efecto «el día del Señor». Este tema, y el simbolismo de la victoria de Dios sobre del dragón y las fuerzas del mal y el caos, se manifiesta también en la literatura apocalíptica.

La imagen del monstruo que representa a las fuerzas del mal y a los enemigos de la humanidad, ha sido importante en la historia del pensamiento cristiano y ha llegado a la sociedad contemporánea. Con frecuencia, la cristiandad ha representado a Satán como un monstruo tenebroso, que lucha y trata de vencer sobre los seres humanos, específicamente batalla contra los creyentes. La metáfora de «luchar contra el monstruo» es común para describir conflictos serios que intentan intimidar, desorientar y destruir a las personas de bien.

Con la familiar frase en «aquel día», este poema finaliza la sección conocida como «el apocalipsis de Isaías» (24–27). Incluye una serie de oráculos que presentan la restauración de Israel. El tema de la viña, que se incluyó en Isaías 5, se presenta nuevamente, pero esta vez desde la perspectiva de la esperanza, no del juicio. El Señor ya no está enojado con su pueblo, y por tal razón los «espinos y cardos», que representan a los enemigos de Israel, serán pisoteados, quemados y destruidos (27.4).

La restauración de Israel estará condicionada a su renovación y a su transformación cúltica, a la luz de las reformas introducidas por el rey Josías en el 621 a.C. (2 Reyes 22–23). Esas transformaciones religiosas incluyen de forma destacada la destrucción de altares y la eliminación de los lugares de adoración fuera de Jerusalén (véase Deuteronomio 12). La «ciudad fortificada» (Isaías 27.10) y el pueblo que no es inteligente (27.11), que algunos estudiosos identifican con Samaria y los samaritanos, también pueden ser referencias a ciudades y pueblos enemigos de Israel. Las alusiones a Jacob e Israel en el reino del norte entonces pueden indicar que todo el pueblo debe encontrar su centro religioso y cúltico en Jerusalén y no en Samaria.

Los oráculos finales del poema se refieren a la restauración y retorno de los israelitas de la diáspora: regresarán para adorar en el monte santo de Jerusalén (27.13). La experiencia de retorno se describe con imágenes de la cosecha y de la convocatoria divina al son de trompetas. Ese gran reclamo divino para que los israelitas exiliados regresen a su tierras, se extenderá desde el río Éufrates hasta el río que sirve de frontera con Egipto.

PARA MEDITAR Y HACER: El capítulo final del llamado «pequeño apocalipsis de Isaías» presenta dos temas de importancia capital: los enemigos del pueblo de Dios, representados en la figura del Leviatán, serán derrotados; y la restauración del pueblo se llevará a efecto, según el pueblo transforme su experiencia cúltica.

La figura del monstruo es poderosa y sugestiva. Alude a algún enemigo extraordinario, representa la adversidad en su expresión óptima y simboliza las fuerzas del mal que atentan contra la vida misma de los creyentes. El monstruo no es un problema cualquiera; es la dificultad seria y moral que atenta contra la salud mental, que ofende la paz espiritual, que afecta la vida familiar, que nubla el sentido de dirección en la vida, y que disminuye el potencial humano. El monstruo es el «goliat» que atenta contra nuestra vida y hiere nuestra autoestima; es la dificultad inesperada que ofende nuestro orgullo y desafía nuestra seguridad.

La restauración del pueblo requiere una revisión de la finalidad del culto y la adoración. El propósito primordial de las experiencias de adoración es incorporar parte de la naturaleza santa de Dios en nuestros estilos de vida y permitir que esa naturaleza santa de Dios se revele en las decisiones humanas cotidianas.

• Identifique los «monstruos» contemporáneos que tratan de afectar adversamente la paz y la seguridad del pueblo de Dios tanto en la iglesia como en la comunidad.

• ¿Cómo se manifiestan esas fuerzas monstruosas en las familias, en la juventud, en la niñez, entre ancianos y en la sociedad? ¿Qué pueden hacer las iglesias y los creyentes para responder adecuadamente a esos monstruos?

$$\sim\!\!\sim\!\!\bullet\!\!\sim\!\!\sim$$

Sexto día *Léase* Isaías 28.1-6

PARA ESTUDIAR: Juicio y salvación para Israel y Judá

Con el capítulo 28 se inicia una nueva sección de profecías (28–33) que se relacionan con diversos momentos del ministerio de Isaías. El entorno histórico de la mayoría de estos mensajes viene del tiempo de Ezequías, rey de Judá (1.1), y presuponen su decisión de revelarse contra el imperio asirio en el 701 a.C., y buscar apoyo militar y político en Egipto. La política nacionalista del monarca produjo la invasión de Palestina por parte de los asirios. Estos oráculos también se refieren a la crisis provocada con la muerte del rey Sargón de Asiria y la respuesta del nuevo heredero al trono asirio, Senaquerib, a las decisiones nacionalistas de Judá. Los mensajes proféticos que se incluyen en esta sección pueden agruparse según una serie de «ayes» o anuncios proféticos de desastres con los que inician.

El primer oráculo de la sección (28.1-4) posiblemente proviene de la época previa a la caída de Samaria (722 a.C.). Se incluye en esta sección, por lo menos, por dos razones teológicas básicas: para afirmar el deseo profético de presentar su mensaje de juicio a todo el pueblo de Israel, tanto al reino del norte, Israel, como al del sur, Judá; y también por el tema de la borrachera que es fundamental en el próximo mensaje (28.7-22). Este oráculo contra Efraín (o Israel) recuerda el mensaje de la viña en Isaías 5 y las profecías de Amós: la caída de Samaria se debe fundamentalmente al estilo de vida de sus clases afluentes y dominantes, que se ilustran en el simbolismo de la borrachera o «los ebrios de Efraín». La expresión «corona de soberbia» es una posible alusión a Samaria que estaba enclavada sobre un monte, percibida como si fuera una especie de «corona»; y la referencia a «uno que es fuerte» (28.2) alude al rey de Asiria.

La imagen de «corona» recibe una interpretación positiva en 28.5-6. En contraposición a la corona de flores marchitas, el Señor será para su pueblo una «corona de gloria» y una «diadema de hermosura» (28.5). Con el mismo artificio literario se introduce el importante tema de la restauración nacional, y el concepto teológico del «resto» toma dimensión nueva en la literatura isaiana. La imagen del «resto fiel» o «remanente leal del pueblo» contrasta de forma marcada con las referencias a los borrachos de Israel y de Judá. «Aquel día» se convertirá en el entorno histórico para que se manifieste la justicia de forma extraordinaria (28.5).

PARA MEDITAR Y HACER: En este mensaje se afirma que el juicio divino no sólo llegará a las naciones enemigas de Judá, sino también afectará al pueblo de Dios. Rechaza el Señor no sólo la borrachera, sino la soberbia y la altanería, que no es otra cosa que la manifestación de una actitud de rechazo al poder y la autoridad de Dios. La gente que se sobrepone a las tentaciones de la altivez y la jactancia son las que pueden incluirse en la teología del remanente. Ese grupo fiel de creyentes es el que superan las adversidades de la existencia humana para demostrar su compromiso decidido y lealtad absoluta a Dios.

- Comente el tema de la borrachera, que se estudiará más a fondo en Isaías 29 y explore esta pregunta: ¿qué genera esa actitud débil que lleva a la intoxicación?
- ¿Por qué la soberbia y la altanería ofenden tanto a Dios?

Séptimo día   *Léase* Isaías 28.7-29

PARA ESTUDIAR: Una disputa especial contra los sacerdotes y los profetas se incluye en 28.7-13. Para Isaías, la borrachera de estos líderes religiosos se había convertido en un serio obstáculo para la comprensión y la asimilación de la palabra de Dios. Con cierta regularidad, los profetas verdaderos tenían disputas y conflictos con los sacerdotes y otros profetas (véase Oseas 4.4-8 y Amós 7.10-17).

Posiblemente esas dinámicas de ingerir alcohol hasta la ebriedad se relaciona con algunas antiguas prácticas cúlticas comunes en Canaán. La gente se emborrachaba casi hasta la intoxicación como parte de los ritos relacionados con el dios de la muerte. Como estas celebraciones requerían bastantes recursos económicos, los sectores más afluentes y ricos de la sociedad eran los que participaban con frecuencia de estas fiestas. Según Isaías, las prácticas de borracheras constituían serios actos de irresponsabilidad social.

La reacción del pueblo al mensaje de Isaías se revela en 28.9-11: se burlan del profeta y sus oráculos, y rechazan abiertamente la revelación de la palabra de Dios. La «lengua de tartamudos» y el «lenguaje extraño» (28.11) posiblemente alude al idioma de los asirios (Jeremías 5.15), que se compara burlonamente con el mensaje profético. Según Isaías, su mensaje sonaba extraño porque el pueblo no escuchaba de forma atenta y receptiva; la revelación divina no tenía sentido para la comunidad, pues el pueblo no prestaba atención al mensaje ni deseaba descubrir sus implicaciones transformadoras.

La amonestación al pueblo continua en 28.14-15 con una seria crítica a los gobernantes que habitan en Jerusalén. El liderato nacional, que incluye al sector religioso, manifestaba un nivel alto de arrogancia pues se sentían seguros por sus decisiones económicas y diplomáticas. El «pacto con la muerte» (28.15) posiblemente se refiere a una alianza política y militar con Egipto. En hebreo, *mot* significa muerte y también identifica y alude al dios cananeo que se relacionaba con el «reino de los muertos». El texto sugiere que ese dios cananeo Mot fue invocado como testigo de un pacto o una alianza que, según el profeta, conduce a la muerte y a la destrucción.

En contraposición a las decisiones de Israel, se presenta la seguridad que produce la confianza en el Señor, que habita en el monte Sión. La seguridad que se fundamenta en la revelación divina, simbolizada con el monte Sión, depende en la fidelidad del pueblo al pacto con el Señor, no a las alianzas políticas ni a las conversaciones diplomáticas con Egipto. La esperanza que se fundamenta en las alianzas humanas produce destrucción y frustración; la confianza que se manifiesta de la fidelidad a la revelación de Dios, genera paz, justicia y libertad.

El mensaje final de este capítulo (28.23-29) incluye una importante parábola de salvación y esperanza. La proclamación de juicio divino finaliza con una palabra de aliento, con una promesa de restauración: la destrucción y el juicio no son las palabras finales de Dios para su pueblo; la esperanza constituye la decisión divina final para la humanidad.

PARA MEDITAR Y HACER: El mensaje del capítulo incluye varios temas de importancia capital para los creyentes actuales. Se identifica la borrachera como una actitud irresponsable que trae consigo destrucción y muerte. Esas actitudes impertinentes de ebriedad, que les impiden a las personas pensar con sabiduría y afectan adversamente los procesos decisionales en la vida, llegan a todo el liderato nacional, incluyendo al sector religioso que debe ser modelo de sobriedad, prudencia y santidad. El profeta ataca duramente esas actitudes, pues no contribuyen positivamente a la restauración nacional y a la renovación del pueblo. Esas dinámicas de borracheras les impelen hasta a pactar con la muerte para tratar de lograr sus objetivos. Esos pactos con la muerte, tan criticados por el profeta, acarrean destrucción para quienes se incorporan en esos actos de desorientación y suicidio.

- Discuta el tema de la borrachera, según el mensaje de Isaías. ¿Cómo se manifiestan estas dinámicas en la sociedad actual?
- El profeta también critica duramente a los líderes religiosos, tanto a los sacerdotes como a los profetas. ¿Qué responsabilidad tiene el liderato religioso actual en la conducta impropia de la comunidad?

SESIÓN PARA EL GRUPO DE ESTUDIO: Comience con una oración e identifique los temas de importancia que se han discutido durante la semana. Permita al grupo reaccionar a esos temas e indicar cómo han asimilado los temas estudiados. De particular importancia es la afirmación teológica de Dios como Señor de la historia y el universo. Para el profeta Isaías, Dios tiene el poder y la capacidad de intervenir en medio de la historia humana con una finalidad salvadora, y también para implantar la justicia.

Comente los siguientes temas adicionales:

- Las señales simbólicas son una herramienta de comunicación de los profetas. Discuta este tema y qué es lo importante en la comunicación del evangelio, el escuchar o el obedecer.
- El juicio divino llega a todas la naciones. Esa afirmación teológica pone de relieve el poder divino sobre toda la tierra y sobre todos los pueblos. El Dios bíblico no es una divinidad regional, cautiva en una comunidad ni relaciona únicamente con un pueblo de la historia humana. El Señor tiene el poder y el deseo de llegar a toda la humanidad a través de los siglos para demostrar su poder salvador, poner de manifiesto su compromiso con la justicia y revelar su compromiso con las personas marginadas y oprimidas en la comunidad.

Finalice la discusión con una oración. Identifique los capítulos a estudiar la próxima semana y presente algunos de los temas que van a discutirse.

Séptima Semana
Ceguera, hipocresía y redención de Israel

Primer día   *Léase* Isaías 29.1-8, 9-16, 17-24

PARA ESTUDIAR: Desastre y redención

El segundo «ay» de la sección (28–33) se reserva para Ariel, que como nombre propio alude a Jerusalén, «la ciudad donde acampó David», en referencia a la antigua ciudad jebusea conquistada por el famoso monarca bíblico (2 Samuel 5.6-7). La palabra hebrea «Ariel» también puede significar «altar» o «monte de Dios», en donde está ubicado el altar de los sacrificios en el Templo de Jerusalén (véase Ezequiel 43.15-16).

El mensaje del profeta consiste de un claro y directo anuncio de desastre; señala, en efecto, un ataque extraordinario contra la ciudad de Jerusalén, que incluye también una palabra final de esperanza. Según el profeta, Dios se presenta atacando a Jerusalén (presumiblemente utilizando el imperio asirio) de una manera similar a la utilizada por David anteriormente. La ciudad será «derribada» hasta el polvo, que es una manera simbólica de enfatizar la naturaleza de la humillación a la que será expuesta.

De acuerdo con Isaías, la visitación divina—que se presenta con imágenes visuales extraordinarias en 29.5-8—tiene dos propósitos principales: en primer lugar, completa el juicio y la humillación de la ciudad; además, manifiesta la presencia salvadora del Señor. Esa «visita» del Señor se describe con un lenguaje de teofanía, que es una manifestación extraordinaria y redentora del Señor a su pueblo: truenos, terremotos, torbellinos, tempestad y fuego (29.6). El enemigo se desvanecerá «como un sueño de visión nocturna» al último momento (29.7).

Este pasaje revela un tipo de teología sobre Jerusalén conocida como «la inviolabilidad de Sión». Según esta percepción teológica, Dios siempre protegerá a Jerusalén de todos sus enemigos. Posteriormente esa comprensión de la ciudad y ese concepto teológico fue rechazado y criticado severamente por el profeta Jeremías (7.4). De acuerdo con la teología del libro de Isaías, Judá va a ser herida y llevada a un estado de humillación extrema, pero no será totalmente destruida ni aniquilada por la intervención divina, que llegará en el momento preciso para salvar al remanente o resto de su pueblo. La «extraña obra» del Señor (Isaías 28.21) incluye los dos elementos fundamentales: la destrucción extensa de la ciudad y su posterior liberación. El propósito básico de la acción de Dios es educar al pueblo.

PARA MEDITAR Y HACER: Los temas que se presentan en este capítulo son característicos de la teología de Isaías. El «ay» inicial revela la naturaleza del juicio divino. El «ay» es una forma literaria de poner de relieve y subrayar la extensión de la destrucción. El juicio viene por la falsa seguridad que manifiesta el pueblo. Ante las amenazas asirias, el liderato del pueblo fundamentó sus estrategias políticas y militares en sus capacidades diplomáticas y abandonaron su confianza en el Señor. Según el profeta, la visitación divina tiene dos propósitos: el juicio y la redención. Y en ese entorno de visitación divina, el culto juega un papel protagónico: no puede ser un acto superficial, sino que debe incentivar experiencias de transformación que revelen la naturaleza santa del Dios que se adora y se sirve.

- ¿Qué significa el «ay» contra Ariel? ¿Qué significa el nombre «Ariel»?
- Comente la teología de «la inviolabilidad de Sión»; ¿cuál es el fundamento bíblico de esa convicción?

Segundo día   *Léase* Isaías 29.9-24

PARA ESTUDIAR: El culto superficial y la administración imprudente
En 29.9-16 encontramos una crítica seria a los líderes del pueblo. Son sarcásticas las alabanzas del profeta a la terquedad de los que saben leer y a la imprudencia de los que no saben leer. El fundamento de la crítica profética es doble: por llevar a efecto un culto superficial y también por el deseo imprudente y prepotente de los gobernantes de controlar sus destinos con una diplomacia inadecuada y sin confianza en el Señor. El entorno histórico de este mensaje es la alianza de Judá con Egipto para contrarrestar las amenazas asirias.

La crítica divina a la adoración rechaza la actitud del pueblo que «con sus labios me honra, / pero su corazón está lejos de mí» (29.13). La perversidad del pueblo y sus líderes se compara a la relación del alfarero y el barro: «¿Acaso la obra dirá de su hacedor: / 'No me hizo'?» (29.16). Con esa mentalidad y gesto de arrogancia, los líderes del pueblo no recordaban que el ser humano ante Dios es como barro en manos del alfarero.

El capítulo 29 finaliza con un oráculo de esperanza y redención. Los planes de Asiria contra Judá no prosperarán y la alianza con Egipto no será necesaria. Las transformaciones en el pueblo serán extraordinarias: el Líbano será un campo fértil, los sordos oirán, los ciegos verán, los humildes se alegrarán y los más pobres se gozarán en el Santo de Israel. La terquedad descrita en 29.9-12 se transforma en fidelidad y confianza, y se indica con seguridad (29.22-23). Las condiciones pecaminosas del pueblo serán transformadas por la intervención extraordinaria del Señor.

PARA MEDITAR Y HACER: En este capítulo el profeta critica duramente el culto inadecuado y superficial. Particularmente rechaza el uso de la experiencia religiosa para manipular al pueblo o para librar la conciencia de los adoradores. Este mensaje brinda la oportunidad de hacer un buen análisis de las relaciones entre el culto y la política.

- Discuta el tema de la falsa seguridad que manifestaba el pueblo. ¿Qué enseñanzas puede brindar este pasaje a las iglesias y los creyentes en día de hoy? ¿Por qué los gobiernos y las naciones no fundamentan sus políticas en valores morales y éticos? ¿Cómo el mensaje de Isaías desafía a las naciones para que revisen sus programas diplomáticos y sus relaciones con otros pueblos?
- Estudie y comente la imagen de «visitación» de Dios. ¿Qué implicaciones teológicas tiene este mensaje para la iglesia y los creyentes de hoy?

～∽●∽～

Tercer día   *Léase* Isaías 30.1-17, 18-26, 27-33

PARA ESTUDIAR: La inútil alianza con Egipto

Una vez más el profeta critica duramente la alianza de Judá con Egipto. Isaías fustiga al pueblo y a sus líderes por confiar más en los pactos e intrigas internacionales que en la capacidad de Dios de intervenir oportunamente para redimir y salvar a su pueblo. El temor a los asirios y la confianza en los egipcios fue mayor que el sentido de esperanza y fidelidad en las promesas del Señor.

Este cuarto «ay» presenta un nuevo anuncio del desastre que se aproxima repentinamente contra Judá; y posiblemente se articuló cerca del año 703 a.C., luego de la muerte del rey Sargón II de Asiria, cuando Egipto prometió ayudar a Judá en sus planes para rebelarse contra el imperio asirio. Posteriormente la ayuda de Egipto no se materializó, el apoyo político y militar no fue efectivo, y la diplomacia y los regalos que envió Judá a sus posibles colaboradores fueron en vano.

En el texto hebreo del oráculo (30.7), Egipto es llamado «Rahab», que es el nombre dado al monstruo antiguo del caos; representa, en efecto, las fuerzas que desorganizan y desorientan a la humanidad. Es de notar en el mensaje que la potencia egipcia no sólo se identifica con la maldad y el caos, sino que se indica que es inútil: la esperanza de «Egipto» y «la fuerza del faraón» se convertirán en confusión, y Judá se avergonzará de un pueblo «que no les sirve de nada» (30.3-5). El profeta reacciona con vehemencia a la actitud de los líderes del pueblo, que inclusive consiguen profetas que les anuncien los mensajes que ellos quieren escuchar. Esos profetas dejaron de ser representantes independientes de la revelación divina al pueblo para convertirse en propagandistas inútiles de la política real oficial de Judá.

El mensaje de Isaías a los reyes de Judá, tanto a Ezequías como a Acab, es consistente y esencialmente el mismo: la salvación y el futuro del pueblo se fundamenta en la calma, la sobriedad y la espera; no se basa en la manifestación y demostración del poderío militar ni en el desarrollo de alianzas políticas internacionales (30.15). De acuerdo con el profeta, «En la conversión y en el reposo / seréis salvos; en la quietud y en confianza / estará vuestra fortaleza» (30.15). Judá no debía provocar a los asirios con planes de resistencia y con la organización de revueltas políticas ni tampoco debían tratar de sobreponerse a las amenazas de los asirios con alianzas estratégicas militares y diplomáticas. Dios les protegerá, decía el profeta, no de la manifestación de los problemas sino de la devastación, no del conflicto serio sino de la destrucción, no de la dificultad amenazante sino de aniquilación.

Esa alternativa de resistencia pacífica traía dolor, pero proveía espacio para el futuro del pueblo. El pueblo no podía huir de las amenazas enemigas, y tenía que presentar una política sabia y coherente ante las actitudes expansionistas e imperiales de Asiria.

En medio de la crisis, el Señor le indica al profeta que escriba sus mensajes «en una tabla», le revela que registre sus palabras «en un libro» para las futuras generaciones (30.8). El objetivo divino era que el pueblo rebelde (30.9) supiera que había sido amonestado, y que no podía decir que había actuado sin conocimiento de la revelación profética. Este mensaje fue fundamental para el desarrollo de la literatura profética, que debía ser recopilada y guardada para ser consultada en el futuro.

Antes de finalizar con una palabra y oráculo de juicio contra Asiria (30.27-33), de forma súbita el tono del mensaje profético cambia, y se revela un claro sentido de esperanza y restauración (30.18-26): el Señor tendrá piedad de su pueblo, será exaltado y, porque es justo, mostrará su misericordia (30.18). Una vez más el libro de Isaías alterna los temas de juicio y esperanza como parte de su estilo pedagógico.

La ira divina también se revela contra el imperio asirio de forma extraordinaria. Aunque Asiria tiene gran poder militar y económico, ciertamente será presa del juicio divino (Isaías 10). La teología que fundamenta este oráculo es la del poder de Dios sobre toda la humanidad y sobre las naciones del mundo. Posteriormente en la historia, en el 612 a.C., los asirios cayeron finalmente ante los babilónicos y recibieron el merecido castigo divino por sus actitudes arrogantes y sus políticas de conquista, destrucción y opresión de los pueblos subyugados. Las imágenes del fuego que consume, y también la simbología de los fenómenos atmosféricos, son comunes en la descripción de teofanías en el Antiguo Testamento (Jueces 5.4-5). En este pasaje ponen de relieve el juicio divino a los asirios.

PARA MEDITAR Y HACER: La lección de hoy presenta los temas de juicio y esperanza una vez más de forma alternada. No desea el libro de Isaías dar la impresión equivocada de que la palabra final de Dios para su pueblo es la destrucción y la aniquilación. Por el contrario, el juicio divino es una forma pedagógica de llamar la atención del pueblo y llevarlos a descubrir, disfrutar y obedecer la voluntad de Dios.

Según el mensaje de Isaías, la alianza con Egipto no es necesaria, pues la mejor política nacional ante las amenazas asirias era la de evitar la provocación. Su mensaje fue consistente. Tanto a Acab como a Ezequías les presentó la misma afirmación teológica. La palabra de Isaías no cambió con el tiempo, sino que mantuvo consistencia y afirmó la importancia de confiar en las promesas divinas. Inclusive, en el desempeño de su misión, el profeta se percató de la importancia de guardar constancia de su labor, al escribir sus oráculos en un libro para que pudiera ser consultado en el futuro. Finalmente, el mensaje profético se dirige a Asiria que también recibirá su merecido por articular y llevar a efecto una política de opresión e injusticia.

- Comente la teología de la resistencia pacífica de Isaías. ¿Qué otros ejemplos de este tipo de actitud se pueden conseguir en la Biblia? ¿Cómo se ha manifestado esa política de pacifismo radical a través de la historia? Por favor, brinde ejemplos.
- Reflexione sobre el estilo profético del libro de Isaías de alternar mensajes de juicio con palabras de esperanza. ¿Cómo podemos articular esa visión teológica tan balanceada en nuestros ministerios? ¿Cómo contribuye esa metodología profética a la comunicación efectiva del mensaje divino?

Cuarto día   *Léase* Isaías 31.1-9; 32.1-8, 9-20

PARA ESTUDIAR: Los egipcios son hombres, no dioses

Este quinto «ay», o anuncio de desastre, repite las críticas y las amenazas contra la alianza con Egipto (30.1-17). En esta ocasión, sin embargo, el fundamento de la amonestación es diferente: los egipcios son humanos y no dioses. El contraste básico no es la división entre lo espiritual y lo material, sino entre lo divino y lo humano. Los poderosos ejércitos egipcios son falibles porque no son sobrehumanos ni tienen poderes divinos especiales; carecen de virtudes extraordinarias para llevar a efecto algún milagro que salve a Judá del poder de Asiria.

La crítica del profeta es clara y directa: «descienden a Egipto», «confían en los caballos», «ponen su esperanza en los carros», y confían en sus «jinetes» porque son «valientes», «pero no miran al Santo de Israel» (31.1). El poder militar que tenía Egipto se fundamentaba en su equipo bélico sofisticado. Judá y sus gobernantes habían descubierto ese poderío militar y habían depositado sus esperanzas en esas virtudes bélicas humanas. La respuesta divina es contundente: Los egipcios no son dioses ni su aparato militar invencible; tanto los caballos como los jinetes caerán vencidos ante la acción divina. Según el mensaje profético, «caerá el ayudador / y caerá el ayudado» (31.3); el juicio llegará a Egipto y a quienes les pidieron ayuda, a Judá.

El mensaje profético alterna de nuevo el tema del juicio e incorpora un importante componente de esperanza (31.4-7). El Señor ayudará a Jerusalén y peleará en Sión para proteger a su pueblo. La imágenes del «león» y «las aves» revelan la dimensión divina y el poder de Dios en acción. En la antigüedad, el león era visto como el animal más guerrero y victorioso (31.4). «Las aves que vuelan» (31.5) revelan el deseo claro y la capacidad divina de proteger, amparar, librar, preservar y salvar a su pueblo.

Finaliza el capítulo con un mensaje directo contra Asiria (31.7-9), que es la fuente de las amenazas y el origen de las dificultades de Judá. El imperio asirio ciertamente caerá, pero no será «por espada no de varón» ni por espada «de hombre», sino mediante la intervención de Dios. Esa manifestación divina le ayudará al pueblo no sólo a triunfar sobre sus enemigos militares sino que les permitirá vencer sobre la idolatría.

El capítulo 32 contiene dos oráculos importantes. El primero presenta la administración efectiva de un rey (32.1-8); el segundo incluye una crítica severa a las mujeres de Jerusalén (32.9-20).

Aunque el tema del rey justo se ha relacionado previamente en el libro de Isaías con la época mesiánica, en este capítulo más bien alude a los gobernantes que debían llevar a efecto una política gubernamental justa, sabia y equitativa. El pasaje no se refiere directamente a la monarquía davídica ni presenta la ideología real relacionada con David. Las imágenes utilizadas en el oráculo para describir su reinado ponen de relieve atributos relacionados con la firmeza, el poder, la autoridad y la fortaleza.

La palabra al rey justo culmina con una sección (32.5-8) que incluye temas que se presentan con regularidad en la literatura de sabiduría, particularmente la crítica a los necios, «el ruin» y «el tramposo» en contraposición de la persona noble (Proverbios 8.15-16). El texto insinúa (32.5) que en esa época se habían trastocado los valores morales y éticos que producen sociedades estables y sobrias.

La próxima sección del capítulo (32.9-14) incluye una crítica seria a las mujeres de Jerusalén. Posiblemente el mensaje se pronunció en un entorno rural durante la fiesta de la vendimia (véase 5.1-7). En este contexto, el profeta reprende a las mujeres por la despreocupación y la frivolidad de sus actos. Las llama a manifestar algún signo de arrepentimiento (32.11-12) ante las dificultades y los problemas que experimenta el país y en referencia a las amenazas que se ciernen sobre Judá (32.14-20).

Culmina la sección con la extraordinaria descripción de una época ideal. Cuando sea derramado «el espíritu de lo alto» (32.15), Judá y el mundo experimentarán una serie de transformaciones importantes. La implantación de la justicia traerá la paz que contribuirá positivamente a una mejor convivencia humana y también tendrá efectos en la naturaleza. Finalmente, esa intervención de Dios hará que el pueblo «habitará en morada de paz, / en habitaciones seguras / y en lugares de reposo» (32.18).

PARA MEDITAR Y HACER: La crítica del profeta en estos capítulos es directa a los diversos sectores del pueblo. En primer lugar, se dirige a los líderes políticos y militares. Les indica que el poderío militar de Egipto no es extraordinario. La crítica profética es que Judá había sobrevalorado el poder militar egipcio. El mensaje del profeta es firme: los soldados son humanos y su equipo militar es vulnerable. Poner la esperanza de todo un pueblo en esos valores llenos de fragilidad y vulnerabilidad constituía una decisión política imprudente. La crítica profética también llega a las mujeres que no se percataban del tiempo peligroso en que vivían.

Para balancear su mensaje, Isaías también incluye en esta sección varios componentes de esperanza y restauración. En el estilo isaiano, se alternan los oráculos de juicio con las palabras de consuelo y esperanza. Cuando intervenga el «espíritu de lo alto», el Señor intervendrá como león para implantar la justicia y traer un reino de paz.

- Comente la sobrevaloración que Judá había hecho de los ejércitos egipcios. ¡Habían puesto sus esperanzas en un equipo militar falible y vulnerable! La confianza de los creyentes está en el Señor y en su capacidad de intervenir para rescatarnos en el momento oportuno.
- Identifique las cualidades del rey justo que se presenta en el estudio de hoy y compárelas con las características de los gobernantes actuales. Comente las diferencias y piense cómo los creyentes podemos hacer una diferencia en la administración de la justicia contemporánea.

<hr>

Quinto día   *Léase* Isaías 33.1-24

PARA ESTUDIAR: La salvación proviene del Señor

El capítulo 33, que concluye una sección importante de oráculos de juicio y salvación del libro (28–33), se compone de una serie de mensajes que posiblemente revela una dinámica importante del culto en Jerusalén: la participación dialogada de varios interlocutores. El pasaje pone de relieve una forma de experiencia religiosa en el Templo en el cual el mensaje se presentaba en una poesía comunitaria en la cual se incluían diversos adoradores. En este caso específico, se funden los temas del juicio divino al enemigo del pueblo, una oración que implora la manifestación de Dios y la restauración de Sión.

El sexto «ay» o anuncio de destrucción lo constituye un breve oráculo de juicio que utiliza el lenguaje previamente expuesto para anunciar la ira divina a Babilonia (21.2) y Asiria (10.5-12). La lógica del mensaje es clara: el día del castigo de Dios llegará también a los opresores del pueblo. Como saquean, sin haber sido saqueados, y traicionan sin saber lo que es la traición, serán expuestos al dolor que traen sus propios actos y recibirán el resultado de sus acciones (33.1).

Al anuncio de desastre le sigue una oración de súplica (33.2-4) y un himno de alabanza (33.5-6). El poema reclama la intervención de Dios para que manifieste su misericordia. En este contexto se pone de manifiesto el fundamento teológico del pasaje: el Señor es «nuestra salvación en el tiempo de la tribulación» (33.2). La esperanza del pueblo se basa en que el Dios bíblico es exaltado, da seguridad al pueblo y revela su sabiduría y conocimiento. Además, en un acto de fe extraordinario, el adorador reconoce que «el temor del Señor es su tesoro»; es decir, que la confianza, el respeto, el aprecio y la adoración a Dios constituyen sus riquezas más preciadas.

Un lamento que revela la condición de la tierra luego del juicio divino se incluye en **33.**7-9. La imagen del luto y de la muerte revelan la naturaleza del dolor. El Líbano, famoso por sus cedros, Sarón, conocido por sus tierras fértiles, y Basán apreciada por sus riquezas, serán testigos de la destrucción. Inclusive los embajadores o «mensajeros de paz» aceptan el fracaso de sus gestiones y lloran amargamente, pues el Señor finalmente anuló el pacto que tenía con el pueblo y «aborreció las ciudades».

La respuesta del Señor se presenta en 33.10-13: «Me levantaré, dice Jehová; / ahora seré exaltado, / ahora seré engrandecido» (33.10). Un teofanía extraordinaria se presenta para atender el reclamo del pueblo; las imágenes de los vientos y el fuego consumidor son características de estas manifestaciones de Dios. Y la actitud humana es de admiración y desconocimiento: ¿Quién puede resistir la manifestación de Dios que se revela en el fuego de llamas eternas? (33.14).

Las personas que pueden levantarse con seguridad a dialogar con el Señor y que tendrán la capacidad de resistir los embates y resultados de la ira divina, son los que caminan en justicia y hablan lo recto, los que rechazan la violencia y el soborno, y los que no aceptan mentiras y se niegan a aceptar la maldad (33.15). Esta sección del poema es similar a varios salmos que contienen preguntas retóricas para dramatizar el mensaje y poner de manifiesto la revelación de Dios. El mensaje es claro: la gente justa se presentará de pie ante el Señor.

Para finalizar, el poema incluye una oración que afirma y celebra la restauración de Sión (33.17-24). Una vez más el profeta indica que la destrucción no es la palabra final de Dios para su pueblo, sino la restauración y la reconstrucción. El adorador presenta a Dios como «Rey» (33.17), en la tradición isaiana (6.5) e indica con seguridad y esperanza que el Señor es su juez, legislador y rey (33.22). En la ciudad restaurada, según el poeta, Dios se convertirá en fuerza legislativa, ejecutiva y judicial, que, en efecto, representan las tres ramas importantes de cualquier sistema de gobierno. En ese época paradisíaca, habrá abundancia de agua que los enemigos no la podrán navegar y no se manifestará la enfermedad, pues el pecado—o «la iniquidad»—del pueblo ha sido perdonado (33.24).

PARA MEDITAR Y HACER: Con este poema finaliza una sección fundamental del libro de Isaías (28–33), que puede resumirse en el título: La salvación proviene del Señor. El pasaje revela una dinámica cúltica que pone de relieve la importancia del culto en las afirmaciones teológicas. La adoración, que es un elemento esencial de la experiencia religiosa saludable, se convierte en instrumento educativo para la afirmación de valores teológicos y educativos necesarios para la vida y el futuro del pueblo.

Entre los temas teológicos y misioneros que se enfatizan y subrayan en el pasaje son los siguientes: la salvación divina se manifiesta al pueblo en el momento oportuno; la seguridad del pueblo se fundamenta en el temor del Señor; las características de las personas que tienen la capacidad de resistir las adversidades del juicio divino incluyen, entre otras, la justicia, la rectitud y la integridad; y los atributos y descripciones del Dios salvador son juez, legislador y Rey.

- Comente el tema de la salvación oportuna que se presenta en este pasaje. ¿Qué significa «esperar en el Señor» en medio de la adversidad? ¿Qué características manifiestan las personas pacientes que pueden superar la ansiedad en medio del problema? ¿Cómo se manifiesta el temor del Señor en el problema?
- Identifique y comente las características de las personas que resisten la adversidad. ¿Cómo se enseñan esos valores tan necesarios en la sociedad contemporánea?

Sexto día *Léase* Isaías 34.1-17; 35.1-10

PARA ESTUDIAR: Ira divina y restauración

Isaías 34 y 35 deben estudiarse juntos por varias razones. En primer lugar, representan dos aspectos complementarios y básicos de la misma realidad teológica, política y social: la destrucción de Edom (34) y de las naciones enemigas de Israel, es también la liberación y la salvación para Jerusalén (35). Ambos pasajes provienen de la época postexílica, luego del retorno a Palestina de los judíos que fueron deportados a Babilonia. Durante ese período, Judá experimentó una serie de dificultades con sus vecinos, particularmente con Edom, que en este contexto profético se incluye en representación de los pueblos enemigos (véase también 63.1-6).

El juicio divino que se revela en el capítulo 34 no se relaciona principalmente con Asiria, como en otras secciones del libro de Isaías, sino con Babilonia, que fue la potencia internacional que llevó el pueblo de Judá al exilio en el 587 a.C. Esta sección también manifiesta una marcada afinidad teológica, literaria y temática con Isaías 40–66, que aluden a la restauración y liberación de Judá del exilio en Babilonia.

El capítulo 34 comienza con el oráculo general de juicio a las naciones (34.1-5), que luego se orienta específicamente a Edom, enemigo tradicional de Judá. El pasaje es particularmente notable por dos razones fundamentales: en primer lugar, utiliza una serie extraordinaria de imágenes literarias para describir la destrucción total de las naciones. Esas imágenes cósmicas posteriormente se popularizaron en la literatura apocalíptica, específicamente en Daniel y en Apocalipsis.

Además, el poema presenta el tema de la venganza de forma dramática. Este particular tema, que ciertamente revela el compromiso divino de establecer la justicia en la tierra y castigar a los opresores pone de relieve también una serie de deseos que no representan lo mejor de la naturaleza humana; no demuestran particularmente el estilo de vida de altura ética y moral que vivió y afirmó Jesús de Nazaret (véase Mateo 5–7). La venganza, aunque es un sentimiento humano común, delata la frustración y los rencores personales y colectivos, y no representa lo mejor del testimonio cristiano. Por esa razón teológica y sicológica, los creyentes afirman con seguridad que la venganza es del Señor.

Como si se tratara de una especie de guerra santa, el profeta presenta una convocación solemne para que se escuche la sentencia divina (34.1-2). Las naciones, los pueblos, la tierra y el mundo deben percatarse del importante anuncio: El Señor está airado e indignado y destruirá a esas naciones paganas. El juicio se describe con imágenes cósmicas, que revela la naturaleza de la ira divina y pone en evidencia la extensión de su poder (34.4). El «día de venganza» del Señor también será momento de retribución a Sión. La destrucción será de tal magnitud que traerá el caos en la naturaleza y afectará adversamente las aves y los animales del campo (34.9-15).

El «libro de Jehová» (34.16) que el profeta invita a consultar, posiblemente se refiere al lugar simbólico en el cual están incluidas las acciones humanas, tal como la sabiduría divina las tiene previstas (Salmo 139.16). La expresión también puede entenderse como una alusión a los libros proféticos en general o alguna sección específica de esa literatura.

PARA MEDITAR Y HACER: El contraste tradicional del juicio y la restauración que se manifiesta con regularidad en la literatura isaiana, toma en esta sección una dimensión nueva. El juicio toma niveles cósmicos, y la destrucción revela la naturaleza y extensión del caos. La restauración pone de relieve una serie de componentes extraordinarios capaces aún de transformar los desiertos más inhóspitos. El dúo, juicio-restauración, presenta y confirma una característica importantísima del Dios bíblico: la ira divina se manifiesta como una forma pedagógica para anteceder la reconstrucción y la redención del pueblo.

- Reflexione en torno al tema de la ira de Dios y analice el asunto de la venganza. ¿Cómo se manifiesta la venganza divina en la actualidad? ¿Cómo los cristianos manejamos ese complejo tema de la venganza?
- ¿Cuál es el propósito último del juicio divino? ¿Cómo puede predicarse este tema con sabiduría en la sociedad contemporánea, que ya ha escuchado a muchos predicadores y predicadoras presentar este tema de forma inadecuada?

Séptimo día *Léase* Isaías 35.1-10

PARA ESTUDIAR: El día de la redención

El capítulo 35 presenta un magnífico poema que marca un serio contraste con el pasaje anterior. En contraposición al juicio a las naciones, se articula un mensaje elocuente y desafiante de restauración y esperanza: se visualiza y articula el alegre retorno a Jerusalén de los deportados en Babilonia.

Las imágenes literarias de la restauración y el viaje de regreso que se presentan en el pasaje, se desarrollan aún más posteriormente en el libro: el desierto florecerá, la gente triste y apocada se alegrará, los ciegos recobrarán la vista, los sordos recuperarán la capacidad auditiva, los cojos saltarán, los mudos cantarán y se establecerá un nuevo camino en el desierto que se denominará «Camino de Santidad» (35.8). Esas imágenes representan el regreso glorioso y alegre, describen el viaje gozoso de retorno de los redimidos del Señor a Jerusalén (35.10).

Las imágenes del agua en el desierto son particularmente poderosas entre los israelitas que vivían continuamente las penurias de la escasez del preciado líquido en Palestina. La provisión de agua es, en efecto, una buena señal de la bendición divina y un magnífico símbolo del futuro promisorio para el pueblo. Esas referencias aluden también al relato del agua dada milagrosamente por Dios en el desierto durante el éxodo de Egipto.

PARA MEDITAR Y HACER: Con esta palabra de redención finaliza esta serie de mensajes de juicio a las naciones. El profeta visualiza el retorno como una experiencia de transformación radical, que impactará aun a la naturaleza. El gozo del regreso y la reconstrucción sustituirán las tribulaciones y las desesperanzas del exilio y la deportación.

- Comente la imagen del «Camino de Santidad». ¿Cómo se entiende el tema de la santidad entre los creyentes en la actualidad? ¿Cuáles son los componentes de la santidad?
- ¿Cómo la santidad se manifiesta en la sociedad?
- El retorno de los judíos de Babilonia requiere la transformación de la naturaleza. ¿Cómo podrían interpretarse esas imágenes entre los creyentes que se aproximan al siglo XXI y experimentan diariamente problemas complejos de justicia social, política y ambiental?

SESIÓN PARA EL GRUPO DE ESTUDIO: Comience la sesión con una oración y dé gracias a Dios por el grupo. Incentive el diálogo sobre los temas que se han discutido sobre el profeta Isaías y en torno a las implicaciones de sus mensajes para la sociedad actual y la iglesia contemporánea. De particular importancia son los siguientes temas: la arrogancia humana, la falta de confianza en las promesas de Dios y la capacidad divina de intervenir en medio de la historia de la humanidad. En este contexto enfatice los mensajes del profeta en contra de las alianzas internacionales para responder a las amenazas del imperio asirio.

- Comente el tema de la confianza que revela el rey Ezequías ante las amenazas asirias. Es importante destacar que el fundamento de esa esperanza era una estrategia política y militar con Egipto que ignoraba las recomendaciones del profeta y no tomaba en consideración la voluntad de Dios. Discuta este tema de la confianza e identifique los valores y los fundamentos de la esperanza de la sociedad actual.
- La política que recomendaba el profeta Isaías ante las amenazas asirias era de resistencia pacífica: ante la posibilidad del ataque enemigo, Judá debía evitar la provocación y la confrontación. Esa actitud de pacifismo radical también se manifiesta en el ministerio de Jesús (Mateo 5–7). Identifique las implicaciones de este tipo de política en varios niveles: personal, nacional e internacional. ¿Cómo reacciona nuestra sociedad violenta a estas recomendaciones del profeta?

Finalice la sesión de estudio con una oración y con un repaso de los grandes temas isaianos que se han estudiado. Invite al grupo a testificar cómo las enseñanzas del profeta Isaías tienen relevancia en la sociedad actual e incentive el diálogo que relaciona la vida y el mensaje de Isaías con el ministerio de la iglesia que llega al siglo XXI.

Octava Semana
La consolación del Señor

Primer día   *Léase* Isaías 36.1-21; 37.1-36

PARA ESTUDIAR: La invasión de Senaquerib

Algunos estudiosos han llamado, a la sección en prosa de los Isaías 36–39, «el apéndice histórico de Isaías», por varias razones: la naturaleza histórica de los relatos en torno a la vida del profeta y del rey Ezequías; su relación temática y literaria con los capítulos 1–39; y su función teológica en la estructura final de todo el libro de Isaías. Los temas que se incluyen son casi idénticos a los que se encuentran en 2 Reyes 18.13-20.19, con la excepción de Isaías 38.9-20, que es un salmo de alabanza similar a los usados en los cultos en el Templo de Jerusalén (véase Salmo 6). En el libro de Isaías se omiten también las referencias al costo de la rebelión de Judá, pues no se alude a los fuertes tributos que Ezequías pagó al rey asirio, Senaquerib.

La sección se compone de esencialmente tres episodios: la invasión de Senaquerib, descrita en dos versiones complementarias (36–37): la enfermedad y milagrosa recuperación del rey Ezequías (38); y la referencia a la visita de la delegación babilónica a Judá (39). Los capítulos 38 y 39 exploran las implicaciones de la salvación y liberación de Judá descrita en el 37; en el 38 se sugiere que Ezequías es un tipo de monarca especial ante Dios; y en el 39 se indica que la liberación divina de la mano de los asirios no garantiza la intervención redentora de Dios ante el ataque inmisericorde de los babilónicos. Cronológicamente los capítulos 38–39 preceden a los 36–37.

Aunque las fechas específicas de los acontecimientos no son claras, la precisión histórica de los relatos descritos en 2 Reyes e Isaías 36–39 es confirmada por las narraciones oficiales de los reyes de Asiria, que indican que el monarca de Judá fue detenido en Jerusalén «como un ave en su jaula», además de ver el territorio nacional reducido, pagar tributos onerosos al rey asirio, Senaquerib, y experimentar que miles de sus ciudadanos fueran al exilio. El costo que pagó Judá por su rebelión contra Asiria fue muy alto, tal como lo había indicado en repetidas ocasiones Isaías. Sin embargo, Jerusalén no fue invadida ni destruida por los ejércitos asirios, y se permitió al rey de Judá, Ezequías, mantenerse en el trono. Esa «liberación» física de Jerusalén fue interpretada por el pueblo como el resultado inmediato de la intervención salvadora del Señor. La antigua teología de la inviolabilidad de Sión—que afirmaba que Dios no permitiría que el Templo y la ciudad de Jerusalén fueran destruidas—se hacía realidad una vez más.

La razón real de la relativa actitud leniente de Senaquerib hacia los ciudadanos rebeldes de Jerusalén, no está clara, aunque se ponderan varias posibilidades históricas. Según 37.7, Senaquerib estaba deseoso de regresar a Asiria para responder a un «rumor», en una posible referencia a rebeliones internas que sufría su gobierno. También en 37.9 se sugiere que Senaquerib había escuchado que el ejército de Egipto se acercaba para combatirlo y decidió evitar la confrontación. El historiador griego Herodoto alude en sus escritos legendarios a una derrota de los ejércitos asirios, que se ha relacionado con una plaga de peste bubónica que afectó a los combatientes. En cualquier caso, el pueblo de Judá interpretó la salida de la milicia Asiria y el mantenerse en el poder del rey Ezequías como actos divinos, como el trabajo liberador del ángel del Señor.

PARA MEDITAR Y HACER: Los episodios que se relatan en esta sección del libro son muy interesantes y revelan niveles teológicos de importancia capital. Las tradicionales profecías de Isaías en torno a las amenazas y los peligros que representaba rebelarse contra Asiria se cumplieron. Llegó el momento de la crisis directa y real de Judá contra el imperio asirio.

La intervención del profeta y la actitud del rey en la crisis son reveladoras. Isaías mantuvo su mensaje de esperanza y confianza en el Señor. No varió su palabra profética ni se amilanó ante la presencia de los ejércitos enemigos. Predicó y vivió la confianza en el Señor. Ezequías, por su parte, demostró humildad y manifestó aprecio por la labor profética. Ante la arrogancia y altivez del rey asirio, se contrapone la humildad del monarca de Judá, y la capacidad profética y la valentía del profeta Isaías.

- Comente el discurso del representante asirio ante el pueblo de Judá. ¿Cuáles eran sus argumentos para incentivar la rendición de Ezequías?
- Las reacciones de los protagonistas en estas narraciones son muy importantes: ¿Cómo reaccionaron el rey Ezequías y el profeta Isaías?

Segundo día   *Léase* Isaías 37.1-38

PARA ESTUDIAR: La salvación de Jerusalén

El primer relato de la crisis con Senaquerib se encuentra en 36.1-37.8, y se refiere esencialmente al discurso y la propaganda que presentó el mensajero y el embajador del rey asirio al pueblo de Judá. El título «copero mayor» identifica a un funcionario real que poseía la confianza absoluta del rey y cumplía responsabilidades administrativas y militares.

El fundamento del mensaje asirio es que Judá no tenía la fuerza militar ni tampoco poseía el apoyo político internacional para detener al poderoso ejército asirio, que venía de triunfar en una serie de campañas militares por Palestina (10.5-11). En el discurso asirio se añaden dos importantes referencias teológicas propagandísticas (36.10 y 20).

Aunque los argumentos militares son poderosos, las referencias al Dios de Judá son importantísimas. En la antigüedad, el poder de las naciones se relacionaba directamente con la fuerza de sus divinidades, y los triunfos nacionales eran interpretados como las manifestaciones de la fuerza de sus dioses. La implicación teológica, que también tenía repercusiones políticas, era que el poder militar de Asiria demostraba que sus divinidades eran superiores el Dios de Judá.

Ante la crisis, Ezequías se humilló ante Dios (37.1-2). Esa actitud de humildad y arrepentimiento del monarca hizo que el profeta respondiera a sus reclamos.

La respuesta del profeta a las palabras arrogantes del mensajero del rey asirio son consistentes con las que había pronunciado anteriormente al rey Acaz, el padre de Ezequías (37.6-7). La esperanza del pueblo no estaba en sus capacidades militares, sino en el poder del Señor.

El segundo relato de la crisis de Judá con el monarca asirio, Senaquerib, se encuentra en Isaías 37.9-36. Incluye una oración de Ezequías pidiendo la intervención divina y destaca la contribución del profeta en las dinámicas oficiales del reino. Para afirmar la fe de Ezequías, Isaías recita un salmo que indica que un ataque a Jerusalén es un acto de arrogancia asiria, además de constituir un grave insulto al Santo de Israel y estar sentenciado al fracaso. El profeta le indica a Asiria con firmeza y autoridad (37.23). En el salmo se incluye también la teología del remanente que se salvará del juicio divino (37.32) y añade: «Porque yo ampararé a esta ciudad para salvarla, / por amor a mí mismo y por amor a David, mi siervo» (37.35).

En los versículos finales del relato (37.36-38) se interpreta teológicamente lo sucedido: el ángel del Señor intervino en medio de los ejércitos asirios y mató a miles de soldados e hizo que Senaquerib regresara a Nínive, para morir en manos de sus propios hijos. La muerte violenta del rey asirio también está atestiguada en fuentes extrabíblicas.

PARA MEDITAR Y HACER: Este capítulo continúa los relatos de las experiencias de Isaías en la crisis relacionada con la invasión de Senaquerib. El relato demuestra la valentía del profeta y pone de relieve la capacidad no sólo religiosa de Isaías, sino que demuestra su sabiduría política y su conocimiento de la política internacional. Las interpretaciones del suceso pueden ser variadas; la Biblia entiende que la incapacidad del monarca extranjero para invadir a Jerusalén es el resultado de una manifestación extraordinaria del poder de Dios.

- Analice la actitud del profeta ante la urgencia de la crisis. ¿Cómo reaccionarían los líderes religiosos y políticos contemporáneos ante una situación similar?
- El fundamento para la decisión militar y política de Isaías era su teología. Comente el tema de la confianza en el Señor en momentos de crisis personal, nacional e internacional.

PARA ESTUDIAR: Enfermedad y recuperación de Ezequías

La narración que presenta la mortal enfermedad del rey Ezequías (38.1-8, 21-22) pone de relieve varios temas paralelos a la liberación de Jerusalén descrita en Isaías 36–37. El relato revela una especie de favor divino al monarca que se asemeja a la salvación de la cual fue objeto la capital de Judá en los capítulos anteriores. Una versión alterna de estos episodios se incluye en 2 Reyes 20.1-11. El salmo de alabanza a Dios que entona Ezequías luego de ser sanado por el Señor es similar a los cánticos que se utilizaban en los cultos del Templo de Jerusalén, que comienzan con la descripción de las dificultades que provocan la petición y la ansiedad, y finalizan con la acción de gracias por recibir el favor divino (Salmos 6; 13; y 22).

«En aquellos días» Ezequías enfermó gravemente, y el profeta Isaías le visitó para indicarle que su condición era terminal. Le afectó adversamente una enfermedad de la piel, posiblemente algún tipo de úlcera, que requirió el tratamiento que posteriormente recomendó el profeta (38.21). Ante la noticia, el monarca de Judá demostró un profundo sentido de humildad que motivó e incentivó la manifestación de la misericordia de Dios (38.2). Además, «lloró Ezequías con gran llanto» (38.3), gestos que ponen en evidencia física la intensidad de la petición.

El Señor responde a la oración del monarca y envía nuevamente al profeta a comunicarle su mensaje (38.5). Dios escuchó y respondió a la petición del rey: ¡le añadió quince años de vida! También le dio una señal para confirmar su palabra (38.8). La humildad del rey no sólo logró su sanidad, sino que propició una señal milagrosa de parte de Dios.

Respecto al tratamiento médico recomendado por Isaías, es pertinente indicar que en la antigüedad se reconocían y apreciaban las propiedades curativas de los higos. En la actualidad, por su parte, se acepta que el azúcar contribuye a matar los gérmenes y que, por sus propiedades osmóticas, ayuda a curar las heridas. El énfasis del relato, sin embargo, no es médico sino teológico: la sanidad de Ezequías fue milagrosa, producto de la intervención divina.

El «signo» de hacer regresar el sol diez grados es difícil de explicar y comprender en términos físicos. El objetivo del relato es poner de relieve el poder divino y confirmar de esa manera la capacidad que tenía el Señor de intervenir en la vida y la salud del rey; también revela el poder extraordinario de Dios al influenciar la naturaleza e intervenir en procesos naturales de la vida. Era una forma de subrayar el poder divino sobre la historia y el cosmos. Más que una declaración de las fuerzas divinas sobre la naturaleza, el «signo» es una afirmación teológica extraordinaria de lo que es capaz de hacer el Señor en medio de la humanidad. El «reloj de Acaz» alude posiblemente a los escalones o gradas de la escalera que subía a la terraza construida por el monarca (2 Reyes 23.12); esas gradas estaban dispuestas en cierta forma para permitir que la sombra que producía el sol, al marcarse en el lugar, identificara la hora.

PARA MEDITAR Y HACER: Con estos capítulos, el libro de Isaías hace una transición muy importante: se pasa de una serie de oráculos de juicio en tiempos del imperio asirio al período histórico dominado por Babilonia. La enfermedad y sanidad del rey de Judá, que sirve para que se manifieste el amor divino, prepara el camino para el mensaje de juicio por continuar con los planes diplomáticos y militares contra Asiria. La implicación teológica de la sanidad de Ezequías es similar a la liberación de Jerusalén: pone de manifiesto el amor de Dios a la humanidad y revela la capacidad divina de responder a la humildad de su pueblo.

- Estudie el tema de la enfermedad de Ezequías y comente su reacción ante la noticia profética. ¿Cómo reaccionaría usted ante la noticia de su muerte?
- El pasaje habla también de la capacidad que tiene Dios de escuchar a su pueblo. Identifique las características divinas ante la humillación humana. ¿Cómo se manifiesta el día de hoy esas características de Dios?

~~~~~~~~~~~~~~

Cuarto día   *Léase* Isaías 39.1-8

PARA ESTUDIAR: Embajadores de Babilonia
El capítulo 39 cierra la primera sección del libro de Isaías (1–39) y finaliza las narraciones respecto a Isaías y Ezequías (36–39). El relato de la visita de la delegación babilónica a Judá prepara el camino para la transición a la nueva gran sección del libro (40–55), que enfatiza los temas de esperanza y consolación. Introduce el tema de la destrucción de Judá en manos de los babilónicos, que se presupone en el resto del libro. Además, el pasaje pone en justa perspectiva el tema de la destrucción de Sión.

«Merodac-baladán» fue el héroe de la resistencia babilónica que trataba de liberarse de la hegemonía asiria al final del siglo VIII a.C.; y Ezequías era el líder del movimiento liberador de Palestina. Posiblemente esta visita haya tenido el objetivo de pedir ayuda a Judá para continuar con los planes antiasirios. La referencia a los «tesoros» del reino podría indicar que el entorno histórico del relato es el año 703 a.C., cuando el rey quitó del Templo el oro y la plata (2 Reyes 18.15-16).

La reacción de Isaías a las conversaciones de Merodac-baladán con Ezequías fue adversa (39.3-4). Sospechaba que Judá continuaba con sus planes de rebelarse contra Asiria a los cuales sistemáticamente el profeta se había opuesto. La actitud de Ezequías de mostrar sus riquezas a la delegación babilónica, muestra una muy seria falta de juicio político y pone de relieve un nivel de inmadurez militar extraordinario. ¡Les presentó los tesoros que con el tiempo se trasladarían a Babilonia como botín de guerra!

La profecía de Isaías es clara y directa: los tesoros del Templo y del palacio real serán llevados a Babilonia, y su pueblo, representado en sus hijos, será llevado cautivo (39.5-7). La respuesta de Ezequías es que al menos habrá paz y seguridad en sus días, que revela la misericordia divina hacia un rey piadoso.

Aunque este anuncio se puede relacionar con el encarcelamiento del rey Manasés, hijo de Ezequías, en Babilonia, es más probable que se refiera a la experiencia del exilio y deportación masiva de los judíos por Nabucodonosor en el 587 a.C. De esta forma el libro de Isaías hace la transición de los conflictos proféticos contra Asiria a la presentación de mensajes que se refieren directamente a Babilonia.

PARA MEDITAR Y HACER: Finaliza de esta forma la primera sección mayor del libro de Isaías (1–39), con una nota adversa del juicio divino. Una delegación de embajadores de Babilonia llegan a Jerusalén para negociar algún apoyo económico y militar. El profeta Isaías rechaza la delegación, critica duramente al rey y presenta la profecía de juicio divino. Por un lado, el rey demostró su incapacidad política y militar. El profeta demostró una vez más su autoridad y su sabiduría en asuntos de política y diplomacia internacional.

- La visita de la delegación babilónica a Ezequías produjo la reacción adversa del profeta. ¿Por qué usted cree que Isaías reaccionó con tanta vehemencia?
- ¿Cómo se interpretarían en la actualidad los consejos políticos y militares del profeta?

Quinto día   *Léase* Isaías 40.1-11

PARA ESTUDIAR: El Señor consuela a Sión

Con este extraordinario poema de consolación comienza la segunda parte del libro de Isaías (40–55), que es también conocida como Segundo Isaías o «El libro de la consolación», y que presupone un entorno teológico e histórico diferente a la primera sección de la obra. Dos temas mayores se presentan: en primer lugar (40–48) se enfatiza la liberación de Babilonia; y, además, se subraya el asunto de la restauración de Sión (49–55). Esta sección del libro de Isaías enfatiza particularmente los temas de la consolación, restauración y salvación del pueblo.

La repetición del imperativo «consolad» o «consuelen» introduce, y también resume, el tema fundamental que se va a explorar y proclamar en los próximos capítulos. Los destinatarios inmediatos son los judíos deportados en Babilonia, que experimentaron las penurias de la traumática experiencia exílica, y que el profeta quería consolar y edificar. La finalidad prioritaria del profeta era afirmar la promesa de redención y liberación que ofrecía el Señor a su pueblo. Ante el clamor de los deportados que articulaban en lamentos y congojas sus dolores más profundos (Lamentaciones 1.9, 16, 21), el Señor responde con un oráculo de salvación y una promesa de restauración. El mensaje de consolación anuncia la liberación de los exiliados. Ese acto liberador se relaciona históricamente con un edicto de Ciro, el famoso rey persa. Sin embargo, el profeta anuncia que el fin del cautiverio es el resultado inmediato de la intervención divina.

El poema presupone que el profeta está en el «Concilio del Señor». En la antigüedad estaba muy diseminada la creencia de que los dioses se reunían con otras criaturas espirituales para tomar decisiones en una especie de tribunal celestial o «concilio divino». El presupuesto ideológico era que los dioses se reunían con alguna regularidad, a semejanza de los monarcas humanos. Esta idea se manifiesta también en Salmo 82 y 1 Reyes 22, y revela que el pueblo judío pensaba que Dios tenía una especie de corte divina para discutir asuntos de importancia capital para la humanidad. El poema de Isaías 40.1-11 se puede comparar con el del capítulo 6: el tema de juicio se enfatiza en la vocación del profeta, mientras que en Isaías 40 se pone de manifiesto el asunto de la restauración.

La frase «hablad al corazón» (40.2), en este contexto, más que intimidad significa convencer o persuadir. El propósito es destacar que «[su] tiempo es ya cumplido». La fraseología evoca la idea de servicio militar y se refiere al período del exilio que fue particularmente duro para la comunidad judía. El profeta anuncia que el pueblo ha recibido un juicio doble; presenta la idea de que el castigo recibido es más que suficiente por el pecado y que con estos anuncios de consolación comienza un nuevo período de perdón, misericordia, amor y restauración para el pueblo.

La «voz que clama en el desierto» (40.3), citada por Juan el Bautista, posiblemente alude a alguna criatura angelical del «Concilio del Señor» que desea implantar el decreto divino. Aunque por los diversos caminos de Babilonia se hacían regularmente procesiones rituales de las divinidades, la referencia a la preparación del «camino» del Señor se debe relacionar más con el tema del éxodo y liberación del pueblo de Israel de las tierras de Egipto. Este tema de la liberación es de fundamental importancia para esta segunda sección del libro de Isaías, pues se anuncia que el proceso real de retorno a Judá ya ha comenzado. Los evangelistas y escritores del Nuevo Testamento leyeron el texto de Isaías en su versión griega, conocida como la Septuaginta, y citaron 40.3 según esa versión de la Escritura.

«La gloria del Señor» en la Biblia es la frase que describe la manifestación extraordinaria del poder y la gracia de Dios. Alude a la grandeza divina; subraya la santidad del Señor, que constituye uno de sus atributos más importantes. La «gloria», además, se relaciona con el deseo de salvación que manifiesta el Señor por su pueblo; y esa salvación se manifiesta de forma concreta en actos liberadores que propician el retorno del pueblo deportado a Judá y Jerusalén, a la vista de todas las naciones paganas.

«El viento de Jehová» (40.7) alude al aire caluroso que proviene del desierto y marchita la vegetación. «Sión» (40.9) es una forma poética y simbólica para referirse a Jerusalén, aunque también puede incluir a todo el pueblo. Las imágenes del Señor como guerrero (40.10) enfatizan su poder y revelan sus habilidades militares y de triunfo. Y la imagen del Señor como «pastor» (40.11) destaca las ideas de cuidado y protección que Dios le brinda a su pueblo, como si fueran ovejas.

PARA MEDITAR Y HACER: Esta nueva sección del libro de Isaías enfatiza los temas de salvación y restauración nacional. Ante el dolor de la experiencia agónica del exilio en Babilonia, el profeta no añadió desesperanza ni angustias a la comunidad. Respondió, en el nombre del Señor, con sabiduría y contextualidad. El mensaje profético subraya la importancia de persuadir al pueblo de que el tiempo de juicio había finalizado y que se iniciaba una época nueva de restauración y de esperanza.

- La respuesta profética al dolor del exilio fue de consolación. ¿Qué revela esa actitud del profeta en torno a la pertinencia del mensaje de la iglesia?
- El profeta habló con ternura al corazón del pueblo. La finalidad era convencerles de que el período de juicio había finalizado, ya habían recibido doble por sus pecados. ¿Cómo puede explicarse esa frase el día de hoy?

<hr/>

Sexto día *Léase* Isaías 40.12-31

PARA ESTUDIAR: El incomparable Dios de Israel

El profeta responde poéticamente al clamor del pueblo que había manifestado dolor y también había experimentado la desesperanza de vivir en el exilio babilónico. Afirma el poder y la majestad de Dios ante los conflictos y problemas relacionados con la deportación. Ante el sentimiento de rechazo y abandono divino, el poema presenta la teología de la esperanza, fundamentada en el poder creador de Dios, como base de la restauración y el retorno del pueblo a Judá. Las ideas teológicas que predominan son las siguientes: el poder y la sabiduría divina, la majestad extraordinaria del Señor y la firme voluntad de Dios de responder a los clamores de los que le invoquen.

El poema se puede dividir en tres estrofas principales y responde a la declaración teológica fundamental del versículo 9. En la primera parte (40.12-17) se incluye una serie de preguntas retóricas que nos recuerdan las que articuló Job frente a Dios (Job 38–41). La respuesta implícita a las preguntas es la siguiente: Es el Dios de Israel el que tiene el poder para medir las aguas, los cielos, la tierra, los montes y los collados (40.12); y es el que tiene la capacidad para examinar, aconsejar y enseñar al Espíritu de Dios (40.13). El poder divino es de tal magnitud que las naciones más poderosas del mundo, representadas en el Líbano, son «como nada», «menos que nada» o «menos que lo que no es» delante del Señor (40.17). De esta forma se pone de relieve el poder divino en contraposición a las naciones paganas y sus dioses.

La segunda estrofa del poema—que esencialmente es una burla a los artesanos que preparan las estatuas de las divinidades paganas—comienza con otra pregunta retórica básica: «¿A qué, pues, haréis semejante a Dios / o qué imagen le compondréis?». El poeta desea explorar cómo los artistas y artesanos imaginarán al Dios de Israel, que no acepta las imágenes y rechaza la idolatría. La finalidad profética es presentar un rechazo serio y absoluto al sistema de imágenes y a los símbolos religiosos de los babilónicos. Como el Dios de Israel «está sentado sobre el círculo de la tierra» (40.22), los artistas no pueden imaginarlo físicamente; además, el énfasis de la afirmación teológica se pone en la manifestación del poder divino en medio de la sociedad, pues, el Señor tiene la capacidad de intervenir y convertir «en nada» (40.23) a la gente poderosa y a los gobernantes.

En la tercera estrofa se introduce otra pregunta retórica fundamental (40.25). El poeta inquiere y explora el mundo de los astros del cielo, que, en efecto, eran venerados por los babilónicos como criaturas divinas. Según el profeta, esos astros celestiales no son dioses sino parte de la creación de Dios. Por esa razón, las estrellas de los cielos con sus movimientos no pueden gobernar a los seres humanos: ¡son parte de la creación de Dios y deben obedecer los designios divinos!

Esa teología de la creación le brinda al poema y también a todo el libro de Isaías una fuerza extraordinaria para apoyar el mensaje de consolación y restauración del pueblo. Como Dios es el único Creador del universo, todo lo que existe está sometido a su dominio y poder. Esa importante afirmación del profeta equivale a decir que ninguna fuerza humana es capaz de impedir que el Señor lleve a buen término sus planes de salvación de Israel. El que «creó los confines de la tierra» (40.28) está firmemente comprometido con la restauración de su pueblo y cumplirá su propósito redentor.

Finaliza el poema con una enseñanza importante para la humanidad: El Señor nos brinda las fuerzas suficientes para enfrentar la vida con sentido de triunfo y con seguridad. Aunque las personas más robustas y aun los jóvenes se detengan, flaqueen y caigan en la carrera de la vida, los que confían en el Señor se renovarán para superar las dificultades y ser más que vencedores. El Señor Creador es, además, la fuente de poder y energía que le brinda seguridad y esperanza al pueblo de Dios.

PARA MEDITAR Y HACER: El poeta explora, por medio de las preguntas retóricas, nuevas dimensiones del poder y de la naturaleza de Dios. Por un lado, critica a los artesanos babilónicos y los rechaza por no percatarse del poder y la grandeza de Dios. Por el otro, afirma la teología de la creación y fundamenta sus argumentos básicos de salvación y restauración del pueblo en la capacidad creadora del Señor. El Dios bíblico es Creador y por tal razón tiene el poder y la capacidad de intervenir nuevamente en la historia humana para llevar de regreso a los judíos deportados en Babilonia a Judá.

- Trate de contestar las preguntas que se incluyen en el poema. Explore las implicaciones prácticas de la teología de la creación.
- Estudie los versículos finales del poema. ¿Cómo se pueden articular estos temas en la actualidad?

⌘

Séptimo día   *Léase* Isaías 41.1-20, 21-29

PARA ESTUDIAR: Seguridad de Dios para Israel

Con la expresión «vengamos juntos a juicio», el Señor invita al pueblo de Israel y a las naciones del mundo a una especie de discusión y debate legal para descubrir y afirmar al verdadero Dios. Este artificio literario está inspirado en la práctica regular de las cortes antiguas y se utiliza con frecuencia en la segunda parte del libro de Isaías (41.21-29; 43.8-13; 44.6-8, 21; 45.20-25). Toda la sección (41.1–42.4) la constituye una serie de oráculos cortos que temáticamente se disponen en forma paralela. La clave para comprender todo el mensaje es percatarse de los tres temas fundamentales: el llamado al juicio, los cuestionamientos legales, y la elección y afirmación de Israel.

El poema comienza con un llamado e invitación a los pueblos a acercarse juntos al juicio (41.1). La palabra hebrea traducida aquí por «costas» generalmente alude a las islas del Mediterráneo, entendidas como lugares remotos. El Señor hace la invitación para preguntar retóricamente «¿quién despertó del oriente al justo?» (41.2). El «justo» es una referencia a Ciro, el famoso rey de los persas, que finalizó con la supremacía y el poder imperial de Babilonia en el antiguo oriente, y autorizó el regreso de los israelitas deportados a Judá y a Jerusalén.

La respuesta inequívoca y firme al interrogante del profeta es la siguiente: es el Señor, pues el Dios Santo de Israel es reconocido en el poema como «el primero» y también como el que será «con los últimos» (41.4). No son los dioses paganos los que tienen la capacidad y el deseo de dar sentido de dirección a la historia humana, para hacer valer la justicia entre los pueblos. La implicación del mensaje es que el Señor tiene el poder de mover y utilizar a Ciro, que era un monarca pagano, para hacer cumplir su voluntad en el mundo. El poder divino no se confina en Israel, sino que afecta a la humanidad entera incluyendo a los pueblos paganos.

En 41.5-7 se presenta una especie de parodia de la reacción de los gentiles ante la revelación de Dios. ¡Los artesanos y artistas tienen que motivarse unos a otros para hacer sus ídolos! Según el teología del profeta, esas creaciones humanas no tienen el poder de responder adecuadamente a las preguntas fundamentales de la humanidad. Se presenta de esta forma el contraste básico entre el Señor y los ídolos: se debe adorar y servir únicamente al Dios que tiene el poder, la capacidad y el compromiso de responder a los reclamos más hondos de las personas.

En 41.8-13 se identifica a Israel como Siervo del Señor, que ha sido escogido de la descendencia de Abraham, identificado en el texto como «amigo» del Señor (41.8). El mensaje es de aliento, esperanza y superación: «No temas» (41.10, 13, 14). El profeta se dedica a inspirar al pueblo y a decirle «no desmayes», pues el Señor le ayudará y le sustentará con «la diestra de su justicia» (41.10). Esa acción divina también traerá la vergüenza y la confusión de sus enemigos, que finalmente perecerán.

El importante tema de la esperanza continúa en 41.14 y se mantiene hasta el final del poema (41.20). Aunque en el exilio el pueblo se siente pequeño e insignificante, como un «gusanito», el Señor es la fuente de socorro del pueblo (41.14). En este contexto, el uso de la palabra «Redentor» para referirse al Señor es muy significativo. En primer lugar, en hebreo la expresión identifica al pariente más cercano que tenía la responsabilidad de ayudar y apoyar a algún miembro de la familia que había perdido su libertad o su herencia (véase Rut 2.20). Aplicado al Señor, la palabra sugiere la importante idea de que el Dios de Israel rescatará y libertará a su pueblo de la esclavitud y cautiverio babilónico, y le permitirá regresar a Judá, desde donde había salido exiliado.

El poema finaliza con una serie de imágenes de restauración y esperanza (41.17-20). Esencialmente se presenta la transformación del desierto inhóspito y seco en un lugar fértil y próspero. La referencia al desierto evoca la liberación de Israel de las tierras de Egipto, tema que se explora con frecuencia en la segunda sección del libro de Isaías. Esa transformación extraordinaria y milagrosa bendecirá no sólo a «los afligidos y necesitados», que en el texto parecen referirse al pueblo de Israel, sino a las naciones paganas que también forman parte del plan divino.

En la sección final del poema (41.21-29) se explora aún más la metodología del proceso judicial; específicamente son juzgados los falsos dioses. El propósito profético es poner de relieve la incapacidad que tienen esas divinidades de intervenir en la historia humana. El Señor les invita a presentar «vuestras pruebas» y la evidencia de su acción en el mundo; los llama a que «se acerquen» y pongan en evidencia lo que son capaces de hacer.

De acuerdo con el poema, el criterio fundamental para demostrar el poder y la autoridad es la capacidad de anunciar los eventos futuros. Según el mensaje, los dioses paganos deben decir lo que ha pasado «desde el principio» (41.22) y también deben hacernos «entender lo que ha de venir» (41.22). Se fundamenta el juicio a las divinidades paganas en la capacidad profética, en el dominio y conocimiento pleno de la historia pasada, en el análisis cabal del presente y en la predicción del porvenir.

La crítica llega a niveles de burla pues el profeta les invita a hacer algo, sea bueno o malo, pero que demuestren que tienen capacidad de llevar a efecto algún gesto o acción (41.23). Ante la inacción de los dioses, el profeta concluye con 41.24. El profeta no sólo rechaza a las divinidades paganas, sino que se burla también de sus adoradores. Finalmente y con autoridad se indica: «todos son vanidad / y sus obras no son nada» (41.29).

PARA MEDITAR Y HACER: El Señor convoca a la humanidad a una especie de juicio para poner de manifiesto su autoridad y su poder. El fin del exilio babilónico se acerca pues Dios levantó a Ciro para que terminara con el cautiverio, pues Israel es «Siervo del Señor» y viene en la tradición de Abraham, que se identifica en el pasaje como «amigo» del Señor. El corazón del mensaje es de esperanza: No temas. Esa esperanza se fundamenta en que el Señor acompaña a Israel en el momento difícil de la vida. Y las bendiciones que produce la esperanza tienen repercusiones transformacionales pues aun el desierto, símbolo de lo inhabitable e inhóspito, será transformado por la intervención extraordinaria del Señor. La convocación afecta también a los dioses paganos que no pueden compararse al extraordinario y redentor Dios de Israel.

- Comente el deseo divino de convocar a toda la humanidad para discutir asuntos de importancia como la justicia en el mundo. ¿Qué implicaciones tiene para la iglesia y los creyentes que a Dios le interese tanto el tema de la justicia?
- Discuta la siguiente afirmación: Israel es «Siervo del Señor» y «amigo del Señor». ¿Qué significa ser siervo y amigo? ¿Qué importancia tienen estos temas para la iglesia y los creyentes de hoy?
- Uno de los temas fundamentales del poema es el no temer. ¿Cuál es la base de la esperanza en el texto?

SESIÓN PARA EL GRUPO DE ESTUDIO: Comience con un diálogo en torno a los temas que se estudiaron en la semana. Pida a alguna persona en el grupo que ore y que incluya en la oración las necesidades del grupo. Identifique y comente las ideas de Isaías que han sido importantes y para lo que ha sido importante durante la semana. Permita al grupo expresar sus impresiones en torno al estilo literario del libro de Isaías.

- Estudie y discuta el tema de la consolación, según está expuesto en el libro de Isaías. Ese tipo de teología puede describirse como contextual, pues toma en consideración las realidades del pueblo.
- Explore las implicaciones espirituales y ambientales de la teología de la creación. ¿Qué significa respetar la creación de Dios, en términos de nuestros cuerpos y también en términos del ambiente que nos rodea?

Finalice la sesión con una oración, y con un repaso de los temas de mayor importancia que han sido estudiados durante la semana. Identifique algunos de los nuevos asuntos que se van a ponderar la semana próxima e invite al grupo a identificarse con el profeta y su mensaje.

Novena Semana:
La insensatez de la idolatría y el poder de Dios

Primer día   *Léase* Isaías 42.1-4, 5-9

PARA ESTUDIAR: El Siervo de Jehová

Con este poema se introduce una serie importante de pasajes conocidos generalmente como los «Cánticos del Siervo sufriente». Estos cuatro Cánticos (42.1-4; 49.1-6; 50.4-9; 52.13–53.12), describen al Siervo del Señor como un profeta que ha sido llamado, dotado del Espíritu y ungido por el Señor para llevar a efecto una misión de redención y liberación, no sólo en beneficio del pueblo de Israel sino de todas las naciones. Para cumplir su encomienda salvadora, el Siervo debe enfrentar muchos padecimientos y persecuciones, pero el Señor le ayuda para que lleve a efecto su misión y se convierta en la admiración de monarcas y naciones. La iglesia cristiana ha interpretado estos poemas como una anticipación profética de la vida y ministerio de Jesús de Nazaret.

En el Antiguo Testamento, la palabra «siervo» se utiliza también como título para una serie de personas que cumplen algún mandato importante y particular del Señor. Son específicamente llamados «siervos de Dios» personajes tales como Moisés, Josué, David y también los profetas. En la segunda sección del libro de Isaías (40–55), el título se usa con frecuencia para identificar al pueblo de Israel (41.8; 44.2, 21; 45.4; 48.20).

En este poema se presenta al Siervo que ha sido escogido y sostenido, y que también produce un contentamiento particular al alma del Señor. Su misión primaria es implantar la justicia en las naciones de una manera pacífica y no violenta. Como el rey mesiánico (Isaías 11), el Siervo ha recibido el Espíritu como el don especial que concede el Señor específicamente a las personas que deben cumplir encomiendas mayores, arriesgadas y difíciles, como por ejemplo, jueces, reyes y profetas. En contraposición a los profetas preexílicos, el Siervo presentará su mensaje sin alzar su voz, pero con autoridad, valor y firmeza. Las imágenes de «la caña» y «el pábilo» aluden al pueblo que desmaya y ha quedado sin fortaleza y energías.

Al Cántico del Siervo se le añade una respuesta poética (42.5-9) que desarrolla aún más el tema de su misión. El fundamento básico de la vocación y misión del Siervo lo brinda quien lo llama y comisiona: el «Creador de los cielos» (42.5). Esa afirmación teológica añade que el Dios bíblico es también quien le da fertilidad a la tierra y provee sustento y vida a sus moradores. Subraya, además, que el Siervo podrá cumplir adecuadamente su misión pues Dios mismo lo sostiene y lo ha puesto por «pacto al pueblo / por luz de las naciones» (42.6).

La frase «te pondré por pacto al pueblo» evoca más de un significado. Primero, puede indicar que el Siervo está llamado a ser un lazo de unión entre los diversos sectores del pueblo de Dios. Además, la expresión puede aludir a la relación que el Siervo debe fomentar entre la comunidad israelita postexílica y Dios. En ambos casos, el profeta debe hacer consciente al pueblo de las implicaciones morales, éticas, políticas, sociales y espirituales del pacto. Ser pacto lo convierte también en «luz» y ejemplo para las naciones. El Siervo tiene una responsabilidad dual: ante su pueblo es liberador, y ante las naciones, modelo.

El propósito fundamental de la misión del Siervo, según este poema, es abrir los ojos a los ciegos y sacar de las cárceles a los presos y los que moran en tinieblas (42.7). La finalidad es múltiple: abrir ojos y cárceles, y liberar a cautivos físicos y espirituales. El Siervo debe atender al ser humano en su totalidad; debe responder a las necesidades físicas y emocionales. No está interesado el Siervo en responder únicamente a un componente parcial de las necesidades humanas; desea atender a la totalidad del individuo y la sociedad.

El poema finaliza con una afirmación de fe. El Señor no da su gloria a los ídolos, pues sólo el Dios de Israel tiene el poder de anunciar las «cosas nuevas» (42.9). Termina Isaías 42 con dos temas que anteriormente se habían presentado en el 41: la crítica a los ídolos (41.6-7) y la afirmación de su capacidad profética (41.22-23, 26).

PARA MEDITAR Y HACER: Con este poema se inicia un sección importante del libro de Isaías: los Cánticos del Siervo del Señor. Estos pasajes presentan al Siervo, que es una representación poética e ideal del pueblo de Israel, que debe cumplir una misión extraordinaria. Esa encomienda le traerá sufrimientos indecibles, pero el Señor sostendrá al Siervo para que pueda implantar la justicia en las naciones y para que lleve a feliz término su misión.

- Explore las imágenes que genera la palabra «siervo». ¿Qué significa ser siervo?
- ¿Por qué usted cree que los cristianos primitivos relacionaron estos mensajes de Isaías con la vida y ministerio de Jesús?

Segundo día   *Léase* Isaías 42.10-17

PARA ESTUDIAR: Alabanzas por la liberación del Señor

El capítulo 42 finaliza con dos magníficos poemas; el primero es como un salmo de alabanza al Señor por su intervención, «como gigante» y «guerrero» (42.13) en la historia humana (42.11-17); y el segundo es un reproche, un mensaje de juicio por la ceguera y sordera del pueblo (42.18-25). El profeta nuevamente pone de relieve las contradicciones del pueblo y lo variado de su mensaje: a la vez, glorifica al Señor por sus actos redentores y repudia al pueblo por su indiferencia y su pecado.

Con una frase similar a la utilizada en Salmos 95 y 96, se inicia el poema de alabanza. Es una invitación a reconocer y agradecer la actividad divina en la naturaleza y también en medio de su pueblo. Toda la tierra debe alabar y dar gloria al Señor por el triunfo definitivo que logró sobre sus enemigos. Aunque por algún tiempo el Señor guardó silencio, ese período de incomunicación finalizó con una serie de actos redentores que son comparados a los gritos de una mujer de parto (42.14). La imagen del Señor como guerrero evoca la experiencia del exilio (Éxodo 15.3).

La intervención de Dios tendrá tres componentes: transformará radicalmente a la naturaleza, cambiará desiertos en montes y collados, y secará los cuerpos de agua (42.15); guiará a los ciegos por senderos desconocidos y les preparará el camino para que transiten sin dificultad (42.16); y confundirá a los que confían en ídolos (42.17). El poeta reclama la alabanza e inspira un «nuevo cántico» al evocar la imagen del desierto y relacionar la experiencia del exilio en Babilonia con la liberación de Israel de la tierra de Egipto. Se subraya de esta forma la liberación del pueblo y se indica que la nueva liberación será aún mayor que la primera. Es importante notar la relación entre este «nuevo cántico» y el anuncio de las «cosas nuevas» (42.9) que el Señor está próximo a llevar a efecto.

En los salmos de súplica el poeta inquiere en torno al silencio divino, y se pregunta «¿por qué me has desamparado?» (Salmo 22.1) o exclama «no te desentiendas de mí» (Salmo 28.1). En este poema, con la misma metodología e imágenes, el poeta responde al clamor del adorador y presenta al Señor rompiendo su silencio con una serie de acciones que producirán la liberación del pueblo. El Dios bíblico no puede permanecer inerte ante el dolor y la desesperanza.

PARA MEDITAR Y HACER: Estos dos poemas nos confrontan con la más cruda realidad de la vida. En momentos alabamos al Señor y expresamos nuestro gozo de forma maravillosa y espontánea; al rato, sin embargo, revelamos nuestras frustraciones y pequeñeces. Estos pasajes ponen de manifiesto que la gente que desea seguir el modelo del Siervo del Señor debe reconocer esta complejidad de la existencia humana: Dios no ha llamado gente perfecta a que lleve a efecto su voluntad en el mundo, sino ha comisionado personas con imperfecciones que desean servir, compartir y amar en medio de una sociedad que no desea comprender las implicaciones y los desafíos del amor de Dios a la humanidad.

- ¿Qué significa tener un «nuevo cántico»? ¿Hasta dónde llegan las implicaciones de este cántico?
- Comente la imagen de Dios como guerrero. ¿Cómo se relaciona esa imagen con los mensajes de paz que presentó Jesús?
- ¿Qué implicaciones tiene el utilizar esta imagen en la sociedad contemporánea que le interesa la guerra y los conflictos bélicos?

Tercer día *Léase* Isaías 42.18-25

PARA ESTUDIAR: La ceguera y sordera del siervo

El segundo poema es la respuesta al clamor y angustia de los israelitas en el destierro en Babilonia. Según Isaías 40.27, el pueblo se lamentaba que el Señor no se percataba de sus dolores ni reaccionaba a sus sufrimientos. Insinuaban que Dios estaba ciego a sus padecimientos y sordo frente a sus plegarias. La respuesta del profeta es firme: los verdaderos ciegos y sordos son los israelitas que no se dan cuenta de lo que el Señor les está diciendo mediante sus intervenciones en la naturaleza y el mundo.

El ciego, según el poema, es el «siervo» (42.19), que previamente había sido ungido y comisionado para llevar a efecto su misión salvadora. Esa ceguera no le permite comprender ni interpretar adecuadamente los designios divinos; la sordera le impide escuchar la voz de Dios en medio de sus actos salvadores. El Señor se complace en la justicia y en afirmar la ley, que más que un código de regulaciones es un proceso educativo transformador.

Este poema presenta las frustraciones del profeta. Por un lado, se unge al Siervo y se le comisiona a implantar la justicia y ser luz a las naciones; por el otro, el Siervo es ciego y sordo; no se percata de las implicaciones de su mensaje. Se articula de esta forma la tensión creadora entre las acciones que debería llevar a efecto el Siervo y la realidad de su vida; se presenta el Siervo ideal y el siervo real. El poema contrapone dos perspectivas de la vida: la ideal y la real; y el Siervo del Señor está inmerso en esa dualidad, en esas dinámicas. El profeta de esta forma presenta la complejidad de la existencia humana, revela las contradicciones de la vida: al mismo tiempo somos potencial de salvación y realidad de temores y dolores.

PARA MEDITAR Y HACER: Este poema continúa las críticas al pueblo. De particular importancia son las imágenes que se utilizan para describir la actitud del pueblo: son ciegos y sordos. Para el profeta, el pueblo no se percata de las intervenciones de Dios en medio de sus vivencias cotidianas, al mismo tiempo que critica la falta de atención que prestan a la revelación de la palabra profética. No ven las acciones divinas ni oyen su mensaje.

- Esa crítica profética todavía puede estar vigente entre los creyentes el día de hoy. Identifique manifestaciones divinas en la naturaleza, en la familia, en la iglesia, en la comunidad, en la nación y en el mundo.
- ¿Qué impide a los creyentes «ver» y «escuchar» al Señor?

Cuarto día *Léase* Isaías 43.1-7

PARA ESTUDIAR: Jehová es el único Redentor de su pueblo

Con este poema se inicia una nueva e importante sección en la obra isaiana (43.1–44.5). El propósito básico es afirmar la esperanza, enfatizar la consolación, destacar la acción liberadora de Dios, apoyar al pueblo en el momento de crisis y subrayar la inminencia de la redención. En esta sección del libro el mensaje fundamental se revela en una serie de imperativos que se repiten de forma continua en los textos. El objetivo primordial es afianzar la confianza del pueblo en medio de la deportación (véase 43.1, 10, 15, 19, 25; 44.3).

Luego del mensaje que presenta al pueblo y al Siervo como ciegos y sordos, el profeta articula uno de los poemas más hermosos de toda la Escritura. Para contrarrestar la imagen del fuego con la cual finalizó el pasaje anterior (42.25), se incluye un categórico y firme «No temas» (43.1). Quien habla y consuela a su pueblo es el Dios Creador y Formador; es decir, el Señor que tiene la capacidad de hacer las cosas nuevas se revela a su pueblo para anunciar una serie de eventos que pondrán fin a la amarga experiencia del exilio en Babilonia.

No debe temer el pueblo, en efecto, aunque esté en medio de los conflictos y las desesperanzas del exilio, pues el Señor es el Redentor. Esa característica divina alude a la capacidad y responsabilidad que tiene el Señor de liberar y redimir a su pueblo de la esclavitud del destierro. La expresión «te puse nombre» revela el poder divino sobre su pueblo. En la antigüedad se pensaba que quien nombraba tenía autoridad sobre lo nombrado. Las aguas y los ríos, y el fuego y la llama son imágenes que aluden a la experiencia de la liberación de las tierras de Egipto. También representan simbólicamente los nuevos peligros que debían enfrentar los exiliados al comenzar el viaje de retorno a Jerusalén. El simbolismo de las aguas y el fuego evocan el paso de los israelitas a través del Mar Rojo y por el desierto.

El fundamento de la esperanza del pueblo está en que el Señor es Creador, Formador, Santo, Redentor y Salvador. Israel, por su parte, es de gran estima, honorable y amado por el Señor. Esa dualidad, Dios Creador y pueblo amado, es la base para decretar el fin del exilio, la terminación del destierro, la culminación de la deportación. El Señor Santo de Israel llama, desde los confines de la tierra, a los que ha creado y formado para su gloria. El exilio finaliza como una manifestación del poder y del amor de Dios a su pueblo.

Las referencias a Egipto, Etiopía y Seba, revelan los cambios geopolíticos en la región con los cambios políticos y militares en Babilonia. Esos cambios, relacionados con la llegada de Ciro al poder babilónico, que hicieron posible la promulgación del edicto de liberación de los deportados judíos para que regresaran a Judá, también afectaron a las regiones relacionadas con el río Nilo, entre las que se encuentran, Egipto, Etiopía y Seba.

PARA MEDITAR Y HACER: Este poema revela no sólo la creatividad literaria del autor, sino pone de relieve la extensión de sus fundamentos teológicos. La confianza del pueblo no se basaba en sus capacidades militares ni en la sabiduría de sus embajadores, sino en la capacidad que tenía Dios de liberarlos en el momento adecuado. Este pasaje ilustra de forma extraordinaria esa afirmación teológica: el pueblo no teme si entiende que Dios es Creador, Redentor y Salvador. La comunidad no teme si acepta que el Señor es fuente de seguridad y fortaleza. Las personas no se detienen ante las adversidades de la vida cuando comprenden que el Señor les tiene en gran estima, pues son honorables y amados. La gente de fe enfrenta el porvenir con valentía cuando reconoce que el Señor les acompaña.

- ¿Cuáles son las implicaciones teológicas y espirituales de reconocer a Dios como Creador y Formador? ¿Qué significa reconocer que el Señor es nuestro Creador, en términos de nuestras responsabilidades con nuestros cuerpos y el ambiente que nos rodea?
- ¿Cómo estas características divinas contribuyen a nuestra percepción y comprensión de Dios?

<hr>

Quinto día   *Léase* Isaías 43.8-13, 14-28

PARA ESTUDIAR: Israel como testigo

El poema comienza con una repetición de una de las críticas que previamente se había hecho al pueblo: ¡son ciegos y sordos! (43.8). El profeta desea enfatizar que Israel no tiene la capacidad, ni posiblemente el deseo, para darse cuenta de lo que el Señor ha hecho en la historia. No se percatan que sus acciones del pasado preambulan sus intervenciones presentes. No toman en consideración que el Dios bíblico es famoso por sus intervenciones salvadoras en medio de la historia humana. Este tema pone en evidencia la actitud del pueblo no sólo ante las dificultades de la vida, sino la forma en que enfrentaban las adversidades: no hacían una evaluación ponderada del pasado antes de enfrentar el futuro. Esa actitud imprudente, llamada ceguera y sordera por el profeta, les impide proyectarse al futuro con seguridad y se convierte en dificultad adicional.

Un nuevo asunto crítico se introduce en el pasaje: el pueblo es testigo del Señor. En el entorno de un juicio a las naciones por sus falsos dioses, el Señor llama a su pueblo para que le sirva de testigo. Se presenta, como argumento a favor de la superioridad del Señor contra los dioses falsos, las intervenciones divinas en la vida del pueblo de Israel. Esas intervenciones pasadas son sólo un reflejo de los que puede hacer el Señor en el presente y el futuro. Se convoca a Israel, que nuevamente es llamado «Jehová» (43.10), para testificar que únicamente Dios tiene el poder de salvar, y que fuera del Señor no hay otra divinidad eficaz.

El profeta no es un filósofo de la religión interesado en presentar argumentos especulativos para rechazar la existencia de otros dioses. Su deseo es más bien práctico, directo y concreto: antes del Señor, ni tampoco después, no se formó ningún dios (43.10); previo a que se hubiera creado el día, el Señor existía (43.13); y finalmente presenta la siguiente pregunta retórica: «lo que hago yo, ¿quién lo estorbará?» (43.13). La implicación de los argumentos y de la pregunta es clara: únicamente el Señor de Israel tiene las cualidades y requisitos que le identifican y le revelan como el único y verdadero Dios.

En 43.14-21 se continúa el tema del éxodo. El profeta afirma que esa experiencia de liberación no debe quedar cautiva en el pasado, sino que les debe inspirar a interpretar la vida y la existencia humana. El Señor es el que tiene el poder de hacer cosas nuevas (43.19). Según el mensaje, las cosas pasadas, aunque importantes y extraordinarias para la formación del pueblo, serán una representación pálida de los que el Señor está próximo a hacer. El pueblo que fue creado por el Señor publicará sus alabanzas (43.20). Las referencias a las «fieras del campo», «los chacales y los pollos de avestruz» (43.20) sirven para ilustrar la transformación espectacular que se llevará a efecto con esta nueva manifestación del poder de Dios. ¡Aun los animales salvajes reconocerán el poder divino!

La porción final del poema (43.22-28) presenta la infidelidad del pueblo y la iniciativa divina para perdonar sus pecados. La infidelidad se articula en términos litúrgicos (43.22-24) y cúlticos: los sacrificios no fueron adecuados ni representaron lo mejor de la actitud de humildad y adoración del pueblo. El perdón de Dios se predica esencialmente fundamentado en el amor (43.25). Aunque el pecado ha sido constante en el pueblo, la misericordia divina también ha sido efectiva. La referencia al «primer padre» (43.27) parece una alusión a Jacob, padre de las doce tribus. El amor de Dios tiene el poder de superar el pecado y proveer el ambiente adecuado para el perdón y la restauración.

PARA MEDITAR Y HACER: Este poema continúa el tema de la infidelidad del pueblo y la fidelidad de Dios. Se explora aún más el tema de la ceguera y la sordera del pueblo, que son esencialmente imágenes para poner de relieve la incapacidad que tenía Israel de reconocer las previas intervenciones de Dios en las vivencias nacionales. Ante esas actitudes, el Señor los convoca como testigos de un juicio que requiere veredicto. El Dios Santo de Israel se enfrenta a una comunidad cautiva que no desea reconocer quién es la fuente de su liberación ni distingue de dónde provienen las fuerzas que le permitirán regresar a sus tierras nacionales. Aunque el pueblo ha pecado, el perdón divino es mayor que la actitud pecaminosa del pueblo.

- Discuta el tema del Israel como testigo de Dios. ¿Qué significa ser testigo?
- ¿Qué significa para el profeta «yo hago cosa nueva» (43.19)? ¿Cómo se relaciona esta expresión con la novedad de vida en Cristo?

Sexto día *Léase* Isaías 44.1-5, 6-23, 24-28

PARA ESTUDIAR: Jehová, único Dios

La primera sección de esta capítulo (44.1-5) se relaciona temática y estructuralmente con los poemas anteriores (43.1-44.5). Esencialmente es la palabra final de apoyo, seguridad y fortaleza que el profeta le da al pueblo para poder enfrentar el futuro con sentido de dirección, determinación y autoridad.

El énfasis del mensaje está en el futuro, no en el pasado que trajo dolor y desesperanza a la comunidad. El futuro se presenta con vida y esperanza.

El poema destaca, una vez más, el poder divino al incluir una serie de nombres y atributos de Dios que son característicos en la segunda parte de Isaías (40–55): «Hacedor», «el que te formó», «el cual te ayudará», «Redentor» y quien «proclamará lo venidero». En esas descripciones de Dios se revela la teología del profeta. El Dios bíblico es Creador y Redentor de su pueblo, y esas características divinas le permiten anunciar el futuro de forma efectiva.

Como el propósito del pasaje es destacar las intervenciones divinas en el futuro, se repite el mensaje de seguridad y apoyo al pueblo: «No temas» (44.2). Esa palabra de afirmación es el inicio de los mensajes de esperanza que se incluyen en la literatura isaiana.

«Jesurún» (44.2) es un nombre poético dado a Israel cuyo significado preciso es incierto. Algunos estudiosos piensan que se deriva de la palabra hebrea que significa «recto» o «justo»; otros, sin embargo, la relacionan con la palabra «toro» para enfatizar la fuerza y el poder. El mensaje de esperanza se dirige simbólicamente a Jesurún para poner de manifiesto la justicia divina y la fuerza que le brinda Dios al pueblo en el momento de necesidad. La justicia y la fortaleza están representadas en el nombre «Jerusún», y la traición y la debilidad se articulan simbolizadas en «Jacob».

La próxima sección del pasaje (44.6-23) presenta el tema de la idolatría en forma de burla y crítica. Para el profeta, la idolatría es el peor de los pecados pues relega a Dios a un plano secundario en la vida y le atribuye a los ídolos las intervenciones divinas. Aunque en Israel estaban terminantemente prohibidas, las prácticas idolátricas se manifestaban con fuerza en la comunidad israelita, particularmente cuando el pueblo estaba en contacto político y diplomático con las naciones paganas, como es el caso de la experiencia de exilio en Babilonia.

La crítica del profeta es clara, firme y directa. Su propósito es desenmascarar el carácter real de la idolatría; su finalidad es poner de manifiesto las dificultades inherentes de esas prácticas. La verdad teológica y práctica es que la idolatría no sólo es ofensiva al Dios verdadero y único, sino que inherentemente promueve lo absurdo. Los ídolos son producto de la humanidad; son los artesanos los que «crean» esas piezas de madera, que pueden servir también de combustible para la calefacción y la alimentación.

Según el profeta, los que crean las imágenes «son nada» y lo más preciado de ellos es «inútil» (44.9). El problema básico es que los ídolos «no ven ni entienden» (44.9). Tanto el herrero como el carpintero trabajan en obras humanas que «no saben ni entienden, porque cerrados están sus ojos para no ver y su corazón para no entender» (44.18). Y añade el profeta su admiración al notar que quienes preparan esas imágenes no se percaten de lo inútil y absurdo del proceso.

La sección final del capítulo (44.24-28) incluye un poema con varios temas prioritarios: se afirma la teología de la creación y la redención del Señor; se rechazan las capacidades de los adivinos, agoreros y sabios; se incluye el tema de la restauración de Judá y el retorno de los deportados; y se identifica el nombre del «siervo» e instrumento divino que llevará a efecto tal transformación,

Ciro (44.24-28). Este poema antecede la próxima sección dedicada a presentar el encargo de Dios a Ciro (45.1-7).

Esta es la primera vez en el libro de Isaías que se menciona específicamente el nombre de Ciro, aunque ya se había aludido a su gestión política y militar en secciones anteriores. En esta ocasión se revela su nombre como introducción al mensaje más elaborado que se incluye en torno a sus responsabilidades para con el pueblo de Israel en el próximo capítulo.

PARA MEDITAR Y HACER: El profeta explora en estos pasajes varios asuntos y temas que ya ha iniciado en escritos anteriores. En primer lugar, enfatiza el tema de la esperanza que es particularmente importante para la comunidad judía deportada en Babilonia. Además, hace una presentación magnífica en torno al asunto de la idolatría. Y referente a este tema fundamenta su mensaje en lo absurdo de las prácticas y en la falta de sabiduría de quienes la practican. Finalmente, se incluye un poema que enfatiza varios temas que contribuyen al ambiente de seguridad y confianza que se respira a través de todo el pasaje. El Dios Creador, que invalida la sabiduría de los líderes idolátricos, ha seleccionado a Ciro para llevar a efecto su misión: restaurar la tierra de Judá y permitir el retorno del pueblo exiliado.

- Identifique los argumentos en contra de la idolatría en los pasajes. Comente el argumento contra la actividad del carpintero (44.13-17).
- El profeta presenta el tema de la restauración del pueblo con las imágenes de transformación de los desiertos. ¿Cómo podría aplicarse esa teología el día de hoy?
- Una vez más el tema del Señor como Redentor y Salvador, se pone de manifiesto; en este caso se identifica la figura de un líder persa como instrumento de Dios: ¡Ciro era un pagano! Esa actitud, ¿qué nos enseña acerca de las características básicas de Dios?

◦◦◦◦◦

Séptimo día   *Léase* Isaías 45.1-7, 8-19, 20-25

PARA ESTUDIAR: El Señor unge a Ciro

La identificación y afirmación del mesías y ungido persa (45.1-13), que se identifica en este oráculo como Ciro, se relaciona con 44.24-28. El tema central del mensaje es que el Señor es el Creador de todo y, por consiguiente, la caída de Babilonia y el triunfo de Persia son actos relacionados con la voluntad de Dios. La finalidad teológica particular del oráculo no es convencer a los gentiles, sino educar a los judíos. Para el profeta, el Señor es Redentor de Israel y demuestra su poder con la restauración de Judá y la reconstrucción de Jerusalén. Lo particular y novedoso de este mensaje es que se afirma que el decreto de liberación de los judíos y la ley de regreso a Jerusalén provienen de la boca de Ciro, el rey persa, que aunque fue ungido por el Señor (45.1), era un monarca pagano (45.5).

Esta teología que pone de relieve la voluntad de Dios que se manifiesta a través de instrumentos paganos, no es nueva en la Escritura. En Isaías se indica que Asiria será un instrumento de la ira del Señor (10.5); además, Jeremías declaró que Nabucodonosor, el famoso rey babilónico, era un siervo de Dios. A Ciro, el profeta no lo acusa de arrogancia, pues el monarca persa cumple cabalmente la voluntad divina; el mensaje indica que el mismo rey llegará a conocer al Señor de Israel (45.3).

Ese importante concepto teológico que presenta al Señor superando las diferencias étnicas, culturales, nacionales y raciales se conoce como universalismo. Desde esa perspectiva teológica, se afirma que el Dios de Israel es el único Dios verdadero, y se infiere que las divinidades de los otros pueblos no son verdaderos dioses. Esa teología se fundamenta en un monoteísmo radical que no acepta ni aprueba la adoración ni el reconocimiento de ningún otro dios que no sea el Señor de Israel: ¡No hay otro Dios! Mientras la religión persa era dualista—pues pensaban que había un dios para la luz, que era bueno, y otro dios para la oscuridad, que era malo—, el profeta subraya su monoteísmo al indicar que el Señor de Israel es responsable por el bien y el mal, por la luz y las tinieblas (45.7). Las desgracias que llegaron a Jerusalén no son el resultado del poder de las divinidades babilónicas, sino manifestaciones reales del poder del Señor de Israel.

La palabra «ungido»—que se utiliza en 45.1 para referirse a la relación del Señor con Ciro—alude al acto de verter aceite sobre la cabeza de alguna persona que debía cumplir una encomienda particular del Señor. Por medio de este acto, que afirma que la persona estaba dotada del Espíritu del Señor (42.1), se consagraba a reyes, sacerdotes y profetas. Ciro fue ungido para llevar a efecto con justicia una misión militar, política y social. El Señor le dará «tesoros escondidos» (45.3) para demostrar su poder y propiciar su conocimiento en el rey pagano. Aunque Ciro no había conocido al Señor, el amor divino a Israel fue de tal magnitud que le puso nombre al monarca persa (45.4), que es una manera de afirmar su poder y autoridad.

Sin embargo, no todos los judíos aceptaron estas afirmaciones teológicas universalistas. El profeta, por esa razón, presenta una serie de «ayes» que revelan el compromiso divino con estas afirmaciones teológicas universalistas (45.9-10). El pueblo no puede rechazar esta teología de la misma forma que lo creado no puede oponerse a las acciones del Creador.

Aunque el profeta afirma que las naciones pueden servir al Señor sin notarlo o conocerlo, ha llegado la hora de un reconocimiento universal, público y completo. Gente de lugares distantes y remotos llegarán a Jerusalén para llevar regalos y ofrendas al Templo del Señor. El poema incluye varias confesiones de fe que ponen de relieve la aceptación del poder y autoridad del Señor (45.14). Además, se reconoce públicamente que es el Señor de Israel el que controla la historia humana (45.18-19).

Las referencias continuas al único Dios verdadero (45.5-7), las alusiones a la acción creadora del Señor (45.18-19) y la verdad del mensaje que se anunció a los exiliados (45.14-17) dan la oportunidad al profeta de presentar nuevamente un oráculo contra los falsos dioses y sus adoradores (45.20-25). Una vez más se pone de relieve la crítica sistemática del profeta contra la idolatría y sus implicaciones teológicas y espirituales (véase 45.21-22).

PARA MEDITAR Y HACER: Los poemas en Isaías 45 reiteran varios de los temas previamente expuestos por el profeta e incluyen un nuevo componente extraordinario: se indica que el ungido del Señor es Ciro, el rey persa. El pasaje refleja una teología universalista extraordinaria; pone de manifiesto la capacidad literaria y espiritual del escritor y se fundamenta en una muy firme convicción monoteísta. El poema también añade una crítica adicional a los ídolos que es una característica importante en la teología de la segunda sección del libro de Isaías (40–55).

- Comente el tema de la unción en el Antiguo Testamento. ¿Cuál es la finalidad de la unción de Ciro?
- El texto presenta un contraste especial entre el Dios Creador y los ídolos impotentes. ¿Cómo puede aplicarse esa dualidad en la iglesia contemporánea?

SESIÓN PARA EL GRUPO DE ESTUDIO: Comience con una oración e identifique los asuntos y temas teológicos de más importancia estudiados durante esta pasada semana. Entre esos asuntos puede destacar los siguientes: la afirmación de que Dios es único, la insensatez de adorar a los ídolos, la unción y la misión de Ciro, la importante celebración de que el Señor de las Escrituras es Creador y Redentor, el juicio que se aproxima sobre Babilonia, la fidelidad de Dios y la infidelidad del pueblo. Estos temas ponen de relieve el propósito salvador y restaurador del Señor, y revela también las actitudes humanas de idolatría que ponen de manifiesto la poca sabiduría de la humanidad.

- Comente el tema de Dios como ser supremo único. Analice las reacciones de la comunidad babilónica, acostumbrada a la idolatría y al politeísmo, ante esas contundentes afirmaciones monoteístas de los judíos. ¿Qué nuevos dioses han llegado al panteón de la sociedad actual? ¿Cómo se manifiestan los dioses del dinero, del prestigio, de los lujos, de la falta de solidaridad?
- Discuta la misión y unción de Ciro. ¿Qué significa que Dios haya seleccionado a un pagano para cumplir su voluntad en la humanidad? ¿Qué les dice esa decisión de Dios a los creyentes contemporáneos?

Finalice la sesión con una oración e identifique los temas que se discutirán en la próxima semana. Comente, además, que durante los próximos días se estudiarán a fondo los pasajes que fueron de vital importancia para el ministerio de Jesús de Nazaret, y que también jugaron un papel protagónico en el desarrollo teológico de las iglesias primitivas.

Décima Semana
El Señor restaura a Sión
a través de su Siervo

Primer día *Léase* Isaías 46.1-13

PARA ESTUDIAR: Los ídolos de Babilonia

El poema que se incluye en Isaías 46 continúa el tema recurrente del libro: la idolatría es una afrenta a Dios y una estupidez humana. El pasaje expande de esta manera la afirmación teológica del 45.20.

El nombre «Bel» (46.1) significa «señor» o «dueño» y, aunque se relacionaba con varios dioses antiguos, especialmente aludía a Marduc, el principal dios babilónico. «Nebo» era otra divinidad babilónica que se consideraba hijo de Marduc y era venerado como dios de la escritura y la sabiduría. Era particularmente apreciado en la época del exilio, como lo atestigua su alusión en los nombres de reyes.

Cada año, durante el festival del año nuevo, Nebo era traído por sus adoradores desde su templo en Borsippa, al suroeste de Babilonia, en una gran procesión, en la cual participaba todo el pueblo, con su padre, Bel-Marduc, y era paseado por las calles de la ciudad hasta llegar al importante santuario de Esagila. Los judíos que fueron llevados al cautiverio debieron haber presenciado esas procesiones, que constituía el evento religioso y cultural más importante del año. Esa celebración era el centro desde donde emanaban las dinámicas religiosas de una comunidad politeísta como la babilónica. Para el profeta, esas festividades religiosas constituían una manifestación grotesca de la idolatría.

Es muy difícil relacionar los mensajes del libro de Isaías en torno a la idolatría y, en referencia a Ciro, lo que sucedió en Babilonia en el siglo VI. No hay alusión histórica o literaria a algún acto oficial en Babilonia que intentara eliminar o detener la idolatría. Por el contrario, a la llegada de Ciro se restauraron las divinidades de Sumer y Akkad, y se subrayó la importancia de Bel y Nebo. La política de tolerancia de los persas sirvió no solamente para la restauración de Judá y Jerusalén, sino para el desarrollo de actividades idolátricas.

Comienza el poema con la presentación de una ironía (46.1-3): ¡Los dioses Nebo y Bel son una carga para sus adoradores, mientras que el Señor protege, libera y «carga» a su pueblo! Los dioses babilónicos tuvieron que ir al cautiverio. No pudieron mantenerse sobre las bestias, sobre los animales de carga, y fueron humillados y derribados. Con esta afirmación se pone en evidencia la insensatez de la idolatría y lo absurdo de ese tipo de actividad religiosa. La caída de Bel y Nebo representa el triunfo de Persia y el sometimiento de los babilónicos a Ciro.

Entre las afirmaciones teológicas de importancia que se incluyen en el poema se encuentran las siguientes: el Señor ha llevado a Israel «desde la matriz» y sostendrá al pueblo «hasta la vejez» (46.3-4). Se enfatiza de esta forma la intervención divina desde el inicio hasta la madurez del pueblo de Israel. Esas expresiones complementan la interpretación que hace el profeta de los ídolos, al indicar que los mueven de un lugar a otro, pues no tienen capacidad de movimiento. No responden al clamor de los adoradores ni libra al pueblo de las tribulaciones (46.7). Se contrapone en el poema la capacidad divina con la inutilidad de los ídolos.

El Dios de Israel se acuerda de «las cosas pasadas» (46.9) y anuncia «lo por venir» (46.10); es decir, tiene la capacidad de intervenir nuevamente en el futuro como lo hizo en el pasado, en una referencia a la liberación de Egipto. El recuento de las intervenciones divinas en medio de la historia del pueblo es una manera de infundir confianza y seguridad a la comunidad deportada. Se pone en evidencia que el Señor de Israel tiene el deseo y la voluntad de acudir al auxilio de su pueblo en momentos de crisis y desolación.

Finaliza el mensaje con una crítica al pueblo, por tener endurecido el corazón y estar lejos de la justicia (46.12-13). En medio de la dura crítica a la idolatría y el rechazo directo a los dioses paganos, el profeta incluye un reproche al pueblo por haber abandonado la justicia, que está íntimamente relacionada con la salvación. Para el profeta, al acercarse la justicia al pueblo se manifiesta la salvación en la comunidad, que a su vez revela la gloria divina en Israel.

PARA MEDITAR Y HACER: El poema continúa la crítica a la idolatría e incorpora varios nuevos asuntos de importancia teológica y espiritual. Los dioses más importantes del panteón babilónico, Bel y Nebo, no pueden mantenerse de pie, no tienen la capacidad de escuchar, no libran de la tribulación, y sus adoradores se lo echan sobre los hombros y finalmente se postran para adorarle. Este pasaje revela la percepción negativa que tenía el profeta en torno a la idolatría e incluye también un importante tema adicional: la implantación de la justicia. Según el mensaje profético, el pueblo tenía el corazón duro que le hacía alejarse de la justicia, y sin justicia la salvación se aleja.

- Comente el tema de las actividades idolátricas en Babilonia.
- ¿Por qué usted cree que los pueblos llegan a la idolatría?
- ¿Cómo se manifiesta este tipo de idolatría en la actualidad?
- Explore el tema de la justicia y relaciónelo con la salvación. ¿Qué implicaciones teológicas y prácticas tienen la justicia y la salvación para los creyentes del siglo XXI?

PARA ESTUDIAR: Juicio sobre Babilonia

Este pasaje consiste fundamentalmente en un poema de burla y crítica que describe de forma gráfica la caída de Babilonia, que era el enemigo principal del pueblo judío en el período exílico. Este tipo de literatura, que formaba parte de los procesos bélicos y dinámicas militares de la época, tomó dimensión nueva entre los judíos deportados, pues fueron los babilónicos los que al vencerlos los llevaron al exilio y los humillaron. La inminente caída del imperio babilónico era fuente de esperanza para los exiliados, que confiaban que esa derrota produjera los cambios esperados que propiciaría el retorno a sus tierras.

La caída de Babilonia se describe de forma poética y revela similitudes con los oráculos contra las naciones. El tema central es el anuncio divino en contra de la potencia internacional que tenía subyugado al pueblo de Israel (47.3). El pasaje alude a los crímenes cometidos, presenta la sanción divina con todas sus consecuencias y afirma una advertencia sobre la inutilidad de las ceremonias, ritos y creencias idolátricas.

La acusación contra Babilonia tiene dos niveles básicos: la falta de misericordia hacia los judíos, tanto en los procesos bélicos como durante la deportación y el exilio (47.6); y el orgullo demostrado ante la derrota de los pueblos sometidos (47.8-10). El exilio era parte del juicio divino a su pueblo, pero Babilonia había participado en el proceso contra Judá y había demostrado actitudes inmisericordes e inhumanas. Esta referencia a Babilonia se puede comparar a la crítica del profeta contra Asiria (Isaías 10).

Babilonia es duramente criticada por su sentido de orgullo, que la ubicaba en un nivel que se acerca a la blasfemia. Las expresiones: «Para siempre seré señora» (47.7) y «Yo soy y fuera de mí no hay otra» (47.8) revelan la actitud prepotente y orgullosa de los babilónicos. El adelanto que habían experimentado en los diversos órdenes les había dado un sentido de arrogancia que rayaba en el borde de la blasfemia, al utilizar expresiones que le corresponden únicamente a Dios. Basaban su confianza en la maldad, diciendo: «Nadie me ve» (47.10). Y la respuesta divina fue clara y contundente (47.11).

Este tipo de burla contra Babilonia se parece a las críticas previamente articuladas en Isaías 14 y a las que se presentan contra Tiro (Ezequiel 27–28). Esa actitud de orgullo, prepotencia y arrogancia es la que se manifestó en Adán y Eva, que les llevó en un viaje desorientado hacia las afueras del huerto de Edén. Además, la burla profética rechaza la sabiduría y el poder de sus astrólogos, que esencialmente no tenían la capacidad de predecir el futuro y no podían evitar el juicio divino al pueblo. Los sabios de Babilonia eran conocidos por la capacidad que demostraban en el estudio de los astros; sin embargo, utilizaban ese conocimiento para las prácticas de astrología, que eran fuertemente criticadas por el profeta (47.12-13). El juicio divino a los astrólogos

(47.14), que utiliza las imágenes del fuego, es la contraposición de la palabra de esperanza dada al pueblo (véase 43.1-3).

Este pasaje manifiesta una actitud de venganza que no representa un valor ideal y noble en la iglesia cristiana. Revela los sentimientos humanos ante las fuerzas políticas y militares que trajeron desesperanza y sufrimiento. Pone de relieve las expresiones de quienes han sufrido en carne viva los dolores de la deportación y las humillaciones relacionadas con los exilios. La imagen de juicio contra Babilonia se utiliza también en Apocalipsis 17–18 para describir lo que sucederá con el imperio romano, en contraposición al triunfo de la Nueva Jerusalén.

Aunque este pasaje no manifiesta el amor a los enemigos, que es un tema fundamental en el evangelio, es ciertamente entendible desde la perspectiva del dolor y la desesperanza de la gente oprimida. Además, este poema de burla posiblemente contribuyó a la afirmación de la autoestima del pueblo deportado. Era una manera de canalizar sus angustias y desatar sus dolores. Este poema se puede relacionar con creyentes que han sufrido persecuciones serias y han visto en la destrucción de sus enemigos la esperanza de restauración que esperaban.

PARA MEDITAR Y HACER: El pasaje estudiado presenta la reacción humana ante los enemigos. Manifiesta sentimientos de burla y venganza que caracterizan a personas en estados de tensión extrema o en situaciones terminales de angustia. Babilonia, que era la potencia que representaba al archienemigo del pueblo judío, finalmente será derrotada, y esa derrota se convierte en signo de triunfo y esperanza. La crítica a Babilonia se basa en dos características esenciales: no mostró misericordia del caído y se vanaglorió de sus triunfos.

- Comente el tema de la solidaridad que se manifiesta en el pasaje. ¿Qué dice este mensaje a las naciones, las iglesias y los creyentes del día de hoy? ¿Cuán importantes son para Dios las manifestaciones concretas de amor hacia las personas que sufren?
- Explore el tema del orgullo. ¿Por qué el orgullo se aproxima a la blasfemia?

～～●～～

Tercer día   *Léase* Isaías 48.1-22

PARA ESTUDIAR: La infidelidad de Israel
Con este poema se finaliza la sección de Isaías conocida como el libro de la consolación (40–48). El punto culminante del mensaje, y también de toda la sección, es el retorno inminente de los judíos que van a dejar Babilonia para regresar a Jerusalén. Aunque el tono del pasaje es severo, se afirma de forma categórica que el fin del exilio y la deportación se fundamenta no en la fidelidad y la justicia del pueblo, sino en el nombre de Dios. Ese fundamento extraordinario es el que garantiza el retorno y asegura el regreso del pueblo a la Tierra Prometida.

Una peculiaridad del poema, que revela algunas complejidades de redacción, es la presentación de forma alternada de los temas de reproche y de salvación. En esa serie extensa de reproches que el profeta presenta contra el pueblo, se pueden identificar los siguientes: la religiosidad superficial y de conveniencia, pues juran falsamente en nombre del Señor; la obstinación y la falta de fe, pues tienen la cerviz «de hierro» y la «frente de bronce»; la inclinación hacia la idolatría, pues decían, entre los eventos de la historia, «mi ídolo lo hizo»; y la arrogancia e infidelidad, pues Dios mismo les tiene que llamar «rebeldes». Al finalizar el pasaje, se ordena explícitamente a los deportados a huir de Babilonia y regresar a Palestina para disfrutar plenamente la libertad que el Señor les había concedido. Esa palabra extraordinaria de liberación y retorno se articula en forma clara, firme y directa en 48.20.

El poema comienza estableciendo la confianza en la palabra de Dios al referirse a las cosas del pasado (48.1-2) y afirmar que le ha «hecho oír cosas nuevas» (48.6) en referencia a la liberación de Babilonia como si fuera un nuevo éxodo. Continúa su mensaje al indicar la importancia y necesidad del profeta para que revele lo que previamente no se había dicho o anunciado. Aunque el tema de la caída de Babilonia se había anunciado previamente por el profeta, este pasaje incorpora un nuevo asunto de importancia capital: el retorno real de los deportados.

La motivación divina para intervenir en la historia y liberar a los judíos deportados, que en ese momento era una comunidad política y militarmente insignificante, se revela de forma clara y categórica en el poema (48.9). El Dios de los deportados ya ha revelado y manifestado su compromiso de liberación de la gente cautiva. Lo que mueve al Señor para liberar a su pueblo no es la justicia humana ni los esfuerzos del pueblo, sino su amor. El nuevo éxodo que está próximo a llevarse a efecto no es tampoco producto de la intervención de los famosos dioses babilónicos, sino del Señor de Israel, que se especializa en liberación de cautivos.

Aunque la gran parte de los deportados a Babilonia eran del reino de Judá, este pasaje pone de relieve que el mensaje de restauración incluye a todos los exiliados, designados como «casa de Jacob» (48.1). Además, revela el gran problema del pueblo: la incapacidad de oír, el rechazo a la voz divina, la actitud de ignorar la revelación de Dios. Sistemáticamente el Señor les convoca (véase 48.1, 12, 14, 16-17). Ante un pueblo sordo, el Dios bíblico responde no sólo con juicio sino con misericordia. El Señor ha purificado al pueblo «no como a plata» (48.10), en una alusión a la técnica de separar el metal precioso de la escoria.

El poema finaliza con la palabra de restauración; culmina con el mensaje de liberación. El pueblo debe salir del cautiverio que vive en Babilonia y debe también anunciar ese acto redentor como el resultado de la intervención divina. Deben publicar la acción milagrosa de Dios «hasta lo último de la tierra» (48.20). El propósito es anunciar que el Señor redimió a su «siervo»; la finalidad es dar testimonio de la intervención divina en favor de su pueblo.

Se añade al poema una descripción de la experiencia de liberación: no tuvieron dificultades mayores ni experimentaron escasez de agua al pasar los desiertos, pues el Señor los socorrió en el momento oportuno (48.21). Para los malos no hay paz, pero para el pueblo redimido del Señor hay esperanza y liberación (48.22).

PARA MEDITAR Y HACER: Este pasaje presenta el gran problema del pueblo de Israel y revela la mayor dificultad de los creyentes contemporáneos: no prestan atención a la Palabra del Señor. En este caso específico, el problema no es de carácter auditivo sino de obediencia, pues la expresión, en el idioma bíblico, alude más al sentido y al acto de obedecer que al oír o percibir por el sentido auditivo. El Señor sometió al pueblo a un proceso de juicio purificador en el exilio por amor a su nombre, para finalmente transformar una comunidad llena de infidelidad e idolatría en gente liberada y sensible a su revelación.

- ¿Qué significa «escuchar» la Palabra de Dios?
- La sección final del pasaje habla de la salida del pueblo de Babilonia. ¿Qué significa «no tienen sed»? ¿Cómo se puede aplicar el mensaje del versículo final: «¡No hay paz para los malos!» en la iglesia y la sociedad contemporáneas?

Cuarto día   *Léase* Isaías 49.1-6, 7

PARA ESTUDIAR: Israel, siervo de Jehová

Se incluye en este pasaje el segundo Cántico del Siervo del Señor o Siervo Sufriente. En la primera estrofa (49.1-4), el poema pone de relieve la misión que el Siervo ha recibido del Señor, además de incluir una breve reflexión sobre su aparente fracaso. En la segunda (49.5-6), se describe la confianza que el Señor le brinda al Siervo en el momento de la dificultad, asegurándole que su trabajo no ha sido en vano. De esta manera se pone en evidencia, por primera vez en estos poemas, la naturaleza sacrificial y dolorosa de la misión del Siervo. Este importante componente de dolor se acentúa aún más en el tercer (50.6) y en el cuarto Cántico (52.13–53.12).

En este poema, al igual que el Cántico anterior (42.1-4), se hace referencia a la misión del Siervo, que aquí se identifica de forma explícita con el pueblo: «Mi siervo eres, Israel» (49.3). Muchos comentaristas, al estudiar esta identificación clara y precisa del Siervo con Israel, indican que esa correspondencia no formaba parte del mensaje original del pasaje por dos razones primarias: la referencia a «me llamó desde el vientre» (49.1) alude a una persona específica, no a una colectividad. Además, posteriormente en el poema (49.5), se indica que el Siervo tiene una muy importante misión que cumplir con el pueblo de Israel y, por consiguiente, deben ser personalidades distintas. Como la referencia al Siervo como Israel está presente en todos los manuscritos hebreos antiguos que poseemos, la mejor manera de entender la identidad del Siervo en este pasaje es indicar que alude de forma individual y personalizada a todo el pueblo de Israel, particularmente al remanente fiel.

La imagen del Siervo que ha sido llamado «desde el vientre» puede relacionarse con el relato de vocación del profeta Jeremías (1.5) que, a su vez, proviene de la narración en la que Moisés afirma no estar preparado para responder positivamente al llamado de Dios. Según esos pasajes, Dios llama a Moisés, quien indica su incapacidad, para finalmente recibir el apoyo divino. La referencia a que el Siervo ha sido llamado «desde las entrañas de mi madre» revela que debía cumplir una misión similar a la del famoso libertador del pueblo o a la de algún profeta.

La misión del Siervo tiene dos componentes fundamentales: debe «restaurar el resto de Israel»; y el Siervo debe convertirse en «luz de las naciones» (49.6). La referencia a la restauración de Israel se relaciona con el mensaje de esperanza y reconstrucción nacional que debe contribuir a la consolación del pueblo exiliado y al regreso de los deportados a Jerusalén. Su papel en el proceso se relaciona con la transformación del pueblo. Debe ser modelo de sobriedad y superación, aunque pase momentos de dificultad y angustia. Ha sido comisionado y llevará a efecto su misión «hasta lo último de la tierra» (49.6).

La expresión «puso mi boca como espada afilada» (49.2) alude a la misión profética del Siervo, que debe utilizar su voz y su mensaje como instrumento divino para anunciar la voluntad de Dios. La frase «mi recompensa con mi Dios» (Isaías 49.4) pone de relieve la confianza del Siervo en la intervención divina que llegará en el momento oportuno.

Isaías 49.7 añade varios elementos a la misión del Siervo. Se incluyen varias referencias y alusiones extraordinarias a Dios: «Redentor de Israel, el Santo tuyo» y «el Santo de Israel». Además, se describe de forma gráfica al Siervo con expresiones tales como: «menospreciado de alma», «abominado de las naciones» y «siervo de los tiranos». Los reyes y los monarcas de la tierra verán al Siervo y adorarán al Señor por causa de su labor encomiable. La misión del Siervo en el pueblo de Israel será tan efectiva que producirá una serie de cambios que afectarán a los reyes de la tierra.

PARA MEDITAR Y HACER: Este pasaje continúa la tradición de los poemas que presentan la gestión de liberación que Dios ha comisionado al Siervo. Esa misión, que incluye varios elementos proféticos, conlleva sufrimientos y frustraciones que el Siervo supera por la misericordia de Dios y su confianza en el Señor. La finalidad de su misión es ser luz de las naciones; es decir, el Siervo debe servir de modelo y agente de bien a toda la humanidad. Además, contribuirá a que la salvación divina llegue hasta lo último de la tierra, en una referencia importante al componente universalista de su tarea misionera.

- ¿Cuál es el fundamento de la esperanza del Siervo?
- ¿Qué implicaciones contemporáneas tiene la misión del Siervo para la iglesia hispanoamericana y para la sociedad actual?

Quinto día *Léase* Isaías 49.8-26

PARA ESTUDIAR: Dios promete restaurar a Sión

Este pasaje contiene un claro y efectivo mensaje de esperanza y restauración para los deportados en Babilonia, que en el poema son llamados de forma simbólica «Sión». Comienza con una serie de afirmaciones de triunfo y retorno. El Señor escuchó, ayudó, guardó y convirtió en pacto al pueblo para que restauraran la tierra y liberaran a los cautivos (49.8). Además, el poema incluye una imagen pastoril que enfatiza la paz y la salud del pueblo restaurado (49.9).

La sección central del texto incluye los oráculos de salvación y afirmación de Sión. El lamento de los exiliados se transformará en gritos de alegría por la salvación que se ha proclamado en el poema (49.8-12): «¡Cantad, cielos, alabanzas, / y alégrate, tierra!» (49.13), que tiene un estilo similar al que se manifiesta en himnos y salmos de alabanza a Dios.

Ante la lamentación que revela la frustración del pueblo (49.14), el profeta responde con nuevas expresiones de esperanza y restauración. Ese lamento contrasta marcadamente con el contentamiento que se pone de relieve en el resto del pasaje. Para el poeta, la felicidad futura se describe como si se viviera en el presente; la restauración del pueblo se anuncia como experiencia real, como si ya se disfrutara.

Un mensaje prioritario en el estudio de este poema se revela en el uso de las imágenes femeninas para referirse a Dios (49.15). De acuerdo al texto, es válido también, para referirse al Señor, el uso del lenguaje que incorpora referencias y simbolismos femeninos. Dios no sólo actúa como padre para su pueblo, sino que como madre se preocupa de sus hijos e hijas. Posteriormente, esta imagen femenina también se relaciona con Sión, que se pregunta cómo fue que pudo concebir cuando estaba «sola, peregrina y desterrada» (49.21). Es importante recordar, respecto a estas imágenes, que la procreación y la abundancia de hijos eran símbolo de prosperidad y felicidad en el mundo antiguo, particularmente entre los judíos.

El poema presenta la desesperanza de los deportados (49.24). Posiblemente pensaban que el imperio babilónico era muy poderoso para ser derrotado y permitir que liberaran a los judíos que representaban un sector insignificante de la sociedad. El Señor responde a tales preocupaciones al indicar que es más fuerte que todos los tiranos de la tierra (49.26). El título divino «Fuerte de Jacob» o de Israel es muy antiguo en el Antiguo Testamento y enfatiza no sólo el poder de Dios, sino su fidelidad al pacto y su compromiso con el pueblo. La ternura que se revela en las referencia al trato de Dios con Israel, se contrapone a las afirmaciones de vindicación y justicia que se revelan en las referencias a Babilonia (49.22-24).

PARA MEDITAR Y HACER: Una vez más el tema fundamental del libro de Isaías es la restauración y la consolación. En esta ocasión, el poema subraya varios asuntos de importancia teológica: el paso triunfal de los deportados para lograr su liberación, las imágenes femeninas para referirse a Dios, la afirmación de salvación de parte de Dios y el rechazo con que se presenta el juicio divino a Babilonia.

- Identifique y comente los verbos que revelan la intervención divina para salvar y restaurar al pueblo. ¿Cuál es el propósito último de la intervención de Dios, según el texto bíblico?

• Discuta las imágenes que la Escritura utiliza para referirse a Dios. ¿Cómo se manifiesta Dios en imágenes femeninas en la sociedad contemporánea?

～～●～～

Sexto día   *Léase* Isaías 50.1-11

PARA ESTUDIAR: El Señor me dio lengua de sabios

Este capítulo se puede dividir en tres secciones primarias. Es un poema complejo que parece reanudar el tema de 49.24-26 y responde a la preocupación de los israelitas que no creen en la pronta liberación y finalización del exilio en Babilonia. La primera sección (50.1-3) incluye una serie de preguntas para afirmar que el Señor no se ha divorciado de su pueblo. En la segunda (50.4-9) se presenta el tercer Cántico del Siervo del Señor. Finalmente (50.10-11) el poema añade una promesa de salvación para las personas que siguen el modelo y testimonio del Siervo e incorpora también un anuncio de condenación para la gente infiel. A través del pasaje, se afirma que el Señor ayuda a quienes confían en él.

El Señor refuta y responde a los israelitas que, frustrados, lo acusan de haber abandonado a su pueblo en el momento de más necesidad (50.1-3). El reproche parece insinuar que Dios rechazó o repudió a Israel de forma definitiva, y sin un aparente motivo válido. Sin embargo, el pasaje revela que no se ha producido un divorcio final y definitivo, sino una separación transitoria. Ese tipo de análisis le permite al profeta explorar simbólicamente las posibilidades de reconciliación matrimonial.

El poema también indica que el Señor no se comportó con Israel como el padre que vende a sus hijos como esclavos para pagar alguna deuda. La estrofa culmina con una declaración teológica de liberación, que se presenta en forma de pregunta retórica, que demanda una respuesta positiva: «¿No tengo yo poder para librar?» (50.2).

En este pasaje se incluye también el tercer Cántico del Siervo del Señor (50.4-9). Aunque en esos versículos no aparece explícitamente la palabra «siervo», el poema se une a esos cánticos por dos razones fundamentales: se escribe en primera persona y se describen los sufrimientos de un individuo en forma similar al resto de esos Cánticos. La frase «lengua de sabios» literalmente significa «lengua de discípulo», que puede aludir al episodio cuando el profeta lega su mensaje a sus discípulos (8.16). El Siervo se muestra cómo un sabio que tiene unas funciones esencialmente educativas, está encargado de enseñar tanto a los piadosos como al que «anda en tinieblas» (50.10) para que confíen en el nombre del Señor.

Nuevamente el profeta presenta la misión del Siervo e indica su naturaleza profética y pedagógica. El poema revela la confianza que el Siervo tiene en el Señor (50.7-9). Su misión consiste en anunciar las palabras de consuelo que ha recibido del Señor. El pasaje también incluye referencias al aspecto doloroso y angustioso de su misión. Se nota en los poemas del Siervo una progresión continua en que el sufrimiento aumenta; de la duda sobre el éxito de su misión pasa al reconocimiento de la hostilidad que llega hasta la tortura.

Los asuntos e imágenes que se incluyen en los Cánticos del Siervo tienen varias semejanzas con los temas que se presentan en la sección de Jeremías conocida como «las confesiones» (Jeremías 11.18-23; 15.10-21; 20.7-18). Jeremías se siente como un animal que va a ser devorado por «todas las fieras del campo» (Jeremías 12.9); su dolor era intenso, perpetuo, incurable y continuo (Jeremías 15.18); y para enfrentar las dificultades, el Señor lo convirtió en un muro sólido de bronce. El Siervo, como Jeremías, es apoyado y socorrido por el Señor en el instante de la crisis, pero a diferencia del famoso profeta de Anatot, enfrenta la adversidad voluntariamente, sin reproches. Y no procura la venganza contra sus enemigos y perseguidores, pues reconoce que su esperanza y su recompensa están en las manos del Señor (Isaías 49.4).

El Siervo que se presenta en 50.10, presumiblemente, es el mismo que anuncia su misión en 50.4-9. En este caso, el Siervo puede ser el profeta que representa al pueblo o también simbólicamente puede ser el pueblo de Israel. Sin embargo, la enseñanza primaria del pasaje es clara: la gente fiel y leal, que sigue el modelo del Siervo del Señor, persevera hasta lograr su misión en la vida, aunque tenga que enfrentar dificultades y problemas. Fundamentados en esa interpretación del pasaje, los cristianos primitivos relacionaron estas imágenes y mensaje con la vida y misión de Jesús de Nazaret.

PARA MEDITAR Y HACER: En este pasaje el profeta incluye un poema para afirmar la esperanza y subrayar la capacidad divina de ayudar a su Siervo y a su pueblo en el momento de dificultad. El Señor no repudió a Israel ni lo vendió como esclavo; y para demostrar su deseo liberador, el profeta anuncia la inminente terminación de la experiencia exílica. El secreto del mensaje se encierra en la frase «¿Acaso se ha acortado mi mano para no poderos rescatar?» (50.2).

- Comente las imágenes literarias que utiliza el profeta en 50.1; explique en sus propias palabras las ideas expuestas.
- ¿Cuál es la misión del Siervo del Señor? ¿Qué valores se desprenden de la misión del Siervo que son fundamentales para la iglesia del siglo XXI?

〜✦〜

Séptimo día   *Léase* Isaías 51.1-8, 9-23

PARA ESTUDIAR: Palabras de consuelo para Sión

Con este capítulo comienza un poema extenso de esperanza y consolación (véase 51.1–52.12). El pueblo de Israel, referido aquí como hijos e hijas de Abraham y Sara, no deben temer al presente ni al futuro porque el brazo poderoso del Señor los librará de su esclavitud, cautiverio, destierro y opresión. Las palabras clave de la sección son «oídme» y «despierta», que aluden continuamente a las actividades de liberación divina en la antigüedad y generan esperanza al pueblo.

En primer lugar, el profeta relaciona a Israel con Abraham y Sara. Utiliza la interesante imagen de la cantera y alude al fundamental simbolismo de la piedra que ha sido cortada de alguna roca. Evoca el simbolismo el propósito de construcción firme, fuerte y duradera: el pueblo tiene buenos fundamentos en el patriarca y la matriarca, pues Dios mismo los llamó, los bendijo y los multiplicó (51.2). Los descendientes de Sara y Abraham son como la piedra de cantera: fuertes, firmes y necesarias para una buena y perdurable construcción. Y, aunque estén en las ruinas, esas piedras sirven una vez más para comenzar una nueva construcción (51.3).

En 51.4-8 se pone de relieve la importancia del «oir» y estar «atentos» a la revelación de Dios. El mensaje nuevamente es de esperanza y consolación: la Ley, la justicia y la salvación provienen del Señor. El brazo «de Jehová», que es símbolo de su poder y autoridad, se manifiesta para afirmar la Ley (que se refiere, en efecto, no a una serie de normas fijas y ordenanzas, sino al sistema de instrucción y educación liberadora), implantar la justicia y traer la salvación. Aunque los cielos se desvanezcan y la tierra se envejezca, la justicia divina «permanecerá perpetuamente» y la salvación de Dios «por generación y generación» (51.8).

En 51.4-5 se alude al mensaje de Isaías 2.2-4, en el cual se indica que la Ley saldrá de Sión; y la referencia a ser «luz de los pueblos» (51.4) se puede relacionar con la misión del Siervo del Señor (42.6; 49.6). Tanto la ley como la luz, que es la implantación de la justicia, saldrán de Sión, que es una forma poética de referirse a Jerusalén. De una manera indirecta se afirma una vez más el fin del exilio y el regreso de los deportados a Palestina.

En 51.9 comienza un oráculo largo que se distingue por el uso doble de la palabra «despiértate». En primer lugar, el poema llama al brazo del Señor para que repita los actos de liberación de antaño (51.9) y alude a las batallas del Señor contra Rahab y el dragón. Aunque la Biblia no hace referencia directa a ningún relato de batallas del Señor con monstruos mitológicos, la literatura cananea nos puede iluminar en torno a la naturaleza y percepción que tenían los antiguos de estos conflictos extraordinarios. En esas cosmologías antiguas se representaba la creación como una gran batalla entre Dios y las fuerzas del caos, a las que se aludían como Rahab (véase 89.11), el dragón o Leviatán (Salmo 74.13; Isaías 27.1) o el abismo o Tiamat (Génesis 1.2; Habacuc 3.10; Salmo 104.6-8).

En los relatos bíblicos la Creación se percibe como la acción divina que establece el orden y, con voz de mando, hace que el mundo se establezca. La imagen de secar «el mar» (51.10) es una referencia a la liberación del pueblo de Israel de la esclavitud de Egipto. Para el profeta las dos imágenes son muy válidas: el Dios que estableció el orden y venció al caos y que posteriormente secó el mar, está presto a repetir sus antiguas hazañas con el pueblo para liberarlos del nuevo y formidable enemigo, la esclavitud de Babilonia. A última instancia, lo que se subraya no es el poder divino en el pasado, sino lo que puede hacer en el presente.

La segunda llamada se dirige a Jerusalén y utiliza la imagen de la copa de la ira para poner de relieve el juicio divino. La «copa de aturdimiento», que deja postrados física y emocionalmente al que la toma (51.18-21), es uno de los símbolos bíblicos más frecuentes de la ira de Dios y del juicio divino a la humanidad. Según este mensaje profético, ya Jerusalén tomó su porción de esa copa de la ira divina y nunca más la beberá (51.22); ahora le toca tomarla a las naciones que angustiaron y derrotaron a Judá, en referencia a Babilonia (51.23). El mensaje es de consolación y restauración: Jerusalén ya recibió su merecido, ahora el proceso de juicio divino se manifestará sobre quienes afectaron al pueblo de Dios.

PARA MEDITAR Y HACER: Utilizando la repetición de palabras que llaman la atención de la comunidad, el poema presenta el mensaje de esperanza al pueblo en cautiverio. El pueblo de Dios debe enfrentar el futuro con seguridad y firmeza: el Señor les ha dado un fundamento seguro y fuerte; repetirá los prodigios y los milagros que caracterizaron la liberación de Egipto: y los enemigos no podrán vencer nuevamente a Israel, pues el Señor quitará la copa de la ira de Israel para ponerla en labios de sus enemigos.

● Comente las imágenes literarias que se utilizan en el poema.
● Según el poema, el pueblo no debe temer ni desmayarse (51.7). ¿Cuál es el fundamento de esa esperanza?
● ¿Cómo se puede interpretar ese mensaje en la sociedad actual?
● Estudie y explique las implicaciones pastorales y de salud mental y espiritual de la frase «Yo, yo soy vuestro consolador» (51.12).

SESIÓN PARA EL GRUPO DE ESTUDIO: Comience con una oración, e identifique los asuntos y temas teológicos de más importancia estudiados durante esta pasada semana. Entre esos asuntos puede destacar los siguientes: la crítica a los dioses babilónicos, el anuncio del juicio a Babilonia por sus actitudes de altivez y prepotencia, el rechazo de la infidelidad de Israel, la importancia de la misión del Siervo del Señor y la afirmación de las promesas de restauración de Sión. Estos temas ponen de relieve el propósito restaurador del Señor y revelan el compromiso divino con la salvación y la transformación de la humanidad.

● Comente la crítica de Isaías a la idolatría.
● ¿En qué consiste la idolatría y por qué desagrada tanto a Dios?
● Discuta la misión del Siervo del Señor. Comente cómo cumple la voluntad divina. ¿Cómo pueden las iglesias y las sociedades imitar esas actitudes extraordinarias del Siervo?
● ¿Qué significa ser «siervo» o «sierva» del Señor, en medio de una sociedad que rechaza la obediencia y subestima la humildad?

Undécima Semana
Experimentado en quebrantos

Primer día *Léase* Isaías 52.1-12

PARA ESTUDIAR: Liberación del cautiverio

Este poema es la continuación del capítulo anterior (51.1–52.12) y pone de relieve, una vez más, el poder de la esperanza y la virtud del mensaje de salvación al pueblo; el pasaje subraya la contribución de la revelación divina para la restauración nacional. Dios librará a Sión del cautiverio y lo hará de forma extraordinaria: saldrán de Babilonia en una procesión de santidad (52.11-12), no huyendo o a prisa como la experiencia de liberación del éxodo.

Comienza el mensaje con una repetición de la frase que ya se había incluido anteriormente (51.9, 17): «¡Despierta, despierta!». En esta ocasión, sin embargo, el mensaje no está dirigido al brazo del Señor, sino a Jerusalén en forma poética, Sión. El propósito es que el pueblo cambie sus vestiduras de dolor por la «ropa hermosa» que simboliza el fin del luto y el inicio de la liberación.

El poema, que llama a Jerusalén «ciudad santa», reclama un cambio sustancial en la actitud y la sicología del pueblo: debían dejar el entorno de derrota y frustración que vivían; debían superar las dinámicas exílicas que habían experimentado, caracterizadas por los contactos con paganos e idólatras para sacudirse «el polvo» y soltar «las ataduras». El propósito profético es enfatizar el cambio radical que llegará al pueblo a raíz de su liberación. Lo incircunciso e inmundo quedaba en el pasado, al futuro llegaban con nuevas actitudes y esperanzas.

La referencia a las ataduras del cuello (52.2) se pueden relacionar con el mensaje de Jeremías que había indicado que por algún tiempo el pueblo iba a experimentar el «yugo» del rey de Babilonia; este mensaje indica que ese tiempo de cautiverio había finalizado. Como el Señor no vendió al pueblo, no hay que pagar rescate. Además, el poema señala que como el cautiverio tiene manifestaciones de injusticia, el día de la liberación será para reconocer y celebrar el nombre del Señor (52.6).

En 52.7 se incluye uno de los mensajes más citados y predicados del libro de Isaías, particularmente cuando se relaciona el mensaje del libro con la obra misionera con los esfuerzos programáticos del pueblo de Dios. La llegada de las personas que anuncian el mensaje de Dios es buena y hermosa, pues augura el cumplimiento de la voluntad del Señor para su pueblo. En este caso, ese mensaje de liberación y esperanza une los siguientes temas: traer alegres nuevas, anunciar la paz, traer nuevas del bien, publicar la salvación y anunciar el reino del Señor. El poema pone en paralelos varias palabras que revelan temas teológicos de importancia capital. Por ejemplo, es hermosa la llegada de la gente que anuncia la paz y la salvación. La paz, que es el resultado de la implantación de la justicia, se relaciona con la salvación, que a su vez alude al proceso por el cual los seres humanos son liberados por Dios de las cadenas y las ataduras que le impiden desarrollar su potencial y vivir vidas auténticas y plenas. Este versículo es un «evangelio» en miniatura, pues incluye temas que caracterizaron de forma destacada el ministerio de Jesús de Nazaret.

El poema, además, llama a los «atalayas» (52.8), las personas que debían anunciar los peligros al pueblo, a gritar de júbilo y a alabar al Señor porque serán testigos del retorno del pueblo de Sión. La consolación de Israel y la redención de Jerusalén son los resultados inmediatos del brazo del Señor que se desnudó para manifestar su poder liberador y revelar su voluntad salvadora en el pueblo. Ese acto redentor será visto por las naciones que deben reconocer la capacidad de salvación que genera nuestro Dios.

La sección final del poema revela la dinámica de la salida de Babilonia. El profeta llama al pueblo a purificarse pues el proceso de salida del destierro no será rápido como el de Egipto, sino que se convertirá en una procesión litúrgica y cúltica. El pasaje llama a los sacerdotes del pueblo a cumplir sus responsabilidades ministeriales y santificar los utensilios necesarios para restaurar la vida religiosa en Jerusalén (52.12). Esta liberación se caracterizará no por la huida, sino porque el Señor viajará con el pueblo el peregrinar de regreso a sus tierras.

PARA MEDITAR Y HACER: El poeta continúa con los mensajes de esperanza, consolación y restauración. Se llama al pueblo a prepararse para el regreso a Jerusalén y se afirma que la característica fundamental del retorno a Jerusalén no será la velocidad de la partida ni la sicología de la salida rápida en huida: el proceso será como una especie de procesión religiosa que pone de manifiesto la interpretación teológica que el pueblo hacía de las intervenciones divinas en la vida y política en Babilonia.

- ¿Qué significan las siguientes expresiones: «vístete tu ropa hermosa», «sacúdete el polvo» y «suelta las ataduras»?
- Relacione 52.7 con el ministerio de la iglesia cristiana que se aproxima al siglo XXI: ¿Cómo se relaciona los temas que se identifican en este versículo? ¿Cómo Jesús ejemplificó el mensaje de este texto?

<hr />

Segundo día   *Léase* Isaías 52.13–53.12

PARA ESTUDIAR: Sufrimientos del Siervo de Jehová
Este pasaje se conoce como el cuarto Cántico del Siervo del Señor y pre-

senta el tema del sufrimiento de forma extraordinaria. El poema contrapone los sufrimientos extremos del Siervo y su victoria final; pone de manifiesto la injusticia de sus padecimientos y las implicaciones de su triunfo sobre los inconvenientes y las angustias de la vida. Aunque muchas personas pensaron que Dios les había afligido con razón, se percataron posteriormente que el Siervo era inocente y que enfrentaba con valor y seguridad las torturas porque las entendía como parte del plan de Dios para la humanidad (53.10) y contribuían a perdonar y reparar los pecados de la multitud (53.5). Finalmente el poema reconoce la recompensa que el Siervo recibió por haber enfrentado con valor el inmerecido sufrimiento por los pecados de otras personas.

En este poema posiblemente se encuentra una de las contribuciones más importantes del libro de Isaías a la iglesia, y se incluye un aporte destacado a la espiritualidad. Desde muy temprano en la historia de la interpretación cristiana de este pasaje, la descripción de los sufrimientos y triunfos del Siervo se han relacionado con la vida, ministerio, muerte y resurrección de Jesús de Nazaret. Con mucho valor teológico y más sabiduría espiritual, los creyentes han relacionado los padecimientos del Siervo del Señor descritos en Isaías con la forma heroica y valiente que Jesús enfrentó la cruz y se levantó triunfante de la muerte (Hechos 8.32-33). De acuerdo con los cristianos, este pasaje anuncia la intervención divina más extraordinaria y maravillosa en la historia de la humanidad: Dios se humanó en Jesús, el hijo de José y María, para traer al mundo la salvación, como una manifestación especial de su amor.

El estudio ponderado del pasaje revela varios niveles de complejidad literaria y teológica. El poema se compone de tres partes principales: la primera sección (52.13-15), que es un oráculo divino, destaca la transformación del Siervo de la humillación extrema a su exaltación. Es Dios quien habla en esta estrofa para afirmar que el Siervo será prosperado y se convertirá en asombro de monarcas, aunque como resultado de las torturas y los sufrimientos estaba desfigurado.

La segunda sección del poema (53.1-10), en la cual la persona que habla cambia, se presenta el asombro de los reyes al que se alude en 52.15. Además, se describen varios de los sufrimientos del Siervo y los resultados de ese proceso de deshumanización. Las siguientes palabras ponen en evidencia la naturaleza del sufrimiento: despreciado, desechado, dolorido, sufrido, herido, enfermo, afligido, molido, castigado, llagado, angustiado y asesinado. El Siervo padeció fielmente toda la tortura, los sufrimientos y las enfermedades con paciencia porque entendía que eran parte de la voluntad divina para la redención de la humanidad. Inclusive, fue llevado al matadero como un animal de sacrificio y fue contado entre los malhechores y malvados, aunque no había cometido maldad, para dar su vida en sacrificio por otras personas. En efecto, enfrentó el sufrimiento con valor y humildad fundamentado en la seguridad que le impartía la voluntad divina.

Finalmente el poema describe la restauración del Siervo (53.10-12), pues «la voluntad de Jehová será en su mano prosperada». Dios lo pondrá entre «los grandes» (53.12) porque dio su vida por los pecadores. El Siervo no se enfrentó al sufrimiento y a la muerte en vano, pues se percatará del resultado de «la aflicción de su alma» (53.11).

PARA MEDITAR Y HACER: Con este poema llegamos a un punto culminante en la teología del libro de Isaías y abordamos un tema de pertinencia y contextualidad. El sufrimiento, que es un signo de la historia humana a través de los siglos, se presenta con fuerza en este pasaje. Sin embargo, según el modelo del Siervo del Señor, la vida y sus complejidades hay que enfrentarla con valor y autoridad, pues aún el sufrimiento puede convertirse en buen espacio para demostrar compañerismo, solidaridad y apoyo. El Siervo demostró que hay virtud redentora cuando se sufre en solidaridad y compañerismo con el que sufre.

- Comente cómo se cambiará el sufrimiento del Siervo en prosperidad. ¿Qué significa que el Siervo llevó nuestras enfermedades y rebeliones?
- ¿Qué significa la expresión: varón de dolores, experimentado en quebrantos?

$$\sim\!\!\sim\!\!\bullet\!\!\subset\!\!\sim$$

Tercer día *Léase* Isaías 52.13–53.12

PARA ESTUDIAR: Israel, Siervo del Señor

Aunque la figura del Siervo se ha relacionado con varios personajes importantes de la época bíblica, posiblemente en estos pasajes, y también en el entorno mayor del libro de Isaías, se puede relacionar con el pueblo de Israel. Sin embargo, el Siervo no es todo el pueblo todo el tiempo. Para el profeta, el Siervo era posiblemente un Israel ideal que cumplía todas las expectativas de obediencia y fidelidad que demandaba el Señor. Ese tipo de interpretación fue fundamental para la comprensión cristiana del pasaje pues le brindó a los creyentes en Cristo la oportunidad de relacionar el mensaje y la vida del Siervo con alguna figura ideal que llegara en el futuro del pueblo. La comunidad israelita postexílica que vivía en el destierro, no cumplía a cabalidad la misión y los requisitos divinos para la misión de este importante personaje bíblico. Cuando Jesús releyó estos pasajes y sus seguidores trataron de explicar su vida y obra, relacionaron las actividades misioneras del Señor con estos importantes poemas del Siervo que se incluyen en el libro de Isaías.

El tema del sufrimiento del Siervo, que también puede relacionarse con los mensajes de Jeremías (12.19) y Ezequiel (37), presenta uno de los asuntos más difíciles de explicar y comprender: el porqué sufre la gente buena, justa e inocente. La clave para la interpretación sana y sobria del tema es comprender que, de acuerdo a este pasaje, el sufrimiento no es necesariamente el resultado del pecado y la maldad de las personas, y nos brinda una magnífica oportunidad de manifestar la solidaridad. El Siervo, que es luz de las naciones, se convierte en modelo para que los creyentes sean la iluminación de la sociedad y puedan contribuir a una mejor interpretación y comprensión del sufrimiento en el mundo.

PARA MEDITAR Y HACER: Además de la interpretación cristiana fundamental de este poema, que indica claramente que Jesús de Nazaret es el Siervo del Señor por excelencia, debemos analizar el texto desde la perspectiva del autor original. Para quienes oyeron el mensaje isaiano por primera vez, ¿con quién relacionaban la figura del Siervo?

- ¿Cómo el pueblo de Israel cumplía las expectativas divinas de ser Siervo del Señor a las naciones? ¿Cómo el pueblo fallaba ante el Señor y la comunidad en sus responsabilidades éticas, morales, políticas y espirituales?
- ¿Cómo la iglesia puede ser sierva y los creyentes pueden seguir el modelo de servidumbre del Señor?

❧❧●❧❧

Cuarto día *Léase* Isaías 52.13–53.12

PARA ESTUDIAR: El Siervo del Señor tendrá éxito
El cuarto Cántico del Siervo describe a un siervo de Dios paciente y humillado, sufriente y glorificado. No incluye temas nuevos en torno al Siervo, aunque el texto presenta detalles del sufrimiento que en los Cánticos anteriores sólo se habían insinuado. Las consecuencias universales de la misión del Siervo, luego de su aparente fracaso, junto a su firme decisión de enfrentar el dolor y el sufrimiento con valentía y autoridad, ya se incluyen en los Cánticos previos. El entorno emocional que trasmite el poema, revela urgencia y pasión; evoca el tema de la justicia divina; y pone de manifiesto el valor y la autoridad moral del Siervo.

La estructura y el contenido del poema, a la vez, revelan sencillez y complejidad. Se funde en el Cántico la riqueza literaria y estilística con la creatividad teológica y temática. Dios mismo es quien habla y presenta la introducción (52.13-15) y parte del epílogo (53.11b-12) del poema, que enmarca la descripción que hace un grupo de personas de los sufrimientos y la glorificación del Siervo (53.1-9), de quien anteriormente ya se había hablado en varios poemas. El Cántico se compone de cinco estrofas de tres versos que están cuidadosamente articuladas (52.12-15; 53.1-3, 4-6, 7-9, 10-12). La idea central del poema se presenta en dos contrastes: la exaltación del Siervo, en contraposición a su humillación y sufrimiento; junto a lo que el pueblo pensaba del Siervo en relación a lo que realmente era y representaba.

El corazón del asunto descrito en el Cántico es que un hombre inocente y humilde debe sufrir por las maldades, los delitos y los pecados de personas culpables y rebeldes; posteriormente el individuo humillado triunfa de forma extraordinaria, pues recibe el honor y la vida para disfrutar su victoria aun después de haber muerto. En efecto, el Cántico describe en categorías poéticas lo inaudito e inimaginable: ¡la victoria del Siervo sobre la muerte!

El Cántico puede dividirse en dos secciones principales: la primera está articulada en dos grupos de versículos—al principio y final del poema—, es una especie de paréntesis temático y literario e incluye las palabras divinas (52.13-15 y 53.10-12); en la segunda parte se incluye el corazón del poema y se describen los eventos sustanciales relacionados con los sufrimientos y triunfos del

Siervo (53.1-9). Ambas secciones hablan del Siervo en tercera persona; el paréntesis literario se presenta en forma de anuncio u oráculo; y la descripción de los padecimientos del Siervo se articula a manera de informe. Lo que une temáticamente las dos secciones del poema es que ambas presentan la humillación y exaltación del Siervo.

La forma literaria del Cántico revela ciertas afinidades con algunos salmos de acción de gracias en los cuales la persona que adora brinda gracias a Dios por haberle salvado y liberado de alguna calamidad personal o nacional. Sin embargo, literariamente el autor del Cántico utilizó el género, las estructuras y los temas de los salmos de acción de gracias con gran libertad, y le añadió su perspectiva personal y subrayó su finalidad teológica. El Cántico afirma que los episodios descritos en la vida del Siervo son parte del plan providencial de Dios no sólo para Israel, sino para la humanidad. Ni aun la muerte pudo detener la misión extraordinaria del Siervo que llegó para hacer la voluntad de Dios, aunque hacerla conllevara el sacrificio máximo.

PARA MEDITAR Y HACER: Las implicaciones teológicas y espirituales de este importante cántico son extraordinarias. Particularmente para los cristianos, este poema está lleno de significado pues describe de forma dramática el costo de servir al Señor. Desde muy temprano en la historia de la interpretación cristiana del poema, la iglesia lo ha relacionado con la vida, ministerio, muerte y resurrección de Jesús.

- Relacione la paciencia del Siervo con el ejemplo que nos dejó Jesús. ¿Estará la gente en la actualidad dispuesta al sacrificio por sus creencias y por su misión?
- Discuta el tema del sufrimiento de alguna persona inocente. ¿Cómo se puede interpretar teológicamente este asunto y relacionarlo con la justicia divina? ¿Qué le indica este pasaje a la sociedad contemporánea que evade el asunto del sufrir y rechaza al tema de sufrir por alguien?

∼∽●∼∽

Quinto día   *Léase* Isaías 54.1-17

PARA ESTUDIAR: El amor eterno de Dios

El poema que se incluye en el capítulo 54, que presenta una estructura y un tema similar a 49.14-23, contiene el mensaje de salvación y esperanza dirigido especialmente a Jerusalén como esposa del Señor y madre de Israel. Las imágenes que utilizan en el pasaje expresan con una extraordinaria fuerza poética los temas de la humillación y restauración de Jerusalén. Continúa en este capítulo el tema de la restauración del pueblo (52.1-12), interrumpido momentáneamente por el cuarto Cántico del Siervo (52.13–53.12).

Una serie de imágenes femeninas le dan al poema una dimensión teológica y contextual muy importante.

1. La mujer estéril va a ser madre de una gran multitud (54.1-3). La imagen de la esterilidad, que era concebida en Israel como una afrenta en prejuicio inminente contra la mujer, se utiliza en el poema para describir la

transformación de la ciudad. La que no daba a luz y nunca estuvo de parto, debe cantar de júbilo, y también debe comenzar a hacer los preparativos para y ensanchar sus tiendas, en símbolo de la nueva fecundidad que llega como resultado de la intervención divina.

2. La mujer que ha quedado viuda va a ser desposada nuevamente con el Señor (54.4-5). Esta imagen de esposa del Señor, que se incorporó en el pensamiento bíblico con mensajes como los de Oseas 1–3, revela una serie importante de nombres divinos: «Hacedor», que alude a su poder creador; «Jehová de los ejércitos», que revela su poder militar y su control de los astros del cielo; «Redentor», que pone de relieve su capacidad para liberar a Israel de la esclavitud; «Santo de Israel», que es uno de los títulos divinos más populares en el libro de Isaías, y afirma la santidad divina; y Dios de toda la tierra, que subraya el universalismo en la teología del profeta.

3. La mujer abandonada va a experimentar nuevamente la compasión, la bondad y el amor del Señor (54.6-8). El mensaje indica que Dios la abandonó sólo por un instante, pero que posteriormente la recibirá y manifestará su misericordia en ella. El mensaje anuncia que el pacto de paz con ella no se quebrará.

4. La mujer que es víctima de la violencia será restaurada y liberada (54.11-12). En esta sección se revelan las transformaciones: los cimientos de la ciudad serán firmes y seguros; y las ventanas, puertas y murallas serán de piedras preciosas. Se enfatiza de esta forma el viaje del dolor a la seguridad.

5. Y la mujer oprimida va a vivir en paz y sin temores pues no va a estar a la merced de sus agresores (54.13-17). El Señor mismo la protegerá para que no le hagan daño sus enemigos y angustiadores, pues su salvación proviene de Dios.

PARA MEDITAR Y HACER: Este poema enfatiza la paz y la sobriedad en la vida. Pone de relieve la capacidad divina de enfrentar las dificultades más adversas de la existencia humana con calma y salud mental. Las imágenes son muy importantes porque presentan mujeres que son víctimas de diversos grados de violencia o problemas mayores. El Señor responde al clamor de la mujer en necesidad y se convierte en el fundamento de su esperanza.

- Comente las imágenes de la mujer que se incluyen en este poema y relacione el mensaje profético con situaciones reales a las que se enfrentan las mujeres el día de hoy.
- Explique los simbolismos de los nombres de Dios que se incluyen en el pasaje y aplíquelos a diversas situaciones de la sociedad actual. ¿Cómo se pueden predicar estos temas en la iglesia contemporánea?

❧❧❧❧

Sexto día *Léase* Isaías 54.1-17

PARA ESTUDIAR: Las promesas del Señor

El poema incluye una analogía interesante con los días de Noé (54.9-10). Se interpreta la liberación del exilio en Babilonia como la afirmación de paz y seguridad que declaró el Señor al culminar el diluvio. De la misma forma que el Señor juró no destruir más el mundo a través del agua, declara que no se enojará más con su pueblo ni le reñirá (54.9). Y añade que aunque los montes se muevan y los collados tiemblen, el Señor no romperá su pacto de paz con Israel. Esa promesa de paz y seguridad se fundamenta en la misericordia divina.

Esa última promesa del Señor, más que evitar las destrucciones físicas sobre la ciudad de Jerusalén—que sabemos ha sufrido múltiples ataques y destrucciones a través de la historia—apunta hacia la forma en que la gente de bien y las personas de fe deben enfrentar las crisis y los conflictos de la vida. Revela el poder de la paz en medio de la dificultad y las tormentas de la existencia humana.

PARA MEDITAR Y HACER: Las promesas del Señor para su pueblo son fieles. La liberación de Babilonia será un evento de repercusiones extraordinarias, pues se compara al pacto que el Señor estableció con Noé. Es una forma simbólica de afirmar que el pueblo cumplió el propósito divino en el destierro y ahora debía regresar con sentido de triunfo y esperanza a Jerusalén.

- Compare la promesa divina a Noé con la experiencia de restauración nacional cuando el pueblo regrese de Babilonia a Judá.
- ¿Cómo la gente de bien y las personas de fe deben enfrentar las crisis mayores de la vida?
- ¿Qué herramientas tiene la sociedad actual para manejar las crisis de la vida? ¿Cuál debe ser el fundamento de la esperanza para la gente de fe?

❦

Séptimo día *Léase* Isaías 55.1-13

PARA ESTUDIAR: La misericordia divina

Con este capítulo finaliza la segunda sección del libro de Isaías (40–55), conocida también como Segundo Isaías, Deuteroisaías o el Libro de la consolación. La invitación a los sedientos y a los que no tienen dinero, recuerda el llamado de la sabiduría, que según Proverbios 9.1-6, se personifica para llamar a los caminantes a participar de un gran banquete. El poema sugiere que hay sabiduría en escuchar el mensaje del profeta y regresar a Sión, y trabajar por la reconstrucción de Jerusalén.

El banquete aludido o la fiesta especial de celebración se relaciona con las misericordias o con las promesas hechas a David. Como el famoso rey de Israel era testigo y mensajero divino a otros monarcas, así el pueblo debía hacer lo mismo con otras naciones. El «pacto eterno» de David, que alude principalmente a las promesas de seguridad y permanencia de la dinastía davídica en el pueblo (2 Samuel 7.1-29) no se ha roto, pues a través de todo el exilio se mantuvo la esperanza de restauración y de retorno a Jerusalén en la figura de Joaquín y sus descendientes. El Señor anuncia de esta forma que las promesas que se habían hecho anteriormente al rey David ahora aplican a todo el pueblo de Israel.

En la tradición bíblica los establecimientos de pactos están acompañados por señales y signos especiales. El pacto con Noé tuvo un «arco iris»; el de Abraham contó con la circuncisión y el de Sinaí tenía la marca o el rocío de la sangre. Por su parte, el «pacto eterno» tendrá un signo extraordinario: la renovación y transformación del universo. Ese nuevo pacto tendrá implicaciones transformadoras en la naturaleza (véase 5.13).

Según Jeremías, el Señor debe establecer un nuevo pacto con su pueblo, pues el antiguo se había roto e invalidado con los pecados y con las transgresiones del pueblo de Israel (véase Jeremías 31.31-34). El Señor anuncia un nuevo esfuerzo e iniciativa divina para relacionarse con su pueblo. El «nuevo pacto» de Jeremías no sólo va a sustituir el del Sinaí, sino que se va a grabar en el corazón y en el interior de las personas, con el propósito de facilitar que el pueblo pueda hacer y cumplir la voluntad divina. Además, ese «nuevo pacto» desea añadirle al pueblo el deseo de no apartarse u olvidar ese compromiso y alianza.

Es esa inquebrantable y necesaria fidelidad al Señor lo que hace que el «nuevo pacto» de Jeremías se relacione íntimamente con el «pacto eterno» de Isaías 55.3. Además, esa fue la tradición teológica que se incorporó en las narraciones de la institución de la Cena del Señor en la época neotestamentaria.

Las imágenes de la lluvia y de la nieve son particularmente relevantes al hablar de la pertinencia de la palabra de Dios. Mediante el riego que producen las lluvias, la vegetación aflora y se mantienen las reservas de agua que son importantes para esas comunidades antiguas. Como las aguas riegan la tierra y cumplen su propósito, así sale de la boca del Señor su palabra y cumple su finalidad salvadora: «no volverá a mí vacía» (55.11).

PARA MEDITAR Y HACER: La segunda sección del libro de Isaías comienza con el llamado del profeta para la consolación del pueblo (40.1) y finaliza con otro llamado; esta vez es a allegarse al Señor para participar de un banquete especial. La imagen del banquete es particularmente importante. En el salmo del pastor se indica: «aderezas mesa delante de mí, / en presencia de mis angustiadores» (Salmo 23.5), pues la referencia al banquete es un reclamo no sólo a comer y a disfrutar de los alimentos, sino una manifestación de la alianza, un gesto importante de hospitalidad. La iglesia cristiana también instituyó un banquete como demostración visible de la fraternidad y la solidaridad entre los creyentes.

- Interprete el llamado del profeta a los sedientos y a los que no tienen dinero.
- ¿A qué se refiere el profeta con la expresión gastar «el dinero en lo que no es pan»?
- ¿Cuáles son las misericordias o las promesas a David?
- ¿Qué es el «pacto eterno»?
- ¿Cómo se relaciona ese pacto con la Cena del Señor?

SESIÓN PARA EL GRUPO DE ESTUDIO: Luego de comenzar la sesión de estudio con una oración, identifique y repase los temas específicos que se han estudiado y discutido durante la semana. De particular importancia puede mencionar los siguientes: la misión y sufrimientos del Siervo, el Señor como consolador de su pueblo y la importancia de tener paz en la vida. Relacione los temas discutidos con los problemas que tiene la gente diariamente, como la falta de sentido de dirección y propósito en la vida, el poco apoyo que reciben algunos sectores de la sociedad (gente sin hogar, ancianos, niños, pobres) y la desesperanza que se respira en la sociedad de consumo en que vivimos.

- Explore nuevamente las implicaciones teológicas y ministeriales del importante tema del Siervo del Señor. ¿Cómo se relaciona la misión del Siervo con la de Jesús, con la de los creyentes el día de hoy y con las iglesias?
- Explique el concepto de Dios como Consolador de su pueblo. Comente que el Nuevo Testamento se le llama al Espíritu Santo «Consolador», y que una de sus funciones básicas es edificar, apoyar y guiar a los creyentes a toda verdad y justicia.

Finalice la sesión con una oración que tome en consideración las necesidades del grupo. Identifique los temas a estudiar la próxima semana.

Duodécima Semana
El Templo como casa de oración

Primer día *Léase* Isaías 56.1–59.21

PARA ESTUDIAR: Importancia de la restauración

Con este capítulo comienza la tercera y última gran sección del libro de Isaías (56–66). Muchos comentaristas relacionan esta porción del libro con algún discípulo del Segundo Isaías que escribió su mensaje, en la tradición teológica y literaria de su maestro, luego del exilio en Babilonia, cuando los judíos comenzaron a regresar a Palestina, en el período conocido como el de la restauración. Se revela en la lectura de estos capítulos que el profeta deseaba responder a los reclamos y a las necesidades de la comunidad judía que enfrentaba una nueva serie de desafíos al experimentar el período de regreso a Judá y Jerusalén.

Toda esta sección del libro se escribe para responder a las realidades políticas, sociales, económicas, teológicas y espirituales de la comunidad postexílica, luego del año 538 a.C., cuando finaliza propiamente el período exílico y se firma el famoso edicto de Ciro que permite el regreso de los judíos a sus tierras. Ese período se caracterizó por las expectativas altas que tenía la comunidad y por los problemas complejos y difíciles que debieron enfrentar. Había tensión entre las personas que regresaron de Babilonia y las que habían quedado en Judá durante el tiempo del exilio. Era tiempo de frustraciones, incapacidad política, pobreza económica y desorientación espiritual. Además, los vecinos veían al grupo recién llegados con preocupación y suspicacia. Era muy difícil relacionar las profecías de restauración y reconstrucción del Deuteroisaías (40–55) con las experiencias que vivían durante la restauración y el regreso a Judá.

El pueblo judío vivía una época de transición importante: había comenzado el retorno a la Tierra Prometida, pero no veían con claridad el cumplimiento de las profecías del Segundo Isaías. Había comenzado la reconstrucción, pero no se habían materializado aún las bendiciones divinas prometidas por el Señor. Estaban de regreso en Judá y Jerusalén, pero no tenían el poder político para administrar efectivamente sus recursos y salir de la crisis económica y social en la que estaban inmersos. Estaban en un período extraordinario de transición: aunque veían y esperaban el futuro, vivían en el presente; aunque anhelaban el porvenir transformado, experimentaban la realidad cruda de un proceso de restauración complejo y muy difícil.

Isaías 40–55 se relaciona con los problemas que el pueblo enfrentó durante el período del exilio; sin embargo, en Isaías 56–66 se responde a la comunidad postexílica. El tema prioritario del Segundo Isaías es la consolación y la restauración del pueblo; el Tercer Isaías se preocupa principalmente por el tema de la implantación de la justicia en el período de la restauración.

El corazón del mensaje se presenta en Isaías 60–62, que alude a la futura gloria de Sión. Aunque Jerusalén experimentó la devastación y la humillación, Dios restaurará la ciudad y la convertirá en el punto de atracción y en el centro religioso de la humanidad. Según el profeta, la gloria futura del pueblo sobrepasará los límites de las expectaciones humanas.

En Isaías 56–59 se incluye una serie de oráculos contra los líderes del pueblo. El profeta está preocupado inminentemente por las actitudes y decisiones de los líderes políticos y rechaza abiertamente las prácticas de idolatría. En esta sección se encuentran los siguientes oráculos: la afirmación del sábado (56.1-8); oráculo contra los líderes del pueblo (56.9-12); oráculo contra la idolatría (57.1-13); consolación para Israel (57.14-21); lo que desea el Señor (58.1-14) y un llamado al arrepentimiento (59.1-21).

PARA MEDITAR Y HACER: Con este capítulo iniciamos el estudio de la porción final del libro de Isaías. Ya se han estudiado las primeras dos secciones, en las que se han ponderado los temas del juicio divino por la falta de confianza e infidelidad del pueblo (1–39), y también se ha analizado el extraordinario mensaje de restauración y consolación (40–55). Es de suma importancia percatarse que el mensaje del libro de Isaías responde a las necesidades reales del pueblo. El profeta no habla «a quien pueda interesar», sino que orienta su palabra a personas específicas y a comunidades reales. Su mensaje prioritario está al servicio de la gente en necesidad. Su propósito es orientar al pueblo que debía enfrentar un nuevo desafío: cómo ser fiel a Dios en un momento de restauración, cuando las expectativas de reconstrucción eran altas y la realidad espiritual, social y política era compleja y extremadamente difícil.

- Comente la importancia de la pertinencia del mensaje del profeta.
- Afirme la importancia de la esperanza en los procesos de reconstrucción.

∽∾●∾∽

Segundo día *Léase* Isaías 56.1-8

PARA ESTUDIAR: Importancia de guardar el sábado
La sección final del libro de Isaías (56–66) insiste en el tema de la justicia como elemento teológico fundamental en el proceso de reconstrucción de Judá y Jerusalén. En la sección del Deuteroisaías se anunciaba lo inminente de la liberación, se afirmaba el retorno judío y se celebraba el regreso del pueblo exiliado a Jerusalén. En los capítulos finales del libro (56–66) se enfatiza la importancia de la conducta adecuada del pueblo, con frases tales como «guardad el derecho» y «practicad la justicia» (56.1). De esta forma el profeta pone de

manifiesto lo fundamental del tema de la justicia para la vida y el futuro del pueblo.

El mensaje comienza con la fórmula profética tradicional, «Así ha dicho Jehová» (56.1) para subrayar la importancia de los temas que van a ser expuestos. La prioridad temática del capítulo es que Dios bendice a quienes guardan el pacto, al implantar la justicia y vivir de acuerdo a las normas legales estipuladas en la Ley. «Practicad la justicia» es más que un acercamiento legal a la vida sino la afirmación y la incorporación de la justicia en los estilos de vida de la comunidad.

De acuerdo al mensaje del profeta, dos cosas son fundamentales para participar del culto y de la vida religiosa en el renovado Templo de Jerusalén: la observancia de las leyes del sábado y la fidelidad al pacto. Aunque en el mensaje no se revelan específicamente las particularidades de ese compromiso con el pacto, sí se indica que los eunucos y los extranjeros no están automáticamente rechazados. Las personas que en la antigüedad se pensaba debían ser excluidas de participar de las actividades religiosas en el Templo, según el mensaje de Isaías, ahora tenían esa oportunidad.

Según Deuteronomio 23.1, los eunucos y las personas que «tengan magullados los testículos» o «amputado su miembro viril» no debían ser admitidos a la comunidad del Señor. En la antigüedad, algunos altos oficiales de las cortes debían ser eunucos para que se les permitiera custodiar del harem de los monarcas. Además, algunas personas se castraban a sí mismos para adorar a dioses paganos.

Para el profeta, el elemento fundamental para incorporarse a la comunidad de los creyentes es abrazar el pacto (56.4). Esta es más que una actitud religiosa específica o la observancia de alguna regulación particular; es posiblemente una manera moral y ética de enfrentar la vida, tomando en consideración las prioridades y las implicaciones del compromiso del pueblo con su Dios. Con la explícita excepción de guardar el sábado, el mensaje no está tan interesado en el protocolo de los rituales ni en las ceremonias del Templo: el profeta estaba profundamente comprometido con las actitudes diarias que ponen de manifiesto el compromiso que el pueblo tiene con el Señor.

El segundo tipo de personas que podían incorporarse a la comunidad del Señor son los extranjeros (56.6). El profeta alude aquí a las personas que se han convertido a la fe judía y desean ser parte del pueblo de Dios. El punto fundamental del mensaje es que personas que no nacieron judías pueden convertirse en siervos y siervas del Señor. Según Isaías, que se presentó luego de finalizar el exilio, aun las personas que de primera instancia se pensaban que debían ser excluidas, por razones religiosas o étnicas, tienen espacio dentro del pueblo de Dios.

Esa afirmación teológica del oráculo isaiano debe compararse con el mensaje de Ezequiel, para quien los extranjeros ni los incircuncisos de corazón y de carne no podían entrar al santuario del Templo renovado de Jerusalén (Ezequiel 44.9). Ezequiel tomó una postura más recalcitrante en torno al mismo tema, pues vivió en un momento histórico diferente: vivía las dificultades y penurias exílicas, en las cuales la idolatría jugaba un papel protagónico en la vida del pueblo que vivía en Babilonia. Esa disparidad teológica revela la importancia del contexto en la comprensión del mensaje profético y pone de manifiesto lo relevante de la comprensión de la historia para entender adecuadamente los mensajes de los profetas.

PARA MEDITAR Y HACER: Este capítulo pone en evidencia un tema básico para la iglesia contemporánea: cómo atender a las personas que han sido excluidas de la vida religiosa, política y social de la comunidad por diversas razones. ¿Cómo debemos tratar a los nuevos «extranjeros»? El Señor tiene espacio y recibe a las personas que tienen el deseo de incorporarse a la comunidad de fe. El criterio fundamental no son las dificultades o los problemas físicos ni tampoco las diferencias étnicas, sino el compromiso con la justicia y la fidelidad al pacto.

- Los eunucos eran personas excluidas en la antigüedad por razones de índole física. ¿Qué tipos de personas en la actualidad se humillan e hieren por asuntos sexuales? ¿Cómo la iglesia debe atender esas situaciones de marginación y exclusión?
- ¿Qué extranjeros están excluidos de nuestras actividades religiosas y sociales en la actualidad?

⌐∾⊙∾⌐

Tercer día   *Léase* Isaías 56.9–57.21

PARA ESTUDIAR: Crítica a los líderes y a la idolatría

Con Isaías 56.9 comienza una serie de tres oráculos que presentan temas de importancia capital para la comunidad postexílica: la crítica a los líderes ciegos (56.9–57.2); la infidelidad e idolatría del pueblo (57.3-13); y un mensaje de apoyo y consolación (57.14-19); finalmente al terminar el pasaje (57.20-21), se retoma el tema del juicio y se rechaza la paz para los «impíos».

El Señor, que tiene la capacidad y la voluntad de llamar a los exiliados y reunir a los dispersos de Israel, critica severamente a los líderes de la comunidad. Los llama «guardianes» ciegos e ignorantes, y perros mudos (56.10). Además, alude a ellos como «pastores» que no saben discernir pues siguen sus propios caminos (56.11). En efecto, el lenguaje que utiliza el profeta no es el de la reconciliación, sino el de la represión fuerte, firme, clara y decidida. Esos «guardianes» y «pastores» son los jefes de la comunidad que han sido denunciados por su incompetencia, su holgazanería y su inclinación por la bebida y la comida.

La acusación va dirigida, inicialmente, a los sacerdotes por incumplir sus responsabilidades educativas con el pueblo; también la crítica llega a los reyes que debían establecer un sistema de gobierno donde imperara la justicia y la paz; en el mensaje se puede incluir a los profetas que fallaron en su misión de proclamar la palabra divina en el momento oportuno.

El resultado de esa actitud irresponsable de los líderes educativos, políticos y religiosos del pueblo, es que el justo perece y los piadosos mueren (57.1). El mensaje indica que, aunque las personas inocentes sufran por las irresponsabilidades de sus líderes, Dios tendrá memoria de ellos y los llevará al descanso en paz (57.2).

Isaías 57.3-13 incluye un mensaje de condena y rechazo a algunas prácticas idolátricas que se habían infiltrado en medio de la comunidad judía. La crítica mayor se reserva a las siguientes actitudes y prácticas: el culto a los árboles sagrados, los sacrificios de niños y ciertos ritos sexuales. El pasaje finaliza con una muy severa advertencia contra los idólatras y con una promesa de salvación para quienes confían en el Dios verdadero.

Luego del exilio, el pueblo judío llegó a Judá y Jerusalén una gran liberalidad religiosa y con laxitud en las prácticas culturales. La expresión «hijos de hechicería» alude a los que practicaban no sólo la hechicería tradicional, sino la magia, la adivinación, la astrología y el espiritismo. Las referencias al adulterio y la fornicación describen la infidelidad del pueblo con otros dioses. El «árbol frondoso» es una expresión que se relaciona con el lugar en el cual se hacían sacrificios y se practicaban cultos idolátricos en la antigüedad (Deuteronomio 12.2). Las «piedras lisas» son emblemas sexuales relacionados con las divinidades masculinas que formaban parte de los ritos de fertilidad que se practicaban en Canaán. Y las referencias a los sacrificios de «los hijos en los valles, debajo de los peñascos» (57.5) describe algunas prácticas idolátricas de los israelitas en tiempos de crisis, aunque estaban expresamente prohibidas en la Ley (Levítico 18.21; 20.2-5).

La parte final del capítulo (57.14-21) se presenta en un estilo y con un tema similar a los que se incluyen en el Deuteroisaías (40–55). Comienza con expresiones tales como «¡Allanad, allanad; barred el camino!» (57.14); la repetición de los imperativos es una característica de esa sección del libro de Isaías (véase 40.1; 52.1, 11); y el mensaje de la consolación es su fundamento teológico. Luego de afirmar al mismo tiempo la cercanía y la distancia divina de la humanidad (57.15), se revela que el enojo divino es temporero (54.7-8) y se presentan las causas del juicio: «por la iniquidad», por la rebeldía y por seguir el camino de su corazón (57.17). Finalmente se indica que aunque Israel no ha respondido con fe, el Señor manifestará su misericordia y le dará «consuelo a él y a sus enlutados» (57.18).

Isaías 57.20-21 presenta el resultado de la maldad: los impíos son como el mar; no están quietos, arrojan cieno y lodo, y no tienen paz.

PARA MEDITAR Y HACER: Los tres oráculos que se presentan es esta unidad están íntimamente relacionados: los líderes que no cumplen sus responsabilidades (56.9–57.2) permiten que el pueblo caiga en prácticas idolátricas (57.3-14); finalmente la misericordia divina se sobrepone al juicio y se manifiesta la consolación y la esperanza (57.14-21). En ese ambiente de crítica, juicio y restauración se presenta el mensaje del libro de Isaías. Se pone de relieve un tema que es fundamental para la misión de la iglesia contemporánea: los líderes del pueblo de Dios deben estar conscientes de las implicaciones de sus actos. Si los líderes cumplen la encomienda divina de educar y orientar al pueblo en el momento de la crisis, contribuyen de forma destacada a su salvación. Si, por el contrario, esos líderes hacen caso omiso de la naturaleza ministerial de sus vocaciones, el pueblo sufrirá parte de las consecuencias de esa actitud malsana, egoísta y adversa.

- ¿Quiénes son los líderes el día de hoy que no cumplen sus responsabilidades ministeriales?
- El tema de la idolatría es común en la teología del libro de Isaías. Identifique algunas prácticas idolátricas que afectan a los creyentes en la sociedad contemporánea.

<p style="text-align:center">~~~●~~~</p>

Cuarto día *Léase* Isaías 58.1-14

PARA ESTUDIAR: El verdadero ayuno

Isaías 58 responde esencialmente a las preguntas que se formulan en el versículo 3. El pueblo se lamenta que el Señor no ha respondido a sus clamores, no ha correspondido a las demostraciones físicas de piedad, no ha tomado en consideración la vida religiosa de la comunidad. El profeta afirma que la práctica de la religión carece de valor si no está acompañada de manifestaciones concretas de justicia y amor. El ayuno verdadero no es la abstención de comida ni la mortificación del cuerpo al carecer de alimentos, sino la renuncia a las actitudes y prácticas que generan, mantienen o propician la injusticia. La piedad agradable a Dios es la manifestación del amor que incentiva la implantación de la justicia.

Este mensaje está en la tradición profética de Miqueas (6.6-8) que pone de relieve lo fundamental que pide el Señor de su pueblo. La manifestación de la voluntad divina al pueblo no demanda ayunos o prácticas religiosas superficiales, sino la afirmación de relaciones interpersonales adecuadas y justas en la comunidad, e intimidad con Dios que se manifiesta de forma concreta.

Luego de la caída de Jerusalén y del regreso de los deportados en Babilonia a Judá, la comunidad judía comenzó a celebrar una serie de prácticas religiosas sistemáticas, entre las que se encontraba el ayuno. Se ayunaba por cuatro días los meses cuarto, quinto, séptimo y décimo. En este caso particular, el profeta no objeta la práctica del ayuno en sí misma, sino afirma que ese ritual religioso no tiene valor moral y espiritual intrínseco. La ceremonia religiosa únicamente tiene valor espiritual y moral cuando es la manifestación de una sociedad justa, cuando es el resultado de relaciones interpersonales gratas y nobles, y cuando es el producto del respeto y el aprecio a la dignidad humana. El buen ayuno se relaciona no con la abstinencia de alimentos, sino con el acto de dar comida al hambriento.

Isaías 58.6-7 pone de manifiesto los valores esenciales y prioritarios de la experiencia religiosa saludable y liberadora: desatar las ligaduras de impiedad, soltar las cargas de opresión, dejar ir libres a los quebrantados, romper todo yugo, compartir el pan con el hambriento, buscar albergue a los pobres errantes, cubrir al desnudo y no esconderse del hermano. De esta manera el profeta anticipó los criterios básicos para el juicio final (véase Mateo 25.31-46) y continuó en una muy antigua tradición profética de Amós que indica que la adoración sin justicia no es válida ni verdadera.

La práctica del verdadero ayuno, que es el esfuerzo continuo por transformar la sociedad injusta que nos ha tocado vivir, hace que nazca nuestra luz, nuestra santidad se deje ver, y que se manifieste nuestra justicia y nuestra gloria (58.8). Ese tipo de ayuno permitirá al Señor escuchar nuestras oraciones y responder «¡Heme aquí!» en el momento oportuno. El secreto de una vida próspera, digna y exitosa en la práctica del verdadero ayuno, es el desarrollo de un estilo de vida que ponga de manifiesto los valores éticos, morales y espirituales que necesita la sociedad contemporánea para superar las injusticias que impiden a los seres humanos vivir vidas plenas y liberadas ante la presencia divina y en medio de la comunidad.

La falta de prosperidad que experimentó la comunidad postexílica, fue explicada de varias maneras. Para Hageo, se debía a la tardanza en la reconstrucción del Templo. Según Isaías, se debió a la falta de justicia social que imperaba en la comunidad. La crítica a la observancia del sábado está en la misma tradición de los comentarios sobre el ayuno. Más importante que el acto religioso es el ambiente espiritual que motiva la práctica.

PARA MEDITAR Y HACER: Este tema del ayuno en el libro de Isaías es muy popular en algunos círculos cristianos en las comunidades hispanoparlantes del continente. Muchas congregaciones y creyentes celebran actividades de ayunos regulares como parte de sus experiencias religiosas. El propósito generalmente es separar tiempo de abstinencia de alimentos para consagrarse al Señor. Se intenta descubrir la voluntad divina mediante la práctica del ayuno personal o congregacional. Según el mensaje de Isaías, el ayuno verdadero no está relacionado con la comida, sino con la implantación de la justicia. El valor real del ayuno no es la carencia de los alimentos, sino la práctica de un estilo de vida que refleje la espiritualidad que se reclama; el poder verdadero del ayuno no está en la falta de comida, sino en la incorporación de una forma de ser y hacer que revele los grandes postulados proféticos.

- Comente la pregunta del pueblo en 58.3. ¿Se repetirán esos reclamos entre los creyentes el día de hoy?
- ¿Dónde reside el valor básico del ayuno? ¿Cómo lo podemos llevar a efecto el día de hoy?

Quinto día   *Léase* Isaías 59.1-21

PARA ESTUDIAR: Pecado y confesión

El capítulo 59 continúa el tema que se inició en el 58: la falta de prosperidad y paz de la comunidad judía postexílica no se debe a alguna debilidad o impotencia del Señor, sino que es el resultado del pecado humano, particularmente de la iniquidad que continuamente vivía el pueblo. En efecto, según el profeta, «no se ha acortado la mano de Jehová para salvar» (59.1), pero los pecados del pueblo «han hecho que oculte de vosotros su rostro» (59.2). El corazón del problema con la comunidad postexílica no era tanto la falta del compromiso divino, sino la naturaleza pecaminosa del pueblo, que recibía el resultado de sus acciones injustas (59.4).

El capítulo 59 puede dividirse en cinco secciones básicas. En 59.1-2 se presenta el propósito del mensaje profético: el problema fundamental del pueblo no es Dios, sino su propia actitud de infidelidad e iniquidad. La división del pueblo y Dios llegó a niveles insoportables que propició que el Señor ocultara el rostro de la comunidad judía y no escuchara sus clamores y lamentos (59.2).

En 59.3-8 se presenta una especie de catálogo de pecados del pueblo que constituían el fundamento del juicio divino. El pueblo, como tenía las «manos sucias de sangre» y los «dedos de iniquidad», había mentido, había sido injusto, confiaba en la vanidad y sus pies corrían hacia el mal para derramar sangre inocente. La extensión de sus maldades y pecados se expresa elocuentemente en 59.8.

Las imágenes utilizadas revelan un modo de proceder lleno de malignidad (59.5). La sección pone de manifiesto la extensión del pecado humano y revela hasta dónde puede llegar la maldad en la humanidad.

La próxima sección (59.9-15a) indica que el pueblo se percató de su condición y reconoció su pecado. Se manifiesta un sentido hondo de confesión y una aceptación de la maldad que, en efecto, es fundamental para el perdón divino. El pecado no sólo pone una barrera entre el ser humano y Dios, sino que retrasa la manifestación extraordinaria de la salvación divina, y detiene los procesos que promueven e incentivan la liberación y la redención. La sección se presenta en primera persona plural, y el pueblo se compara a una persona ciega que no sabe por dónde puede moverse con seguridad.

Además, las imágenes que se utilizan para describir sus reacciones revelan la naturaleza del pecado y ponen de manifiesto la gran aflicción en que estaban (59.11). El fundamento de toda esa maldad es «el rebelarse y negar a Jehová; / el volverle la espalda a nuestro Dios» (59.13).

En 59.15b-19 el profeta retoma la palabra. El mensaje es claro y directo: Dios, al ver la maldad y el pecado del pueblo, decidió intervenir como Juez y Redentor para manifestar su gloria. Se presenta al Señor como guerrero victorioso (59.17). En efecto, se reviven de esta forma los recuerdos de las intervenciones salvadoras de Dios en la liberación de Egipto y en la conquista de la Tierra Prometida. El propósito último de esa manifestación redentora del Señor es que se tema al nombre de Jehová y se disfrute su gloria (59.19). Una vez más el Dios de las intervenciones salvadoras se manifiesta en medio de la humanidad para redimir a su pueblo.

En 59.20-21 es el Señor quien toma nuevamente la palabra. En primer lugar, Dios mismo intervendrá en Sión (Jerusalén) para rescatar al pueblo—llamados en este versículo «Jacob» (que es una alusión poética al pueblo de Israel)—de sus rebeliones (59.20). Y en 59.21 el Señor se compromete firmemente con el pueblo. Se restablece el pacto en el cual el Espíritu de Dios se manifestará para que no falte la palabra divina en la boca del pueblo a través de las generaciones. La referencia a este pacto, que ya se ha declarado en Jeremías 31.31, es un anticipo del nuevo pacto que el Señor estableció posteriormente en el ministerio de Jesús de Nazaret.

PARA MEDITAR Y HACER: Continuamos con el capítulo 59 el tema de la infidelidad del pueblo y la respuesta divina a la maldad humana. Una particularidad de este capítulo es el catálogo de pecados que incluye. Con la imagen amplia de «vuestras manos están sucias de sangre» (59.3), se identifican una serie de actitudes humanas que no sólo se manifestaron en el Israel postexílico, sino que todavía se perciben en sociedades modernas e inclusive en las comunidades de fe: mentiras, injusticias, vanidad, maldad, y pensamientos de iniquidad, entre otras. Como en la antigüedad, la gente en la actualidad actúa de forma irresponsable e inicua. Únicamente una manifestación sincera de arrepentimiento puede cambiar la manifestación del juicio divino en el pueblo.

- ¿Cuál es la razón de la distancia divina del pueblo? ¿Por qué el pueblo entiende que el Señor oculta su rostro de ellos?
- ¿Qué significa la expresión «vuestras manos están sucias de sangre»?

Sexto día   *Léase* Isaías 60.1-22

PARA ESTUDIAR: La futura gloria de Sión

Los temas y asuntos que se presentan en Isaías 60–62 son similares a los que se incluyen en Isaías 40–55. El propósito teológico es inspirador y consolador; la finalidad educativa es edificar la comunidad postexílica que ha experimentado las angustias y desesperanzas relacionadas con el destierro y los procesos de restauración. Se afirma la gloria futura de la «santa ciudad», se celebra la reconstrucción de Jerusalén, que se presenta poéticamente como Sión, luego de finalizar los procesos de restauración del Templo y la ciudad. La «santa ciudad», que ha conocido y experimentado el desprecio y la humillación de las naciones paganas, será objeto del favor divino, pues el Señor hará aún más hermoso el antiguo Templo y lo convertirá en el centro de adoración y reconocimiento de todos los pueblos de la tierra.

El capítulo 60 comienza con dos imperativos de importancia capital: «Levántate» y «resplandece». Aunque ese uso doble de imperativos es característico de Isaías 40–55, se incluyen en esta sección para poner de relieve la urgencia de la orden para subrayar lo inminente de la revelación divina, para poner de manifiesto lo necesario de la voluntad de Dios. El profeta llama al pueblo a levantarse de su letargo, a superar la inacción, a ponerse sobre sus pies e iluminar su camino con la confianza y la seguridad de que el Señor le acompañará en el camino de la reconstrucción.

En el Antiguo Testamento la «luz» es símbolo de la salvación que el Señor ofrece a su pueblo (véase Salmo 27.1), y en Isaías 60.19-20 esa iluminación se identifica con Dios mismo. La gloria de Jehová alude a su majestad y su poder; es la manifestación luminosa de su poder, su autoridad, su grandeza y su santidad. Es símbolo de la capacidad divina que tiene el Señor para redimir y transformar a los seres humanos. La oscuridad representa el dolor y el cautiverio, alude al período de dolor exílico, representa las angustias que vivió el pueblo en Babilonia y durante los procesos agónicos de reconstrucción nacional. El poema comienza con una palabra de aliento: la luz sustituirá las tinieblas e iluminará no sólo al pueblo de Dios, sino a las naciones paganas y a sus monarcas.

Isaías 60.4-9 alude al proceso de retorno a Jerusalén, al período de restauración de la ciudad. Los judíos que habían quedado en Judá y no fueron desterrados, serán testigos del cumplimiento de la palabra divina: «Tus hijos vendrán de lejos» (59.4) en una alusión a Babilonia. El retorno se presenta de forma extraordinaria: se alude a la abundancia de camellos y riquezas, y se enfatiza el regreso de judíos de diversos lugares de la diáspora. El resultado del retorno es que todos publiquen «las alabanzas de Jehová».

El tema de la restauración de Jerusalén se desarrolla en 60.10-16. La Jerusalén renovada será reconstruida por extranjeros, que irónicamente fueron los que la destruyeron algunos siglos antes (587–586 a.C.). El texto destaca la importancia de las naciones paganas en la reconstrucción futura de Sión: los extranjeros edificarán sus muros y los reyes estarán al servicio divino. El mensaje afirma, además, que las naciones o los reinos que no estén dispuestos a servir al Señor y colaborar en la reconstrucción de Jerusalén serán destruidos y perecerán. Los que participaron en el proceso de destrucción reconocerán que Jerusalén es la «Ciudad de Jehová» y «Sión del Santo de Israel» (60.14). La transformación de la ciudad será de tal magnitud que tendrá «renombre eterno» y se convertirá en «el gozo de todas las generaciones» (60.15). Quien promueve estos cambios es «Jehová», el «Salvador», «Redentor» y «Fuerte de Jacob» (60.16).

La sección final del capítulo (60.17-22) presenta la naturaleza y extensión de los cambios que se llevarán a efecto en Jerusalén. Por el exterior, la ciudad será renovada y lucirá más hermosa y radiante: los bronces y los hierros serán sustituidos por oro y plata; y la madera y las piedras se cambiarán por bronce y hierro. Interiormente los cambios serán aún más radicales: el pueblo se volverá a Dios.

Según el profeta, «la paz» y «la justicia» serán los criterios básicos para la labor de los gobernantes y los magistrados de la Jerusalén restaurada (60.17), pues la violencia, la destrucción y el quebranto serán sustituidos por «Salvación» y «Alabanza» (60.18). Inclusive, en la nueva ciudad no se necesitará el sol ni la luna para la iluminación, pues el Señor se convertirá en luz eterna del pueblo (60.20), que es una forma poética de indicar que la justicia se manifestará con libertad en la Jerusalén restaurada y renovada. El poema finaliza con la seguridad que brinda el Señor a su mensaje: «Yo Jehová, a su tiempo haré que esto se cumpla pronto» (60.22).

PARA MEDITAR Y HACER: El poema que se incluye en el capítulo 60 pone de relieve la importancia de la restauración de la ciudad de Jerusalén. La gloria futura de la ciudad restaurada es superior al esplendor previo de Sión. La destrucción de la cuidad, que dio paso a una serie de experiencias agónicas y de desesperanza durante el período exílico, se convirtió en el entorno adecuado para la intervención redentora del Señor. La restauración de la ciudad es símbolo de la renovación del pueblo, alude a la salvación de la comunidad, revela la intervención divina que tiene la capacidad y el deseo de transformar las más amargas derrotas en triunfos extraordinarios.

- Explique las expresiones «Levántate» y «resplandece». ¿Qué significa la luz en la Escritura y cómo se manifiesta esa imagen en este poema?
- Comente el proceso de transformación de la ciudad; identifique las imágenes que se utilizan.

Séptimo día   *Léase* Isaías 61.1-11

PARA ESTUDIAR: El Espíritu del Señor está sobre mí.

En esta sección (Isaías 61–62) el profeta se presenta como el portavoz del Señor que ha sido comisionado y ungido para anunciar el mensaje de liberación a los pobres. Aunque el pueblo ha sufrido muchos males y calamidades, el Señor les devolverá la alegría y establecerá un pacto eterno (61.8). Ante esta intervención divina, el pueblo responde con un canto extraordinario de alabanza y contentamiento (61.10-11). Jesús utilizó algunas ideas y enseñanzas de este capítulo para describir su misión (61.1-3a).

Dios ungió al profeta para que anunciara las buenas nuevas a los pobres (61.1). Aunque en el Antiguo Testamento la unción está reservada generalmente para reyes y sacerdotes, en este contexto se utiliza simbólicamente para describir la misión del profeta: Dios lo comisionó para predicar buenas noticias a los pobres, vendar a los quebrantados de corazón, publicar libertad a los cautivos, proclamad el año de la buena voluntad del Señor, el día de venganza del Dios nuestro y consolar a todos los afligidos. El inicio del poema es similar a Isaías 42 y 49 y evoca la misión del Siervo del Señor.

La liberación de los cautivos es una referencia a la terminación del exilio en Babilonia; y el año de la buena voluntad del Señor es el sabático que, según Deuteronomio 15 y Levítico 25, constituía un período de cancelación de deudas y de liberación de esclavos hebreos.

Los «afligidos de Sión» (61.3) son los israelitas que al regresar del destierro esperaban que se cumplieran inmediatamente y al pie de la letra las promesas que se incluyen en Isaías 40–55. La frase «en lugar de ceniza» alude a la práctica de echarse ceniza sobre la cabeza en señal de luto. El «aceite de gozo» refleja la costumbre antigua de verter aceite perfumado sobre la cabeza de los huéspedes.

En el contexto de toda esta sección final de Isaías (56–66), este poema ilustra la preocupación del profeta por los pobres y marginados de la comunidad. Se afirma que para Dios la gente pobre o marginada tiene prioridad. El pasaje revela en forma condensada la misión de los siervos y las siervas del Señor a través de las edades: la liberación de la gente que sufre marginación y desprecio por parte de la sociedad. El término «pobreza» en este contexto es más que la carencia de recursos económicos; incluye también la falta de recursos en áreas relacionadas con la moral, los valores y la ética.

Isaías 61.4-11 presenta la visión universalista de la voluntad divina que se incluye en Isaías 60, pero añade una nota adicional en torno a la justicia e incluye la promesa del establecimiento de un pacto eterno, presumiblemente en la tradición del pacto hecho con David. En este pacto toda la comunidad es beneficiaria. Según el profeta, todo el pueblo se convertirá en sacerdotes del Señor y tendrán gozo perpetuo (61.6-7). La justicia, que es un tema común en todo el libro, se afirma como un valor fundamental en la Jerusalén restaurada.

La extensión del sacerdocio a todo el pueblo afecta la autoridad del sacerdocio profesional, democratiza la experiencia religiosa y ubica al pueblo en una posición de privilegio. Ezequiel, por su parte, les asigna a los sacerdotes de Zadoc una serie de responsabilidades particulares que los ubican en una posición de prominencia. El texto bíblico incluye esas dos perspectivas diferentes del liderato religioso para destacar la importancia de la inclusividad y no la exclusividad como un criterio fundamental en la reconstrucción de Jerusalén.

PARA MEDITAR Y HACER: Con el tema del anuncio de las buenas nuevas a los pobres se incluye en el estudio de hoy una serie de temas de importancia capital para los creyentes. En primer lugar, según el Evangelio de Lucas, Jesús leyó y se identificó con este texto en la sinagoga en Nazaret. El mensaje pone de relieve la importancia que el profeta y el Señor tienen para los pobres, los cautivos y los quebrantados; el profeta se preocupa por la gente que no tiene voz ni poder ni autoridad para superar sus dificultades. El mensaje tiene como propósito principal anunciar el cambio radical de la suerte de la gente cautiva. Se indica que el año agradable del Señor está próximo a materializarse.

- ¿Cómo se relaciona este pasaje con los poemas del Siervo Sufriente?
- ¿Cuál es el fundamento del gozo del adorador?

SESIÓN PARA EL GRUPO DE ESTUDIO: Comience la sesión con una oración y un repaso de los temas que se han estudiado durante la semana. De particular importancia, comente las implicaciones teológicas y espirituales de la implantación de la justicia en medio de la sociedad que nos ha tocado vivir e identifique los desafíos que debemos enfrentar para ser fieles al reino de Dios en medio de una sociedad que rechaza los valores eternos que se ponen de manifiesto en la vida y misión de Jesús de Nazaret.

- Comente el tema del pacto y explore las implicaciones espirituales de la expresión «pacto eterno», según se encuentra en Isaías. ¿Cómo se relaciona ese pacto con la celebración de la Cena del Señor entre los creyentes contemporáneos?
- Analice nuevamente el tema de la idolatría. ¿Cuáles son las implicaciones de ese tipo de idolatría para los creyentes el día de hoy?

Decimotercera Semana
La bondad del Señor hacia su pueblo

Primer día   *Léase* Isaías 62.1-12

PARA ESTUDIAR: Por el amor de Sión

Este poema continúa los temas de esperanza y el tono de restauración de los capítulos 60–61: se afirma la futura gloria de Sión, que volverá a ser para siempre la esposa del Señor (62.1-6); ya el Señor no va a permitir que los enemigos se apoderen de la ciudad y opriman a su pueblo; se celebra el retorno de los israelitas desterrados; y se presentan los títulos de honor que recibirán el pueblo del Señor y la ciudad de Jerusalén. El Señor, por su extraordinario amor a Sión y Jerusalén, no callará ni descansará hasta que se implante la justicia en la ciudad y la salvación se ponga de manifiesto de forma ejemplar en medio de su pueblo (62.1).

Aunque este pasaje continúa los temas positivos que se iniciaron en capítulos anteriores, se manifiesta una nota solapada de preocupación. Es necesario «recordarle» al Señor que debe cumplir sus promesas. Esa preocupación revela que no se estaban materializando a cabalidad las promesas de restauración anunciadas en Isaías 40–55.

La distancia entre las expectativas del pueblo y la realidad existencial de la comunidad era seria y preocupante. El profeta insiste que se cumplirá la palabra divina. El propósito fundamental del poema es animar a los que habían regresado del exilio a reincorporarse a la vida comunitaria para transformar y reconstruir la ciudad. En la tradición de las profecías de Ageo, este pasaje revela que los cambios que se necesitan en la ciudad no dependen de las fuerzas externas a la comunidad ni se fundamentan en ayudas foráneas, sino que se basan en el esfuerzo decidido y el trabajo arduo de toda la comunidad judía.

El profeta, que habla en primera persona, debe anunciar la palabra divina hasta que se manifieste la justicia y la salvación se haga realidad en Jerusalén (62.1). Será un evento de repercusiones internacionales que las naciones paganas y sus monarcas verán: Jerusalén o Sión se convertirá en la «corona de gloria» en la mano de Jehová (62.3), que es una manera poética de destacar la belleza de la ciudad restaurada y transformada. La extensión de esas transformaciones se revelan en los cambios de nombres, que en la tradición bíblica constituyen e identifican variaciones fundamentales y extraordinarias. Ya no se llamará «Desamparada» ni «Desolada», sino «Hefzi-bá», que significa «mi deleite», y «Beula», que alude a la «esposa». La ciudad de Jerusalén será conocida por ser la esposa y el deleite del Señor.

Los «guardas» de los muros de la ciudad son posiblemente los profetas que debían recordarle al pueblo la importancia de la reconstrucción (62.6). Las referencias al trigo y al vino (62.8-9) revelan que el trabajo arduo da su fruto; en contraposición el tiempo de exilio, el pueblo comenzará a cosechar y disfrutar del resultado del esfuerzo y la dedicación.

Los versículos finales del poema sumarizan el mensaje del profeta, y utilizan una fraseología similar a la que se revela en Isaías 40–55: el camino difícil e inhóspito se transformará para que el pueblo de Dios pueda llegar a su destino sin las dificultades relacionadas con los desiertos y los caminos pedregosos. El Señor anuncia que ya viene a Sión el Salvador para dar la recompensa al pueblo que se esforzó en trabajar y reconstruir la ciudad. Una vez más se alude al cambio de nombre. Del desamparo la ciudad se mueve a un nuevo nivel, el de la santidad y la redención, y el del deleite del Señor.

Este mensaje de restauración, aunque tiene un lenguaje similar a algunas profecías anteriores en el libro de Isaías, tiene una peculiaridad: anteriormente el mensaje de restauración y consolación se dirigía a los desterrados en Babilonia. Ahora el mensaje se presenta a los judíos que ya habían regresado a Jerusalén. La implicación es que debían abrir los muros de la ciudad para permitir que otros deportados pudieran entrar y disfrutar la vida en la Jerusalén renovada.

PARA MEDITAR Y HACER: Este pasaje revela que la futura gloria de Sión no es una meta inalcanzable ni un sueño hipotético. Por el contrario, según el profeta, la transformación de la ciudad se fundamenta en el esfuerzo decidido y férreo de sus habitantes. El cambio de nombre de Sión no es el resultado del azar, sino del trabajo continuo del pueblo. De acuerdo al mensaje del profeta, el Señor lleva a efecto los cambios sustanciales en las comunidades y los pueblos a través de la labor ardua y sacrificada de su pueblo.

- Comente la frase «por amor de Sión no callaré». ¿Cómo se manifiesta el amor de Dios a su iglesia en la actualidad si, por un pueblo que había sido infiel, el Señor es capaz de no descansar?
- Explique la importancia de los cambios de nombres en la Escritura.

Segundo día   *Léase* Isaías 63.1-6, 7-14

PARA ESTUDIAR: El día de venganza de Jehová

Con este poema, el entorno sicológico del texto bíblico cambia de forma radical y abrupta, pues de los temas de la consolación y la esperanza se pasa al del juicio divino y el de la ira del Señor. El poema que se incluye en 63.1-6 se presenta en forma de diálogo, y revela la imagen de Dios como guerrero, que ya se había incluido en otras secciones de Isaías (el capítulo 59). La violencia extrema que se manifiesta en el texto se dirige a los gentiles, a las naciones paganas, específicamente contra Edom y su capital Bosra, pues durante el período exílico estos vecinos sureños de Judá se convirtieron en enemigos particulares y legendarios (Isaías 34). La implicación del mensaje isaiano es que Edom y otros vecinos de Judá estaban en alguna forma impidiendo la restauración de Jerusalén.

Este pasaje presenta a un guerrero que viene del sur con sus ropas manchadas de sangre; y cuando llega, es invitado a revelar su identidad. Aunque no brinda su nombre propio, sus palabras dan a entender que se trata del Señor (63.1), que llega para liberar a su pueblo: «Yo, el que hablo en justicia, grande para salvar». Sus ropas están llenas de sangre, pues ha vencido terminantemente a sus enemigos, y se utiliza la imagen de la persona que aplasta la uva para hacer el vino. El poema afirma que ha llegado el día de la venganza divina, que a su vez, es símbolo del triunfo del Señor y de la esperanza para su pueblo. La imagen del Señor como guerrero es muy antigua en la Escritura, particularmente se manifiesta en las narraciones del éxodo de Egipto y en los relatos de la conquista de Canaán. Esta imagen revela el celo del Señor y pone de relieve su poder contra los enemigos y su deseo de implantar la justicia.

Comienza en 63.7 un gran salmo de intercesión (63.7–64.12) que tiene una estructura similar a los salmos de lamento comunal (Salmo 44). Se inicia con un recuento de las acciones salvíficas de Dios en la historia del pueblo (especialmente la liberación de Egipto y la conquista de la Canaán) (63.7-14), reconoce e identifica los pecados de Israel (63.15-19) y culmina reclamando la misericordia de Dios (64.1-12). También esta oración es similar a los lamentos que se hacían por el Templo destruido durante el exilio (Salmo 79). El ambiente sicológico que revela el poema es de desesperación. Posiblemente luego del regreso a Judá, se desató una serie de luchas internas en la comunidad judía para identificar los líderes de la nueva comunidad restaurada. La desesperación del poema puede ser una manifestación de esas disputas que estaban dividiendo a la comunidad.

El salmo comienza con la expresión «De las misericordias de Jehová haré memoria» (63.7), que introduce una serie de referencias a acciones divinas en medio de la historia nacional. Se pone de relieve el amor divino en contraposición a la infidelidad humana. La primera sección del salmo finaliza con una afirmación teológica fundamental, pues se indica que el Espíritu del Señor pastoreó al pueblo en el momento oportuno para glorificar su nombre (63.14).

En 63.15 el profeta pide al Señor que interceda en favor de su pueblo. Le solicita al Señor que mire desde el cielo para responder a las necesidades de la comunidad. En esta sección se identifica a Dios como «nuestro padre» y «Redentor nuestro». Por un lado, se afirma la paternidad divina sobre la importante tradición de Abraham, y también se recuerda la implicación redentora de la salvación del Señor. El profeta pide desesperadamente la misericordia y la ayuda del Señor en un momento de desesperanza y tribulación.

En 63.17-19 se constituyen el corazón del lamento. El profeta atribuye al Señor los pecados y los errores del pueblo, para luego reclamar su amor y perdón: «¡Vuélvete por amor de tus siervos, / por las tribus de tu heredad!» (63.17). Esta sección introduce los temas que se presentan en el capítulo 64, en el cual el profeta suplica la compasión del Señor.

PARA MEDITAR Y HACER: En este capítulo se incluyen los temas de la venganza del Dios nuestro y también se presenta un salmo de lamento comunal. En la primera sección del pasaje se presenta al Señor como un guerrero dispuesto para la batalla. Se evocan los triunfos del Señor en la liberación de Egipto y se alude de esta forma a las conquistas israelitas de los territorios de Canaán. El salmo evoca las intervenciones de Dios en medio de la historia humana y solicita el apoyo divino en momento de tensión y necesidad. Se pone de relieve la acción del Espíritu divino para pastorear al pueblo y de esa forma glorificar el nombre del Señor.

- ¿Cómo se pueden relacionar los temas de justicia y salvación en la predicación y la educación cristiana contemporánea?
- En la tradición del salmo que se incluye en este capítulo, haga «memoria» o identifique las intervenciones de Dios en su nación, en su comunidad, en su familia, en su vida. Explique cuán importante han sido estas manifestaciones divinas para el desarrollo de una vida sana, saludable y realizada.

Tercer día   *Léase* Isaías 64.1-12

PARA ESTUDIAR: ¿Podremos acaso ser salvos?

El salmo de lamento comunal que comenzó en el capítulo anterior, continúa en 64.1-12. En esta sección, sin embargo, se ponen de manifiesto una serie de preguntas que revelan las preocupaciones fundamentales del autor, que a su vez revelan las necesidades de la comunidad judía postexílica. Entre las preocupaciones está la siguiente: ¿Podrá ser salvo el pueblo judío, luego de vivir alejado de Dios por tanto tiempo?

El salmo esencialmente le canta al poder divino. Se alude a la presencia del Señor que es capaz de «hacer hervir las aguas» (64.2), se afirma que las naciones tiemblan ante él, y se añade que aun los montes se derriten ante su presencia y su teofanía, que significa una manifestación extraordinaria del poder divino. Lo que Dios es capaz de hacer no ha llegado a ser cabalmente percibido por el ser humano, pues es cosa que los oídos no pueden escuchar ni los ojos pueden ver (64.4). La idea de esa manifestación de Dios se complementa pues el Señor sale al encuentro de las personas que hacen justicia con alegría.

Todas esas afirmaciones rodean la pregunta fundamental del pasaje: ¿Podremos acaso ser salvos? (64.5). La preocupación del salmista se basa en que el ser humano es cosa impura y que las justicias humanas son «como trapo de inmundicia» (64.6). Y añade que, como no hay personas que invocan el nombre del Señor, por esa razón Dios se ha olvidado de su pueblo y ha escondido su rostro de su pueblo.

El profeta responde: «tú eres nuestro padre; / nosotros somos el barro y tú el alfarero» (64.8). Reconoce que la paternidad divina tiene la capacidad de moldear la naturaleza humana como el alfarero trabaja con el barro. Se afirma que el ser humano es una obra de arte en las manos del alfarero de todos los tiempos. Las imágenes son poderosas: frente la presencia divina y ante su poder, las personas son frágiles pues el poder de Dios es extraordinario y redentor. Ese reconocimiento le impele a reclamar la misericordia de Dios (64.9).

La sección final del salmo identifica que las ciudades están desiertas, incluyendo a Jerusalén y Sión. Y el profeta pregunta: «¿Te quedarás quieto, Jehová, ante estas cosas? / ¿Callarás y nos afligirás sobremanera?» (64.12). El interrogante final del salmo se relaciona con la actitud del Señor: ¿Hasta cuándo permitirá el Señor que el pueblo sufra?

PARA MEDITAR Y HACER: La sección final del salmo plantea una serie de preguntas fundamentales para la comunidad judía de la antigüedad y para la iglesia cristiana contemporánea: ¿Qué significa la salvación? ¿Hasta cuándo permitirá el Señor que su pueblo sufra?

- ¿Por qué Dios sale al encuentro del que practica la justicia con alegría?
- ¿Qué significa salvación para la iglesia cristiana?
- ¿Por qué Dios permite que los seres humanos sufran?

〜〜●〜〜

Cuarto día   *Léase* Isaías 65.1-16

PARA ESTUDIAR: Castigo de los rebeldes

En este poema el Señor responde a las oraciones del pueblo. En primer lugar, se identifica la rebeldía de la comunidad judía; luego se afirma que el pueblo es siervo del Señor; finalmente presenta un mensaje de «nuevos cielos y nueva tierra» (65.17-25). Una vez más Dios responde al clamor de su pueblo.

El pasaje identifica algunas práctica idolátricas que se llevaban a efecto en Judá y Jerusalén. «En los huertos» alude a los ritos que se celebraban en bosques sagrados para rendir culto a los dioses de la fertilidad (66.17-18). «Sobre ladrillos» (65.3) es una posible referencia a algunos altares que se construían para quemar perfumes a las divinidades cananeas (Jeremías 19.13). La expresión sentarse «en los sepulcros» (65.4) describe la práctica de consultar a los muertos para recibir alguna revelación; la necromancia estaba prohibida en la ley (Deuteronomio 18.11). La crítica profética indica que todavía había personas en Israel que tenían prácticas idolátricas luego del exilio en Babilonia.

Las frases que se incluyen en 65.5: «quédate en tu lugar» y «soy más santo que tú», eran posiblemente las palabras que pronunciaban los seguidores de ciertos ritos misteriosos que requerían que sus adherentes pasaran ciertas iniciaciones particulares. Se creía en la antigüedad que la incorporación a esos cultos le brindaba al adorador ciertos poderes mágicos que se trasmitían por contacto. La Escritura rechaza ese tipo de práctica mágica.

La llanura de Sarón estaba situada al sur del monte Carmelo, sobre la costa del Mediterráneo. El valle de Acor está ubicado entre Jerusalén y Jericó. En hebreo, *acor* significa «desgracia», pero Oseas anunció que ese valle se convertiría en fuente de esperanza para el pueblo. «Fortuna» y «Destino» eran dos divinidades sirias muy veneradas por los cananeos.

Este poema revela la división que existía en la comunidad judía postexílica. Dos sectores religiosos luchaban por la hegemonía cúltica. El autor de este poema se identifica con los siervos del Señor, en la tradición de Isaías 40–55, y critica a un sector religioso que se percibía a sí mismo como más santo y consagrado que el resto de la comunidad.

PARA MEDITAR Y HACER: Este poema presenta una serie de conflictos por los que pasaba la comunidad judía que regresó a Judá luego del exilio. La idolatría era un problema mayor, que junto a las divisiones internas del liderato atentaban contra la restauración de la ciudad y la restauración del culto en el Templo.

- Comente en torno a las prácticas idolátricas de los judíos en la antigüedad. ¿Cómo se manifiestan esas prácticas en la actualidad? ¿Cómo la sociedad contemporánea continúa adorando a esas divinidades?

<hr>

Quinto día *Léase* Isaías 65.17-25

PARA ESTUDIAR: Cielos nuevos y tierra nueva
En esta sección del libro de Isaías se presenta la promesa de la creación de cielos nuevos y de tierra nueva (66.22). El pasaje presenta de forma clara y categórica la insatisfacción profética con el orden presente de cosas. La sociedad que se vivía no estaba a la altura de los anhelos proféticos. Y aunque en Deuteroisaías (40–55) ya se incluyen algunas ideas relacionadas con hacer las cosas nuevas (43.18-19), el mensaje de este texto sobrepasa por mucho las expectativas proféticas.

La literatura apocalíptica generalmente utiliza esta fraseología para presentar sus mensajes. En este caso, el profeta no está interesado en los temas de la escatología, la resurrección ni en el de la inmortalidad. El ideal del mensaje no es el escatológico sino el concreto, histórico y personal: una vida humana sin dolor, sin muerte prematura, y libre de opresión y explotación. Los habitantes de esa ciudad ideal estarán gozosos porque el Señor les bendecirá; las mujeres no darán a luz para sufrir calamidades sino de forma natural, y el trabajo humano no será en vano. Y la paz reinará en la ciudad restaurada. El símbolo de esa paz es la unión del lobo y el cordero, y entre el león y el buey (65.25).

PARA MEDITAR Y HACER: El tema de los nuevos cielos y la nueva tierra es fundamental para la iglesia cristiana, particularmente luego del Apocalipsis. Desde la perspectiva de la iglesia, lo nuevo de los cielos y la tierra se manifiestará escatológicamente en un tiempo indeterminado del futuro. Esa no es la expectativa del mensaje isaiano. Para este profeta, la transformación y restauración de la ciudad era la nueva creación. No esperaba en el futuro indeterminado lo que podía colaborar para lograr. Según este importante profeta, esa creación nueva requiere la colaboración decidida y firme de la gente de bien y de las personas de fe.

- Compare Isaías 65.17-25 con Apocalipsis 21.1-4; identifique las similitudes y las diferencias.
- Explique algunas expresiones simbólicas del pasaje, tales como los niños que no morirán de pocos días.

～～●～～

Sexto día   *Léase* Isaías 66.1-24

PARA ESTUDIAR: Mensaje sobre el Templo

El capítulo final del libro de Isaías se compone de cuatro secciones básicas. La primera (66.1-6) presenta algunas características de la adoración verdadera, tema que se ha tratado con cierta regularidad e importancia en toda la obra isaiana. En la segunda sección (66.7-17) se ponen de manifiesto dos oráculos de juicio. En la tercera sección (66.18-21), que se presenta no en poesía sino en prosa, se afirma que en las naciones se publicará la gloria divina, aunque quien recibe las promesas eternas es Israel. La cuarta y última sección (66.22-24) incluye una promesa divina de permanencia y un oráculo de juicio eterno para los que se rebelaron contra el Señor. Estos mensajes concluyen no sólo la porción final del libro (56–66), sino que cierran la profecía de toda la obra isaiana (1–66).

La interpretación de 66.1-6 ha sido muy debatida entre los estudiosos del texto bíblico. Para algunos eruditos, con este mensaje el profeta rechaza de plano todo culto y actividad en el Templo renovado en Jerusalén. Para otros, el asunto profético principal no es la negación de la contribución del Templo en la vida religiosa, política y social de la comunidad. Por el contrario, la preocupación fundamental es la siguiente: cuál es la importancia que debe tener el Templo en la Jerusalén renovada y restaurada.

Posiblemente esta segunda interpretación del pasaje es la más acertada, pues en otros mensajes de Isaías se revela la importancia que el profeta y sus discípulos le asignan al lugar de adoración (véase 66.6). El punto profético no es si el Templo es necesario o no, sino que la experiencia religiosa sana es más importante que el lugar que se disponga para la celebración de los actos y ceremonias oficiales.

En este sentido, la afirmación profética que se encuentra en el capítulo 66 contrasta con la visión del profeta Ageo, que entendía que la crisis mayor de desarrollo y crecimiento de la comunidad postexílica se debía esencialmente a la falta de apoyo económico y comunitario a la reconstrucción del Templo. Según este mensaje isaiano, sin embargo, los símbolos religiosos deben entenderse y apreciarse en su justa perspectiva. El Templo es importante, pero todavía es más importante lo que sucede dentro del recinto religioso. Aunque la estructura física es un magnífico símbolo de religiosidad, lo más importante en la experiencia religiosa saludable es el descubrimiento y aprecio de sus implicaciones éticas y morales. Uno de los grandes problemas de la religión organizada es que se sustituyen sus símbolos por la esencia misma de lo que se afirma y se desea lograr entre los adoradores: un estilo de vida transformado que ponga claramente de manifiesto los valores y prioridades del encuentro del ser humano con Dios.

La interpretación de 66.3 es muy importante para la comprensión adecuada del pasaje. Se establece una contraposición entre algunos actos cúlticos prohibidos por la Ley de Moisés y ciertas prácticas idolátricas en honor de los dioses de las naciones paganas. El profeta condena y rechaza la contaminación del culto al verdadero Dios con esas acciones que describen en el pasaje como «abominaciones». Es una crítica férrea a la práctica de la religión que se fundamenta en los ritos y no en la revelación divina. La superficialidad de las ceremonias sustituyó la comprensión profunda de los símbolos y sus implicaciones éticas. Según el profeta, «no escucharon, / sino que hicieron lo malo delante de mis ojos / y escogieron lo que no me agrada» (66.4).

La palabra final del profeta es a la gente fiel (66.5-6). Las personas que son perseguidas y aborrecidas por causa de la palabra de Dios experimentarán la restauración, y sus enemigos serán avergonzados. En medio del júbilo de la ciudad, de acuerdo al mensaje profético, la voz del Señor dará el pago a los enemigos de su pueblo. La referencia a los enemigos, en este caso, puede ser una alusión a israelitas que, aunque trabajan en el proyecto de reconstrucción nacional y en la reedificación del Templo, no han comprendido las implicaciones éticas de la experiencia religiosa.

PARA MEDITAR Y HACER: Esta sección del mensaje de Isaías es una crítica a la religión organizada. Particularmente el mensaje rechaza las prácticas religiosas que sustituyen los símbolos por la esencia del mensaje. Se pone de relieve la importancia de la adoración y la celebración de las ceremonias religiosas con el conocimiento de lo que significan y, sobre todo, de las implicaciones morales y éticas. El profeta critica las prácticas religiosas que no están acompañadas de actitudes y estilos de vida que estén de acuerdo a lo que se afirma en las ceremonias. El divorcio entre lo que se celebra y lo que se vive es objeto del rechazo profético.

- Analice y explique la frase: «El cielo es mi trono / y la tierra estrado de mis pies» (66.1).
- Si Dios mira al humilde y al pobre que reconocen la importancia de la palabra divina, sin importar el lugar de adoración, ¿qué significaba el Templo de Jerusalén para los judíos y qué significan los templos para los creyentes el día de hoy?

PARA ESTUDIAR: El poder de Dios se conocerá en todas las naciones

El libro de Isaías finaliza con una gran nota pictórica y gráfica del juicio divino. El pasaje presenta una serie de oráculos que ponen de relieve la ira de Dios.

Aunque el ambiente general del pasaje es de juicio, el profeta también revela en su mensaje hasta dónde ha llegado la comunidad restaurada, hasta dónde ha llegado el pueblo que regresó del exilio. En primer lugar, se describe el nacimiento de una nueva Jerusalén. El retorno de los exiliados se interpreta como un acto milagroso y extraordinario que Dios llevó a efecto. En 66.10-14 se presenta a la Jerusalén restaurada como una madre que se preocupa por sus hijos y provee para su sustento y su desarrollo (Isaías 49). Y en 66.15-16 se incluye una teofanía maravillosa del Señor que describe la extensión y naturaleza del juicio divino.

La promesa divina a Jerusalén es digna de mención especial (66.12). En la ciudad renovada se manifestará la paz de forma abundante y el pueblo disfrutará de las riquezas. Esas palabras proféticas toman en consideración dos de los componentes fundamentales para el bienestar de los individuos y los pueblos: la paz y la prosperidad económica. Según el profeta, que se pone en evidencia en toda su obra literaria, esa paz y la prosperidad fiscal que se experimenta en la ciudad restaurada, serán el resultado de la implantación de la justicia y el desarrollo de las buenas relaciones interpersonales y comunitarias fundamentadas en la equidad.

En 66.14 se revela la otra cara del mensaje profético: la restauración, la paz y la prosperidad del pueblo de Dios también significan la manifestación del juicio divino a los enemigos del Señor y su pueblo. De acuerdo al pasaje: «La mano de Jehová para con sus siervos se dará a conocer / y se enojará contra sus enemigos». La imagen de «la mano» del Señor, que simboliza en este texto ira, juicio y destrucción, posteriormente se relaciona con las siguientes descripciones gráficas: «fuego», «torbellino», «furor», «llama», «espada» y «muertos» (66.15-16). En efecto, el sentido del pasaje es que el juicio divino se va a manifestar completamente contra los enemigos del pueblo de Dios. En la misma tradición del juicio divino, Isaías 66.17 añade un oráculo antagónico contra algunos judíos que siguieron las prácticas idolátricas y no obedecieron la palabra divina.

La conclusión del mensaje contiene dos componentes básicos: Los exiliados regresarán de todas las naciones, y algunos servirán con distinción como sacerdotes y levitas en el Templo renovado y restaurado, pues serán «como una ofrenda para Jehová» (66.20).

El mensaje final del libro añade que la adoración universal se llevará a efecto en Jerusalén (66.23). Además, se presenta un nuevo componente del juicio de Dios: las implicaciones eternas de la ira del Señor. Según el profeta, la gente se asombrará al ver los cadáveres de los que se rebelaron contra el Señor, pues el fuego del juicio divino no «se apagará» ni morirá el «gusano» que devorará sus cuerpos (66.24). Se presenta en este pasaje una nueva percepción del juicio divino que no tendrá fin, una comprensión eterna de la ira de Dios. Esta es una forma profética de presentar la ira divina de una forma que amedrentará a los infieles; esta descripción se hace gráficamente para que toda la comunidad piense muy bien en las serias consecuencias de sus actos de infidelidad a Dios.

Con esa palabras de juicio divino finaliza el mensaje que se incluye en todo el libro de Isaías. Aunque las últimas imágenes utilizadas son desagradables, ponen en evidencia un anhelo de justicia y paz que quería la comunidad postexílica. El libro de Isaías termina con una afirmación del juicio divino que finalmente implantará la justicia no sólo en Jerusalén, sino en medio de la humanidad. La salvación del pueblo y la transformación de Jerusalén y el mundo no se puede llevar a efecto sin la manifestación del juicio divino. El lobo y el cordero no pueden estar juntos sin que se erradique la maldad, sin que se supere la actitud pecaminosa de la humanidad. La imagen del «fuego» que no se apagará es un magnífico recuerdo que mientras el ser humano ignore la palabra divina y rechace la revelación de Dios, se necesitarán más manifestaciones del juicio divino que contribuyan a la implantación de la justicia que es el preámbulo de la paz.

PARA MEDITAR Y HACER: El libro de Isaías finaliza con un tono de juicio. El ambiente de esperanza que se revelaba en el relato de vocación y en los mensajes de Isaías 40–55 fueron sustituidos por la palabra de juicio que enfatiza la justicia para el establecimiento de la paz. El libro que comienza con una serie de mensajes dirigidos a la nación pecadora, finaliza con la presentación de lo que sucede si no hay una experiencia de arrepentimiento verdadero. Únicamente mediante una experiencia radical de conversión es que se transforma un pueblo y se cambia a una comunidad que provocó a «ira al Santo de Israel» (1.4).

- Relacione la promesa de paz con la actitud del pueblo. ¿Cómo se logra la paz en los conflictos bélicos contemporáneos? ¿Cuál es el fundamento de la paz entre la naciones: ¿el temor o el anhelo de justicia? ¿Cómo Jesús se relaciona con la paz?
- Según el profeta, el Señor llamará a los desterrados de todas las naciones. ¿Cuál es el significado y el propósito del retorno a Jerusalén? ¿Qué significa para los creyentes que Dios haga regresar a los judíos a Jerusalén?

SESIÓN PARA EL GRUPO DE ESTUDIO: Esta es la sesión final de nuestro estudio sobre el libro del profeta Isaías. Comience con una oración e identifique algunos de los temas de importancia que se han estudiado. Pida a los estudiantes que comenten algunos temas con los que se hayan identificado. Isaías presenta muchos temas de relevancia para las iglesias y los creyentes contemporáneos (por ejemplo, la importancia de las vocaciones, la necesidad de predicar el juicio y el arrepentimiento, lo fundamental de la justicia para que impere la paz).

- ¿Qué significa salvación para el libro de Isaías? ¿Por qué se relaciona la salvación con la restauración de la ciudad y del Templo de Jerusalén?
- Relacione la ira con la bondad de Dios. Note que la manifestación de la ira divina para los enemigos del Señor y su pueblo es también una palabra de salvación para el pueblo de Dios. ¿Como se puede predicar en la actualidad este par de temas: ira divina y salvación del Señor?

Finalice la clase y el estudio de Isaías enfatizando la importancia de la contextualización. Uno de las virtudes del libro de Isaías es que contiene no sólo los mensajes del profeta original que predicó y vivió en Jerusalén en el siglo VIII a.C., sino que incluye el esfuerzo inspirado y decidido de grupos de discípulos que desearon actualizar el mensaje de su Maestro. Afirme la importancia de la actualización de la palabra divina para que el mensaje profético cumpla su cometido. Termine la sesión con una oración para que el grupo pueda vivir y aplicar las enseñanzas del profeta Isaías.